KB269955

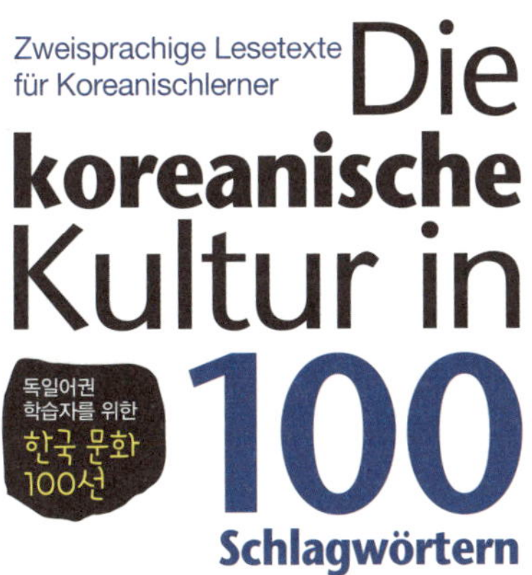

Zweisprachige Lesetexte
für Koreanischlerner
Die
koreanische
Kultur in
독일어권
학습자를 위한
한국 문화
100선
100
Schlagwörtern

Die **koreanische** Kultur in in **100** Schlagwörtern

독일어권 학습자를 위한
한국 문화 100선

Autoren	Cho Yong-hee, Han Yumi, Tcho Hye-young
Übersetzerin	Julia Buchholz
Lektorin	Pia Neuss
Erster Druck	September 2017
Veröffentlicht	September 2017
Herausgeber	Chung Kyudo
Redaktion	Lee Suk-hee, Kim Sook-hee, Han Ji-hee, Choi So-jung
Layout	Cho Hwa-youn, Park Eun-bi

DARAKWON Veröffentlicht von Darakwon, Inc.
Darakwon Bldg., 211 Munbal-ro, Paju-si
Gyeonggi-do, 10881 Republic of Korea
Tel: 02-736-2031 Fax: 02-732-2037
(Marketing Dept. ext.: 250~252 Editorial Dept. ext.: 420~426)

Preis: 18,000 Won

ISBN: 978-89-277-3190-0 13710

http://www.darakwon.co.kr
http://koreanbooks.darakwon.co.kr
Besuchen Sie die Darakwon Verlagshomepage und erfahren Sie mehr
über unsere Publikationen und Angebote.

Zweisprachige Lesetexte
für Koreanischlerner

Die koreanische Kultur in 100 Schlagwörtern

독일어권
학습자를 위한
한국 문화
100선

DARAKWON

서문

수년 전부터 "한류" 현상이 세계적으로 확산되고 있다. 드라마나 케이팝과 같은 한국의 대중 문화가 전 세계의 젊은이들에게 성공적으로 다가가는 데는 인터넷이라는 매체가 중요한 역할을 하고 있다. 그러나 이 젊은이들이 한국에 대해 알고 있는 일반적인 지식은, 그것이 고전에 관한 것이든 현대에 관한 것이든, 역사나 지리 또는 사회 구조나 문화 예술에 관한 것이든, 대체로 피상적인 경우가 많다. 반면 한국어에 대한 이들의 관심은 날로 커지고 있는데 지금까지 나온 언어 교재들은 대부분이 오늘날 학습자들에게 필요해 보이는 문화에 대한 접근이 많이 제한적이다.

최근 들어 여러 방면의 한국 문화가 지구촌 어디에서나 어렵지 않게 접할 기회가 점점 더 많아지고 또 이를 통해 한국어에 대한 관심이 높아지고 있는 상황을 생각할 때 이제는 일반적인 언어 교재에서 벗어나 새로운 한국 문화 교재를 개발해야 할 좋은 시기로 보인다. 좀 더 새로운 차원의 것을 요구하고 있는 학습자들의 기대를 충족시킬 수 있고, 한국 문화의 다양한 모습이 골고루 들어있는 교재를 선보여야 할 때인 것이다.

지난 십여 년간 해외에서 한국어를 가르치고 있는 저자들이 늘 아쉬워했던 것은 진정한 의미의 읽기 교재가 부족하다는 점이다. 독서를 좋아하고 문화에 대한 호기심이 많은 독일어권 학습자들은 초급 수준이더라도 각자의 언어 수준에 맞는 읽기 교재를 통해 한국어와 한국 문화를 배울 수 있기를 늘 바라고 있었다. 서점에 고급 수준의 학습자들을 위한 한국어 읽기 교재는 많이 개발되어 나와 있으나 초급 학습자들에게는 문장 구조의 난이도가 높아 접근하기 어렵고, 반면 전설이나 설화, 옛날 이야기 등의 아동용 서적은 문장 구조도 쉽지 않지만, 사용된 어휘들이 시대에 맞지 않거나 독일어권 학습자들의 흥미를 끌지 못하여 독서의 즐거움, 배움의 희열을 충족시키기 어려웠다.

우리는 이런 교육 환경에 대한 고민과 그 동안의 교육 경험을 바탕으로 독일어권 학습자들을 위해 "한국 문화 100선"을 중심으로 한 한국어 문화 읽기 교재를 개발하게 되었다. 각 과는 각각의 문화 주제를 다룬 텍스트와 관련 어휘 및 문법이 실려 있고 그 주제를 소개하는 사진을 넣어 한국어 읽기의 즐거움을 배가시켰다. 또한 주제와 내용의 난이도에 따라 별 하나에서 별 세 개까지로 글을 구분하여 표기하였다. 이 책을 통해서 학습자들은 일반 학습 교재에서 배웠던 단어와 표현들이 텍스트 속에서 구체적으로 어떻게 사용되는지 생생하게 체험하게 될 것이다.

이 교재는 한국어를 배우고 어제와 오늘의 한국 문화를 알고 싶어 하는 한국어 학습자 뿐만 아니라 나아가 한국어와 한국 문화에 관심이 있는 모든 이들에게도 유용한 책이 될 것이다.

마지막으로 이 책은 프랑스 파리 한국문화원의 강사들이 몇 년간 공동으로 작업한 결과물이다. 교재 집필 과정 내내 응원해 준 학생들에게 고마움을 표한다. 소중한 시간을 내어 함께 고민하며 좋은 의견을 주었기에 이 책이 탄생할 수 있었다. 또 교정을 해 주신 우리의 소중한 분들께도 특별히 깊은 감사의 인사를 전하고 싶다.

2017년 9월 20일

조용희, 한유미, 조혜영

Das Phänomen *Hallyu* ist seit einigen Jahren weltweit verbreitet, und bei dem Zugang zu koreanischer Massenkultur wie Fernsehserien oder K-Pop von Jugendlichen spielt das Internet als Medium eine sehr wichtige Rolle. Dennoch ist das Allgemeinwissen, dass diese jungen Leute von Korea haben, meistens oberflächlich, ob es die Klassik, die Moderne, Geschichte, Geografie, Gesellschaft oder Kunst und Kultur angeht. Inzwischen hat aber auch das Interesse an der koreanischen Sprache langsam zugenommen und viele bis jetzt veröffentlichten Sprachlernwerke haben nur einen sehr begrenzten Zugang zur Kultur, die für heutige Lerner essentiell zu sein scheint.

Die heutigen Möglichkeiten, auf einfache Art und Weise verschiedene Aspekte der koreanischen Kultur irgendwo auf der Welt zu erfahren, nehmen immer mehr zu, so dass das Interesse an der Sprache ebenfalls zugenommen hat. Unter diesen Umständen ist es an der Zeit, über allgemeine sprachwissenschaftliche Lehr- und Lernmethoden hinauszugehen und neue Unterrichtsmaterialien zur Kultur zu entwickeln, die die Erwartungen der Lerner, die etwas auf mit einer anderen Tiefe erwarten, zu erfüllen. Es ist also die Zeit für Lehrwerke gekommen, die verschiedenen Aspekte der koreanischen Kultur ausgewogen darzustellen.

Seit ein paar Jahren, waren wir Autoren als Dozenten für Koreanisch im Ausland immer auf der Suche nach authentischen Lesetexten. Unsere Lerner lesen gerne und sind sehr neugierig auf die koreanische Kultur – selbst Anfänger wollten die koreanische Sprache und Kultur anhand von Lesetexten entsprechend auf ihrem Sprachlevel lernen. Es gibt zwar viele koreanische Lehrwerke zum Lesen im Buchhandel für fortgeschrittene Lerner, aber für Anfänger sind sie aufgrund schwieriger Satzstrukturen nicht so einfach zugänglich. Auf der anderen Seite haben Kinderbücher über Legenden, Sagen, oder anderen Geschichten aus der Vergangenheit nur sehr schwer das Interesse der Lerner geweckt und es nicht geschafft, aufgrund komplexer Satzstrukturen oder veralteten Wortschatzes Lesevergnügen oder Freude beim Lernen zu bereiten.

Daher haben wir unsere Unterrichtserfahrung und diese Lernumgebung mitbedenkend in die Entwicklung dieses Lehrwerks mit Lesetexten zur koreanischen Kultur mit Schwerpunkt auf „Die koreanische Kultur in 100 Schlagwörtern" für ausländische Lerner einfließen lassen. Zu jedem Thema gibt es einen Text über verschiedene kulturelle Aspekte zusammen mit wichtigen und in diesem Zusammenhang relevanten Wörtern und Grammatik. Außerdem ergänzen Fotos und Bilder zu dem Thema den Lesefluss. Der Schwierigkeitsgrad des Textes wird mit Sternchen von eins bis drei angegeben. Dadurch haben Lerner eine authentische Lernerfahrung wie Wörter und Ausdrücke, die sie in allgemeinen Sprachlehrwerken gelernt haben, in einem Text verwendet werden.

Dieses Buch ist hilfreich für alle, die allgemein an der koreanischen Sprache und Kultur interessiert sind, ebenso wie für Lerner, die die Sprache studieren und Wissen über die Kultur in der Vergangenheit und der Gegenwart erlangen wollen.

Letztendlich ist dieses Buch das Ergebnis mehrerer Jahre von Teamwork von Dozenten des koreanischen Kulturzentrums in Paris. Wir möchten unseren Lernern, die uns während des Schreibprozesses unterstützt haben, danken. Dieses Buch wäre nicht ohne ihr hilfreiches Feedback entstanden. Auch möchten wir unseren besonderen Dank den Herausgebern für dieses Buch aussprechen.

20. September 2017

Cho Yong-hee, Han Yumi, Tcho Hye-young

일러두기 이 책의 사용법

이 교재를 구성하는 100개의 단어들은 주로 파리 한국문화원 수강생들을 대상으로 여러 차례의 설문 조사를 통해 선정되었다. 광범위한 분야를 아우르는 100개의 단어들은 프랑스 학습자들뿐만 아니라 전 세계의 한국어 학습자들이 한국이라는 나라를 총체적으로 이해하는 데 도움이 될 뿐 아니라 한국어 학습에 필요한 문화, 역사, 전통, 사회 등등에 관한 핵심 어휘들과 관련 문법을 배우는 데에 필요한 배경지식을 대표할 수 있다는 의견에 따라 선정되었다.

이렇게 선정된 100개의 단어들은 각각 해당 과의 주제가 되어 이 책에는 총 100개의 과가 수록되어 있으며, 큰 여섯 개의 테마로 나눠 수록함으로써 학습자들이 알고자 하는 주제를 쉽게 찾을 수 있도록 했다. 각 장의 테마는 다음과 같다.

- **1 장** 한국의 상징물 (10단어)
- **2 장** 의식주 (12단어)
- **3 장** 지리와 관광 (21단어)
- **4 장** 사회와 일상생활 (19단어)
- **5 장** 역사와 종교 (20단어)
- **6 장** 예술과 문화 (18단어)

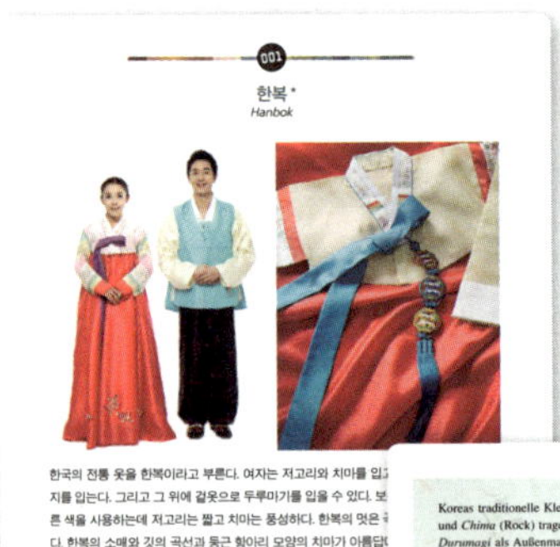

각 과는 두 페이지의 구성으로 되어 있다.

왼쪽 상단에는 주제를 한눈에 알아볼 수 있는 사진이 있고 그 아래로 주제에 관해 꼭 알아야 할 내용을 소개한 한국어 본문을 넣었다. 또한 본문 내용의 이해를 돕기 위한 확인 문제를 각 과별로 두 개씩 덧붙였다. 그에 대한 답은 책 끝에 부록으로 수록하였다.

오른쪽 상단에는 한국어 본문에 대한 독일어 번역을 실었다. 이것을 통해 학습자들은 자신들의 한국어 이해도를 스스로 측정할 수 있을 뿐더러, 그동안 이중언어 서적을 바라던 한국어 학습자들의 바람을 해소하는 계기가 되도록 하였다. 하단에는 한국어 본문을 읽는 데 도움이 되는 각 '어휘와 표현'의 독일어 번역을 실었다. 주제에 어울리는 작은 사진들을 넣어 학습의 즐거움이 배가되도록 했다.

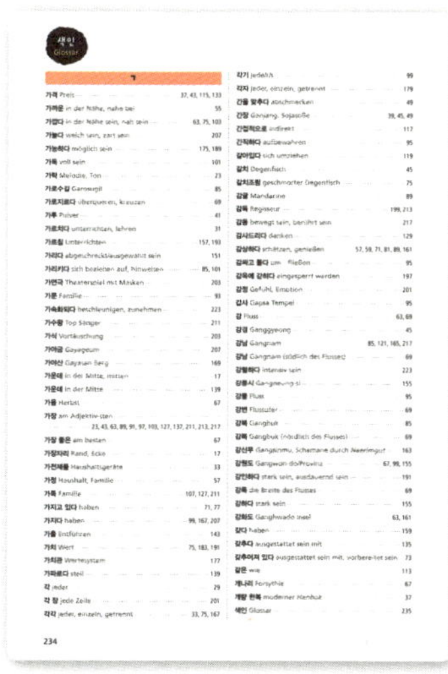

책 끝의 색인에서는 어휘와 표현에 나온 모든 낱말들을 쉽게 찾을 수 있도록 했다.

각 과에 수록된 한국어 본문은 문장의 난이도에 따라 셋으로 구분해서 그 정도를 *별의 개수로 표기해 놓았다.

*(별 하나)　　80~120시간 정도 한국어를 공부한 초급 수준 학습자
**(별 둘)　　120~200시간 정도 한국어를 공부한 학습자
***(별 셋)　200~300시간 정도 한국어를 공부한 학습자에게 적당하다.

100개의 본문 중에서 *는 35개, **은 47개, ***은 18개로 구성돼 있다.

이 책을 접하는 학습자들은 자신들의 언어 수준에 맞는 텍스트를 찾아 읽으며 한국 문화에 대한 지식을 넓힐 수 있을 것이다. 중요한 것은 초급 수준의 학습자라 할지라도 이 책을 통해 읽기의 즐거움과 더불어 한국에 대해 하나하나씩 알아가는 기쁨을 느낄 수 있으리라는 것이다.

끝으로, 한국어 단어 표기 방식은 공식 로마자 표기법을 선택했다. 하지만 예전 표기가 보편화된 단어들은 혼란을 피하기 위해 종전대로 표기하였다. 예를 들면 김치를 *Gimchi*가 아닌 *Kimchi*로, 택견을 *Taekgyeon*이 아닌 *Taekkyon*으로 표기했다.

그리고 어휘와 표현에서 동사 어간을 V_R로 표기했다.
(예: V_R을/ㄹ 만하다　wert sein zu V)

Anmerkung Wie dieses Buch zu gebrauchen ist

Die Grundlage für die Auswahl folgender 100 Wörter für dieses Buch sind viele Umfragen mit Lernern des koreanischen Kulturzentrums in Paris, Frankreich. Es handelt sich dabei um 100 Fakten und Tatsachen zu verschiedenen Themen. Diese wurden ausgewählt, weil sie nicht nur französischen oder anderen Lernern auf der ganzen Welt ein umfassendes Verständnis von Korea bieten, sondern auch das Hintergrundwissen zu verschiedenen Themen inklusive Kultur, Geschichte, Tradition und Gesellschaft beim Lernen essentieller Wörter und Grammatik der koreanischen Sprache bieten. Die 100 Begriffe dienen jedoch auch als Gegenstand eines jeden Themas. Daher besteht dieses Buch aus insgesamt 100 Themen, die sechs Kategorien zugeordnet sind, so dass Lerner einfach ein Thema suchen können, über das sie mehr wissen wollen. Es handelt sich dabei um folgende sechs Kategorien:

Thema 1: Symbole (10 Themen)
Thema 2: Essen, Kleidung und Wohnen (12 Themen)
Thema 3: Geografie und Tourismus (21 Themen)
Thema 4: Gesellschaft & Alltag (19 Themen)
Thema 5: Geschichte und Religion (20 Themen)
Thema 6: Kunst und Kultur (18 Themen)

Jedes Thema wird auf einer Doppelseite behandelt.

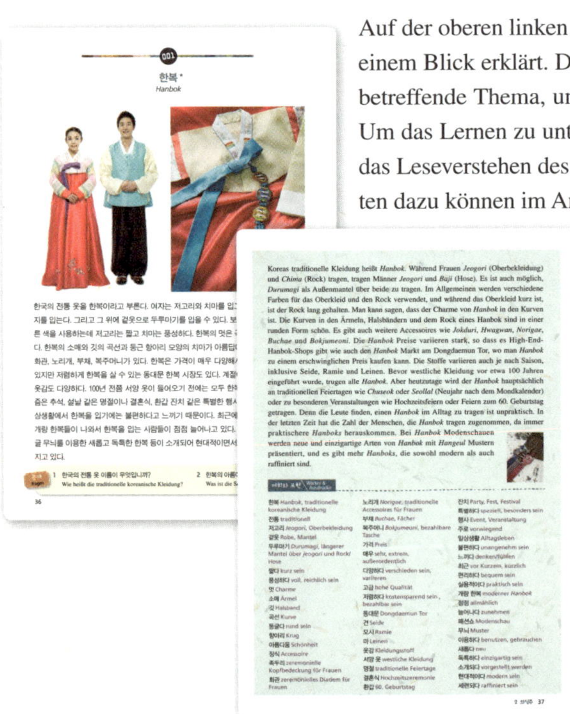

Auf der oberen linken Seite gibt es ein Foto, das das Thema mit einem Blick erklärt. Dem folgt ein Text auf Koreanisch, der das betreffende Thema, um das es geht, vorstellt und näher erklärt. Um das Lernen zu unterstützen, folgen immer zwei Fragen, die das Leseverstehen des Lerners trainieren. Die richtigen Antworten dazu können im Anhang nachgeschlagen werden.

Auf der rechten oberen Seite steht die deutsche Übersetzung des koreanischen Textes. Diese dient den Lernern dazu, ihre Koreanischkenntnisse in Bezug auf das Leseversehen zu überprüfen; außerdem soll es die Koreanischlerner zufrieden stellen, die lange auf zweisprachige Lehrwerke gewartet haben. Unterhalb des Textes gibt es eine deutsche Übersetzung von Wörtern und Ausdrücken, die den Leser unterstützen, den koreanischen Text zu verstehen. Kleine Fotos und Bilder, die für jedes Thema relevant sind, sollen das Lese- und Lernvergnügen unterstützen.

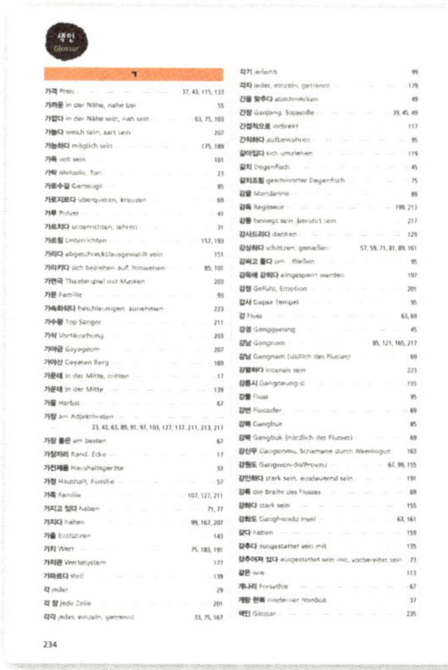

Am Ende des Buchs gibt es ein Glossar, in dem alles aufgelistet ist, was in dem Abschnitt „Wörter und Ausdrücke" angeführt wird.

Der Schwierigkeitsgrad eines Textes zu einem Thema wird mit der Anzahl an Sternchen (*) angegeben und steht für folgendes Sprachlevel:

* (Ein Sternchen): Empfohlen für Anfänger mit 80 bis 120 Stunden Koreanischunterricht
* * (Zwei Sternchen): Empfohlen für Anfänger mit 120 bis 200 Stunden Koreanischunterricht
* * * (Drei Sternchen): Empfohlen für Anfänger mit 200 bis 300 Stunden Koreanischunterricht

Von den 100 Themen haben 35 Themen ein Sternchen * , 47 Themen zwei Sternchen * * , und 18 drei Sternchen * * * .

Lerner, die dieses Buch lesen, können die Texte entsprechend ihrer individuellen Sprachkompetenz suchen und ihr Wissen über die koreanische Kultur erweitern. Was aber noch wichtiger ist, ist die Tatsache, dass selbst Anfänger von Koreanisch Freude beim Lernern über Korea haben und gleichzeitig Vergnügen beim Lesen haben.

Zum Schluss ist anzumerken, dass transkribierte koreanische Wörter in diesem Buch der offiziellen Umschrift für Koreanisch folgen. Aber um ein Durcheinander bei den Wörtern zu vermeiden, die nach der allgemein verbreiteten alten Umschrift transkribiert werden, wie zum Beispiel *Kimchi* statt *Gimchi*; *Taekkyon* statt *Taekgyeon* wird die alte Umschrift verwendet. Außerdem steht bei Wörtern und Ausdrücken V$_R$ für einen Verbstamm (z.B. V$_R$을/ㄹ 만하다 bedeutet „wert sein zu V").

차례 Inhaltsverzeichnis

Zweisprachige Lesetexte
für Koreanischlerner

독일어권
학습자를 위한
한국 문화
100선

Die koreanische Kultur in 100 Schlagwörtern

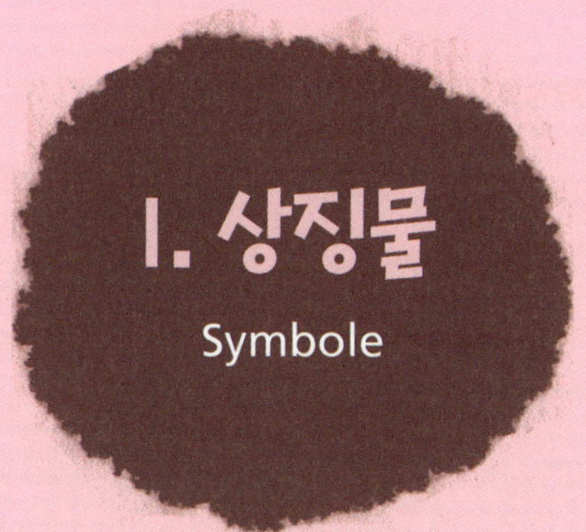

I. 상징물

Symbole

한글 *
Hangeul

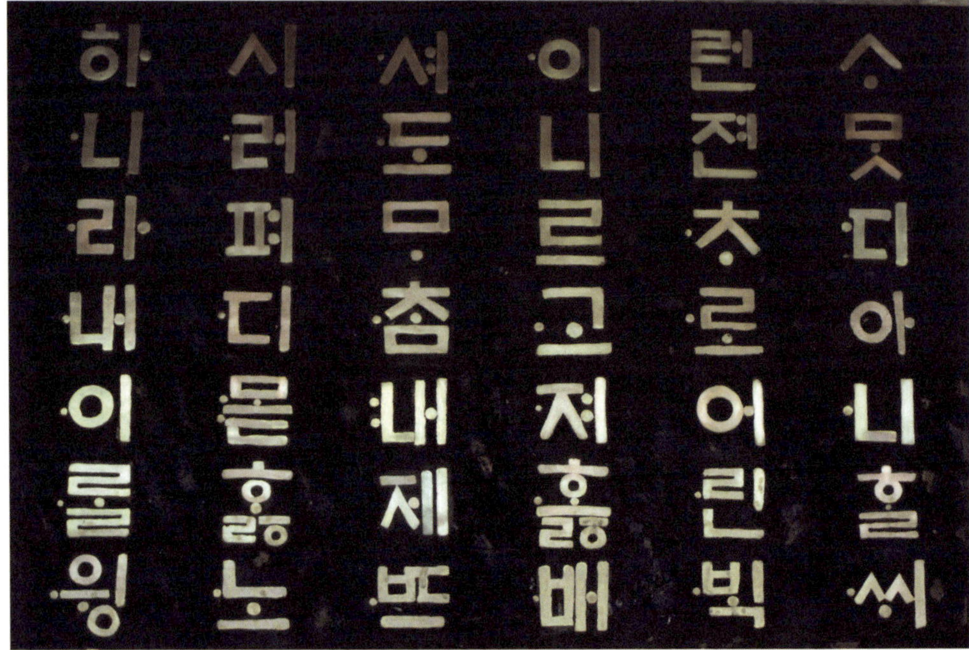

한글은 한국의 글자이다. 1443년 조선 시대(1392~1910) 세종대왕(1397~1450)이 발명했다. 그전에는 한자를 사용했지만 백성들은 배우기가 어려웠다. 그래서 세종대왕은 백성들도 쉽게 사용할 수 있도록 새 글자를 만들었다. 그리고 그것을 〈훈민정음〉이라고 불렀다. 훈민정음은 '백성을 가르치기 위한 바른 소리'라는 뜻이다. 처음에는 모두 28자였지만 지금은 자음 14자, 모음 10자로 24자만 남아 있다. 자음은 사람의 발성 기관을 본 따서 만들었다. 모음은 하늘 (●), 땅 (▬), 사람 (┃)의 모양을 본 따서 기본 모음을 만들었다. 과학적이고 독창적인 한글은 외국인들도 쉽게 배울 수 있다.

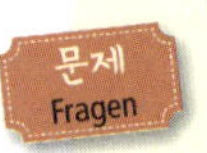

1 훈민정음은 무슨 뜻입니까?
Was bedeutet *Hunminjeongeum*?

2 세종대왕은 왜 한글을 만들었습니까?
Warum ließ König Sejong der Große *Hangeul* entwickeln?

Hangeul ist das koreanische Alphabet. Es wurde 1443 von König Sejong dem Großen (1397-1450) während der Joseon-Ära (1392-1910) erfunden. Bis dahin wurden *Hanja*, chinesische Zeichen, verwendet, die jedoch schwer für die normalen nicht akademisch gebildeten Menschen zu lernen waren. Daher entwickelte König Sejong der Große neue Zeichen für den einfachen Gebrauch der Leute, und das neue Alphabet wurde *Hunminjeongeum* genannt. *Hunminjeongeum* bedeutet wortwörtlich „die richtigen Laute um das Volk zu lehren". Ursprünglich bestand es aus 28 Buchstaben, wovon heute aber nur 24 Buchstaben übrig geblieben sind, die sich aufteilen in 14 Konsonanten und 10 Vokale. Die Konsonanten wurden den menschlichen Sprechorganen nach entwickelt und die Grundvokale wurden nach den Formen von Himmel (●), Erde (▬) und Mensch (▮) nachempfunden. Beides wissenschaftlich und einzigartig kann *Hangeul* einfach auch von Ausländern gelernt werden.

한글 *Hangeul*, koreanisches Alphabet

글자 Buchstabe, Schriftzeichen

조선 시대 Joseon-Ära

세종대왕 König Sejong der Große

발명하다 erfinden

한자 *Hanja*, chinesisches Schriftzeichen

사용하다 verwenden

V$_R$지만 V, aber

백성 Volk, Untertan

배우기 lernen

어렵다 schwierig, schwer sein

그래서 daher, deshalb

쉽게 einfach

V$_R$을/ㄹ 수 있다 können V, möglich sein V

V$_R$도록 um, zu V

새 글자 neuer Buchstabe

만들다 machen

훈민정음 *Hunminjeongeum*

N(이)라고 부르다 N nennen

위한 für

바른 소리 korrekter, richtiger Laut

N(이)라는 뜻이다 bedeuten N

처음에 zuerst, ursprünglich

모두 alle

자 Buchstabe

자음 Konsonant

모음 Vokal

N만 nur N

남아 있다 übrig bleiben

발성 기관 Sprachorgan

본 따다 entworfen sein, gestalten nach

하늘 Himmel

땅 Erde, Boden

모양 Form

기본 grundlegend, Basis

과학적 wissenschaftlich

독창적 einzigartig

외국인 Ausländer

태극기 *
Taegeukgi

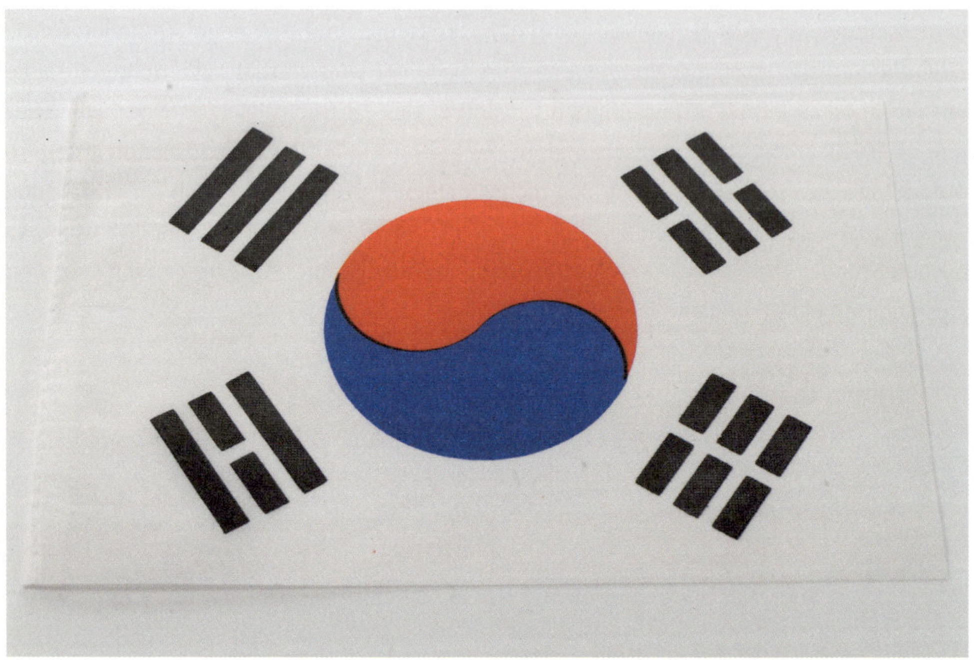

태극기는 한국 국기의 이름이다. 1882년에 만들었고 1948년부터 대한민국 국기가 되었다. 가운데에 태극 무늬가 있어서 태극기라고 부른다. 태극은 조화와 균형 속에서 움직이는 우주를 표현한다. 빨간색 윗부분은 양을, 파란색 아랫부분은 음을 상징한다. 음양은 동양 철학에서 서로를 보완하는 기운을 의미한다. 국기의 네 가장자리에 있는 검은색 네 괘는 우주의 하늘(☰), 땅(☷), 물(☵), 불(☲)을 상징한다. 흰색 바탕은 밝음과 순수와 평화를 사랑하는 한국인의 민족성을 표현한다.

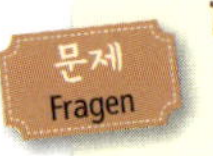

1 한국 국기의 이름은 무엇입니까 ?
Wie heißt die Nationalflagge von Südkorea?

2 태극기에는 무슨 색깔이 있습니까 ?
Welche Farben gibt es auf der Nationalflagge *Taegeukgi*?

Taegeukgi ist der Name der südkoreanischen Nationalflagge. Sie wurde 1882 gemacht und wurde 1948 Nationalflagge der Republik Korea. Sie heißt *Taegeukgi*, weil es das Muster *Taegeuk* in der Mitte gibt. *Taegeuk* steht für das Universum, das in Harmonie und Gleichgewicht steht. Der obere blaue Teil (des Kreises) repräsentiert Yang und der untere rote Teil Yin. In der östlichen Philosophie bedeuten Yin und Yang die Energien, die sich gegenseitig ergänzen. Die vier schwarzen Trigramme an den vier Ecken der Flagge stehen für den Himmel (☰), Erde (☷), Wasser (☵), und Feuer (☲) des Universums. Der weiße Hintergrund zeigt die nationalen Eigenschaften der Koreaner, die das Leuchten und Strahlen, Reinheit und Frieden lieben.

태극기 *Taegeukgi*

국기 Nationalflagge

만들다 machen, herstellen, produzieren

N이/가 되다 werden N

가운데 in der Mitte, mitten

무늬 Muster

N(이)라고 부르다 nennen N

조화 Harmonie

균형 Gleichgewicht

속 in, innen

움직이다 bewegen

우주 Universum

표현하다 repräsentieren, ausdrücken

빨간색 rot (Farbe)

윗부분 oberer Teil

양 Yang

파란색 blau (Farbe)

아랫부분 unterer Teil

음 Yin

상징하다 repräsentieren, symbolisieren

동양 철학 östliche Philosophie

서로 einander

보완하다 ergänzen, komplementieren

기운 Energie, Kraft

가장자리 Rand, Ecke

검은색 schwarz (Farbe)

괘 Trigramm

하늘 Himmel

땅 Erde

물 Wasser

불 Feuer

흰색 weiß (Farbe)

바탕 Hintergrund

밝음 Helligkeit, Strahlen

순수 Reinheit

평화 Frieden

사랑하다 lieben

민족성 nationale Eigenschaft

애국가 ★★
Aegukga

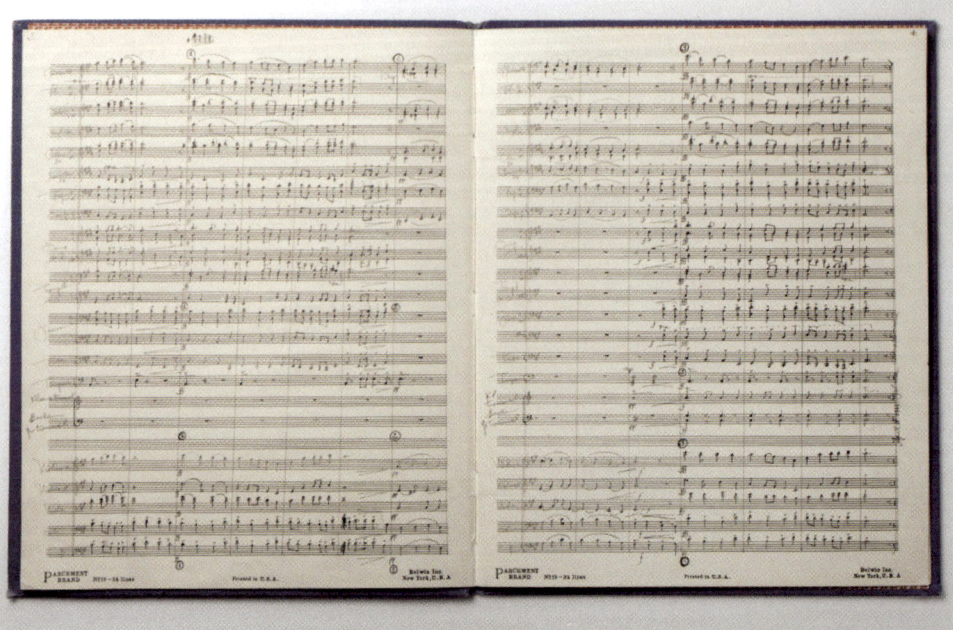

대한민국의 국가는 20세기 초에 안익태가 작곡했다. 국가 이름인 〈애국가〉는 '나라를 사랑하는 노래'라는 뜻이다. 일제 강점기에는 독립을 바라는 한국인들 사이에서 몰래 불리다가 1948년 8월 15일 대한민국 건국을 기념하는 행사에서 공식적으로 채택되었다. 가사는 다음과 같다.

동해물과 백두산이 마르고 닳도록,
하느님이 보우하사 우리 나라 만세
무궁화 삼천리 화려강산,
대한사람 대한으로 길이 보전하세.

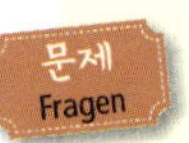

문제
Fragen

1 대한민국 국가의 이름은 무엇입니까?
Wie heißt die Nationalhymne der Republik Korea?

2 애국가는 언제부터 공식 국가가 되었습니까?
Seit wann ist *Aegukga* die offizielle Nationalhymne?

Die Nationalhymne der Republik Korea wurde von Ahn Eak-tai Anfang des frühen 20. Jahrhumderts komponiert. Der Titel der Hymne *Aegukga* bedeutet „ein Lied zur Liebe für das Land". Während der japanischen Besatzungszeit wurde sie von Koreanern heimlich gesungen, die sich nach der Unabhängigkeit sehnten, und später bei Gründung der Republik Korea am 15. August 1948 daran gedachten, so dass sie sie offiziell zur Nationalhymne übernahmen. Der Liedtext ist wie folgt:

Bis zu dem Tag, Republik Wasser des Ostmeeres austrocknen und der Baekdusan abgetragen wird,
Schütze uns Gott und erhalte die Nation: Hurra auf Korea.
Dreitausend *Ri* von großartigen Flüssen und Bergen waren mit Hibiskusblüten bedeckt.
Das großartige koreanische Volk möge für immer die wahre großartige koreanische Art beibehalten.

애국가 *Aegukga*
대한민국 Republik Korea
국가 Nationalhymne
세기 초 frühes … Jahrhundert
안익태 Ahn Eak-tai
작곡하다 komponieren
일본 강점기 japanische Besatzungszeit
독립 Unabhängigkeit
바라다 hoffen, sich sehnen nach
몰래 heimlich
불리다 gesungen werden

V_R다가 V und dann
건국 einen Staat Gründung
기념하다 gedenken an
행사 Veranstaltung
공식적으로 offiziell
채택되다 übernommen werden
동해물 Wasser des Ostmeeres
백두산 Baekdusan
마르다 austrocknen
닳다 abnutzen, abtragen
V_R도록 bis, um zu V
하느님 Gott

보우하다 schützen und bewahren
만세 Hurra
무궁화 *Mugunghwa*, Hibiskus
삼천리 dreitausend *Ri*, (*Ri* ist eine alte koreanishce Maßeinheit; 3,000 *Ri* sind ungefähr 1.200km)
화려강산 großartige Flüsse und Berge
대한 Großkorea
길이 für immer; für eine lange Zeit
보전하다 bewahren, treu bleiben

무궁화 ★★
Mugunghwa

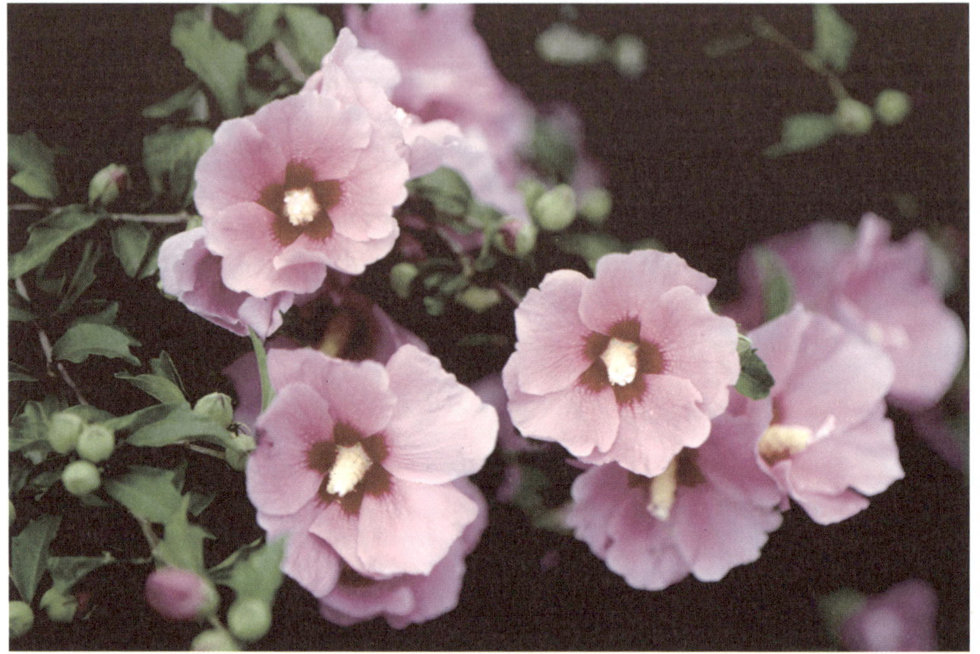

무궁화는 한국을 상징하는 꽃으로, 꽃말은 '영원히 피는 꽃'이라는 뜻이다. 한국 사람들은 고대부터 무궁화를 하늘 나라의 꽃으로 귀하게 생각했다. 중국에서도 오래전부터 한국을 무궁화의 나라라고 묘사했다. 조선 시대에는 혼례복에 무궁화 수를 놓아서 다산과 풍요를 빌었다. 이렇게 오랫동안 사랑을 받던 무궁화는 현대에 와서 한국의 상징으로 자리 잡았다. 나라의 무궁한 발전과 번영을 기원하는 한국인의 마음을 잘 나타내는 꽃이기 때문이다. 애국가에도 무궁화가 나오고 나라 문장에도 '대한민국'이라는 글자와 함께 무궁화가 그려져 있다. 또한 대통령상, 국회의원 배지에도 무궁화가 활용되고 있다. 그리고 8월 8일은 무궁화의 날로 제정하여 무궁화를 기념하도록 했다.

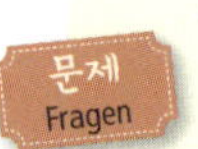

1 한국을 상징하는 꽃은 무슨 꽃입니까?
Wie heißt die Blume, die für Korea steht?

2 무궁화의 꽃말은 무엇입니까?
Wie heißt die botanische Bezeichnung für *Mugunghwa*?

Mugunghwa (Hibiscus syriacus, Straucheibisch) ist die Blume, die Korea repräsentiert und ihre Blumensprache ist „eine immerblühende Blume". Von jeher haben Koreaner *Mugunghwa* als die Blume des Himmels geschätzt. Während der Joseon-Ära war *Mugunghwa* auf der Kleidung von Braut und Bräutigam gestickt und stand für Fruchtbarkeit und Wohlstand. Da sie über so einen langen Zeitraum sehr geliebt wurde, wurde *Mugunghwa* als Symbol für das Korea in der modernen Zeit festgelegt, weil die Blume sehr gut das Herz der Koreaner, die auf die unendliche Entwicklung und den Wohlstand des Landes hoffen, zeigt. *Mugunghwa* taucht auch im *Aegukga* auf, und Koreas Nationalsymbol portraitiert die Blume mit einem Schriftzug, der „Republik Korea" besagt. *Mugunghwa* wird daher auch bei präsidialen Auszeichnungen gebraucht und dient als Abzeichen für Mitglieder der Nationalversammlung. Außerdem wurde der 8. August als den *Mugunghwa* Tag, der die Blume feiert, festgelegt.

어휘와 표현 \ Wörter & Ausdrücke

무궁화 *Mugunghwa*, Hibiscus syriacus, Straucheibisch
상징하다 symbolisieren, repräsentieren
꽃말 Sprache der Blumensprache
영원히 für immer
피다 blühen
고대 alte Zeiten, Altertum
하늘 Himmel
귀하게 kostbar, wertvoll, teuer
생각하다 denken , betrachten

오래전 vor langer Zeit
묘사하다 beschreiben
혼례복 Kleidung von Braut und Bräutigam, Hochzeitskleidung
수(를) 놓다 sticken
다산 Fruchtbarkeit
풍요 Wohlstand, Reichtum
빌다 beten
현대 moderne Zeit, Moderne
상징 Symbol
자리 잡다 etablieren, festlegen

애국가 *Aegukga*
나라 문장 Nationalemblem
글자 Buchstabe
또한 außerdem, auch
대통령상 präsidiale Auszeichnung
국회의원 Mitglied der Nationalversammlung, Abgeordneter
배지 Abzeichen
활용되다 benutzt werden
제정하다 festsetzen, bestimmen

아리랑 ★★
Arirang

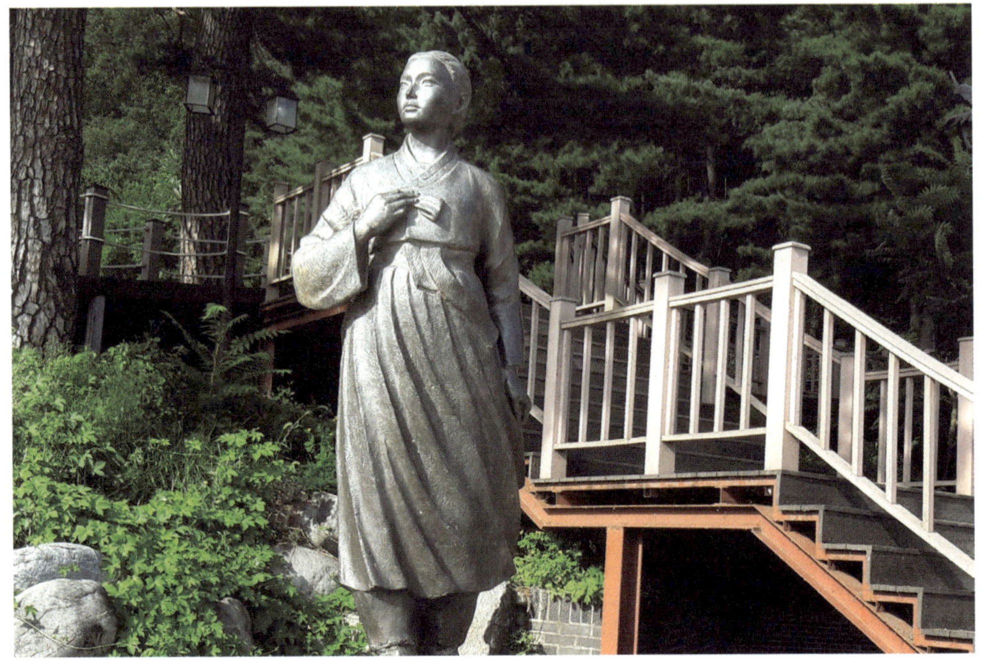

아리랑은 한국의 대표적인 민요이다. 누가 언제 만들었는지 모르지만 한국인이라면 누구나 이 노래를 알고 있다. 지방마다 독특한 정서를 대표하는 아리랑이 있는데 "아리랑 아리랑 아라리요"라는 노랫말이 공통적으로 들어간다. 〈밀양 아리랑〉처럼 멜로디가 경쾌하고 빠른 것도 있고 〈경기 아리랑〉처럼 느리고 슬픈 가락도 있다. 한국인들은 아리랑을 부르며 인생의 '희로애락(기쁨, 노여움, 슬픔, 즐거움)'을 표현했다. 아리랑을 부르며 떠나간 님을 생각하기도 하고 고향에 대한 그리움을 달래기도 하였다. 남북한을 합쳐서 약 60여 종의 아리랑이 있는데, 그중 〈정선 아리랑〉, 〈진도 아리랑〉, 〈밀양 아리랑〉이 가장 유명하다. 2002년 월드컵 때에는 아리랑을 응원가로 부르기도 했다. 이처럼 한국적인 감성을 잘 드러내는 아리랑은 2012년에 유네스코 인류무형유산으로 등록되었다.

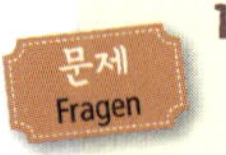

1 한국의 대표적인 민요는 무엇입니까?
Wie heißt eines der bekanntesten Volkslieder in Korea?

2 한국에서 가장 유명한 아리랑 세 개를 써 보세요.
Notieren Sie drei berühmte Versionen von *Arirang* in Korea.

Arirang ist eines der bekanntesten Volkslieder in Korea. Obwohl unbekannt ist, wer und wann es geschrieben hat, kennen alle Koreaner dieses Lied. Jede Region hat seine eigene Version von *Arirang*, das eine einzigartige Stimmung beinhaltet, aber alle haben den Liedtext „*Arirang, arirang, arariyo*" gemeinsam. Einige Versionen wie „Milyang Arirang" haben eine heitere und schnelle Melodie, andere wie „Gyeonggi Arirang" werden langsam und traurig interpretiert. In der Vergangenheit haben Koreaner ihre vier menschlichen Gefühle (Freude, Wut, Trauer und Glück) ausgedrückt, wenn sie *Arirang* sangen. Beim Singen von Arirang dachten sie an den Liebhaber, der sie verlassen hat, andere trösten sich damit über das Heimweh hinweg. Es gibt in Süd- und Nordkorea insgesamt ungefähr 60 Versionen von *Arirang*, und „Jeongseon Arirang", „Jindo Arirang" und „Milyang Arirang" sind die drei berühmtesten. Bei der Fußballweltmeisterschaft 2002 wurde *Arirang* als Anfeuerungslied gesungen, um die koreanische Nationalmannschaft anzufeuern. Um koreanischen Gefühlen Tribut zu zollen, wurde *Arirang* 2012 von der UNESCO auf die repräsentative Liste der immateriallen Kulturgüter gesetzt.

아리랑 *Arirang*

대표적 typisch, repräsentativ, bekannt

민요 Volkslied

V_R는/은/ㄴ지 모르다 nicht wissen wie, was, ob V

누구나 jeder

지방 Region, Gegend

N마다 jede/r/s N

독특한 einzigartig

정서 Gefühl, Stimmung

노랫말 Liedtext

공통적으로 gemeinsam

들어가다 haben, beinhalten

N처럼 wie N

멜로디 Melodie

경쾌하다 fröhlich sein, heiter sein

빠르다 schnell sein

느리다 langsam sein

슬프다 traurig sein

가락 Melodie, Ton

인생 Leben

희로애락 (기쁨, 노여움, 슬픔, 즐거움) vier menschliche Gefühle (Freude, Wut, Trauer, Glück)

표현하다 ausdrücken

떠나가다 verlassen

님 Liebhaber

생각하다 denken

V_R기도 하다 V auch (um zu signalisieren, das zwei oder mehr Handlungen ausgeübt werden)

고향 Heimat

N에 대한 betreffend/über N

그리움 Sehnsucht

달래다 trösten

남북한 Süd- und Nordkorea

합치다 verbinden, kombinieren

약 ungefähr

N여 종 N Typ, Art von

가장 meist/am meisten

월드컵 Weltmeisterschaft

응원가 Anfeuerungslied

등록되다 eingetragen/aufgelistet werden

고려청자 ★★★
Goryeo Seladon

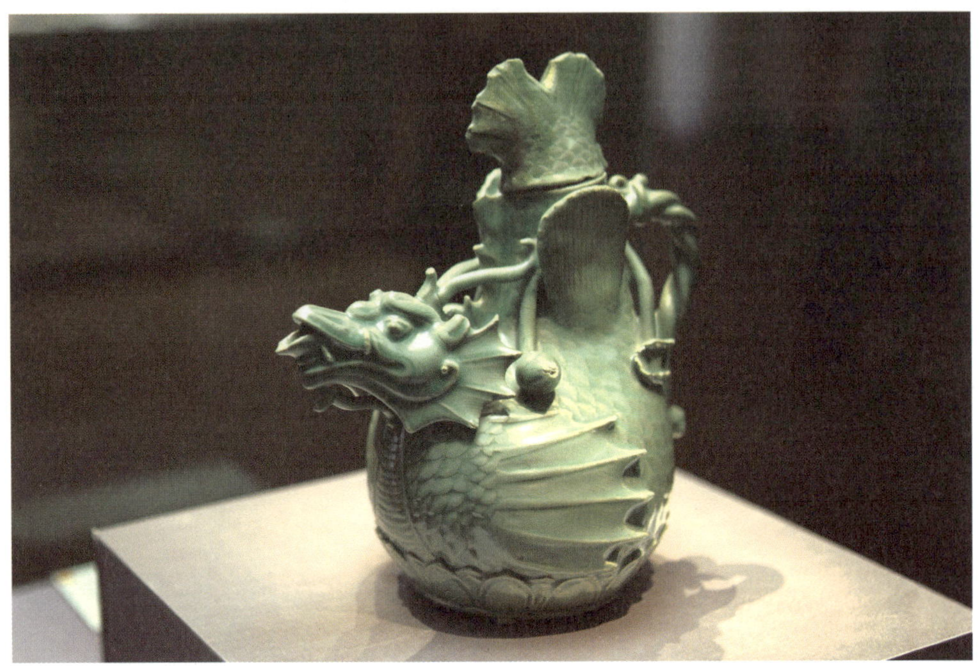

고려 시대(918~1392)의 도자기는 푸른빛이 난다고 하여 고려청자라고 불렀다. 옛날부터 중국인들은 '세상에서 제일 훌륭한 물건'이라고 칭찬했다. 화려하고 신비로운 면을 고려와 중국의 귀족들이 좋아했기 때문이다. 처음에는 모양이 단순했지만 점점 발전하여 12~13세기에는 전성시대를 이루었다. 고려청자 중에서 한국을 대표하는 청자는 상감 청자다. 먼저 무늬를 그리고 그 모양 그대로 판 다음에 그 안에 다른 색의 흙을 넣어서 구웠다. 이렇게 만들어진 상감 청자는 여러 무늬가 조화롭게 어우러져 있어 마치 한 폭의 그림 같다. 특히 〈운학 무늬 매병〉이 유명한데, 병의 모양과 구름 사이에서 흰 학이 놀고 있는 하늘빛 청색이 아름답다.

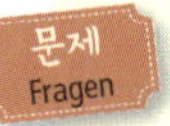

1 고려청자는 무슨 색깔의 빛이 납니까?
Welche Farbe hat das Goryeo Seladon?

2 고려청자 중에서 유명한 작품은 무엇입니까?
Was ist das berühmteste Goryeo Seladon?

Die Keramik aus der Goryeo-Ära (918-1392) wird Goryeo Seladon für seine graugrüne Glasur bezeichnet. Seit jeher lobten die Chinesen die Goryeo Keramik als „den bemerkenswertesten Gegenstand der Welt". Denn die Aristokraten von Goryeo und China mochten seine glamouröse und geheimnisvolle Seite. Seine Form war zunächst einfach, aber mit der Zeit entwickelte sich zwischen dem 12. und 13. Jahrhundert ein goldenes Zeitalter. Von dem ganzen Goryeo Seladon, sind die Intarsien (*Sanggam*) diejenigen, die am typischsten für Korea sind. Zuerst wurden Muster gezeichnet, dann eingemeißelt; später wurde verschieden farbiger Ton innerhalb (des geritzten Bereichs) vor dem Brennen hinzugefügt. Das Intarsienseladon jedoch sah wie schöne Malerei mit verschiedenen Mustern in Harmonie aus. Insbesondere die „Seladon Prunus Vase mit Wolkenintarsien, Kranich-Muster" ist berühmt; die Form der Vase und die himmelblaue Farbe in der weiße Kraniche unter den Wolken spielen ist sehr schön.

고려청자 Goryeo Seladon

고려 Goryeo-Ära

시대 Zeit, Epoche, Ära, Dynastie

도자기 Töpferei, Keramik, Porzellan

푸른빛 blaugrüne Lasur

옛날 früher

세상 Welt

제일 meist

훌륭하다 ausgezeichnet sein, vortrefflich sein

물건 Gegenstand, Sache

칭찬하다 loben

화려하다 prachtvoll sein, brilliant sein

신비롭다 geheimnisvoll sein

귀족 Aristokrat, Adlige

처음 zuerst

모양 Form

단순하다 einfach sein

점점 allmählich

발전하다 entwickeln

세기 Jahrhundert

전성시대 goldenes Zeitalter

이루다 erreichen

대표하다 repräsentieren

상감 청자 Intarsie (*Sanggam*) Seladon

무늬 Muster

그대로 so wie es ist

파다 ritzen, meißeln

흙 Ton, Erde

굽다 backen, brennen

조화롭다 harmonisch sein, übereinstimmend sein

어우러지다 in Harmonie sein

마치 als ob, als wenn, ebenso wie

폭 Einheit für Kleidung oder Bilder

특히 insbesondere

운학 무늬 매병 Seladon Prunus Vase mit Wolkenintasien, Kranich-Muster

구름 Wolke

희다 weiß sein

학 Kranich

놀다 spielen

하늘빛 himmelblau

청색 blau (Farbe)

김치 *
Kimchi

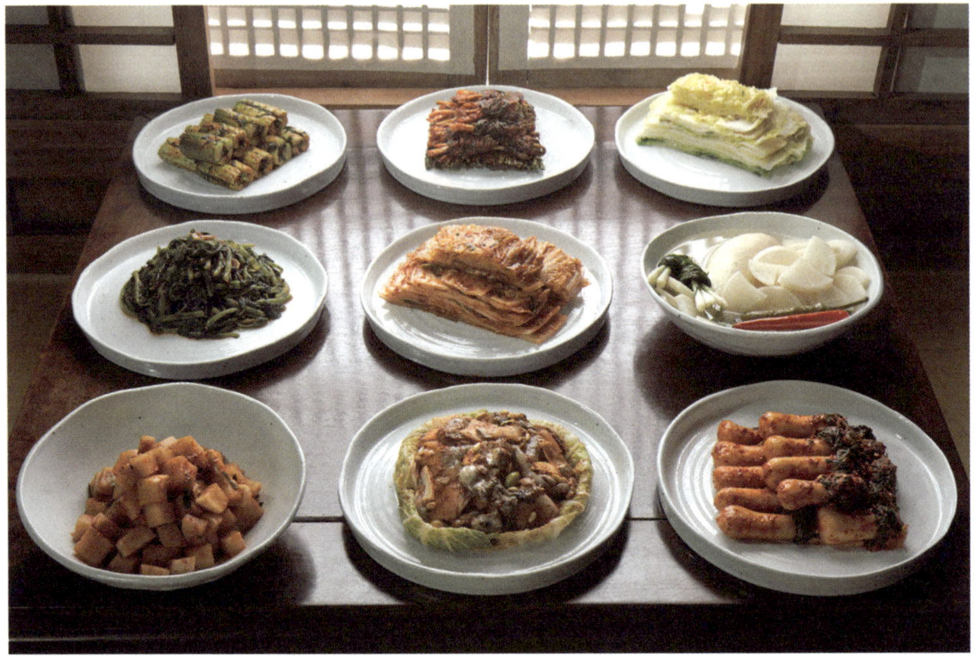

김치는 한국의 대표적인 발효 식품으로 밥과 함께 항상 한국인의 밥상에 올라오는 반찬이다. 김치는 일반적으로 소금에 절인 배추에 무, 파, 마늘, 생강, 고춧가루, 젓갈을 넣고 만든다. 하지만 그 종류는 계절과 지방에 따라 양념과 재료가 다르기 때문에 매우 다양한데 약 300여 종류의 김치가 있다. 그중에서도 배추김치, 깍두기, 총각김치, 열무김치, 오이소박이, 동치미, 깻잎김치는 한국인들이 자주 먹는 김치이다. 고춧가루를 넣지 않고 만든 백김치도 있다. 그래서 백김치는 맵지 않다. 김치로 다른 요리를 만들 수도 있다. 김치찌개, 김치전, 김치볶음밥, 김칫국 외에 생선이나 고기를 넣어서 다양한 요리를 만들 수 있다.

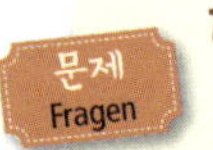

1 김치는 어떤 식품입니까?
Was für ein Lebensmittel ist *Kimchi*?

2 김치로 만들 수 있는 요리는 무엇입니까?
Welche Speisen kann man mit *Kimchi* machen?

Kimchi ist das repräsentative fermentierte Nahrungsmittel von Korea, und es wird immer bei einer koreanischen Mahlzeit zusammen mit Reis serviert. *Kimchi* wird in der Regel mit gesalzenem Chinakohl, mit Schalotten, Knoblauch, Ingwer, Chilipulver und gesalzenen Meeresfrüchten hergestellt. Aber es gibt zahlreiche Variationen, da die Gewürze und Zutaten sich je nach Saison und Region unterscheiden, und es gibt ungefähr 300 Arten von *Kimchi*. Von den von Koreanern am meisten gegessenen *Kimchi* Sorten sind *Baechu Kimchi*, *Kkakdugi*, *Chonggak Kimchi*, *Yeolmu Kimchi*, *Oisobagi* (Gurkenkimchi), *Dongchimi* und *Kkaennip Kimchi*. Es gibt auch *Baekkimchi* ohne Chilipulver, das nicht so scharf ist. Außerdem kann man auch andere Gerichte mit Kimchi machen. Es ist auch möglich verschiedene Gerichte mit Fisch oder Fleisch zu zubereiten wie *Kimchi Jjigae*, *Kimchi Jeon*, gebratener Reis mit *Kimchi* und *Kimchi* Suppe.

김치 *Kimchi*
대표적 repräsentativ sein, typisch sein
발효 식품 fermentiertes Nahrungsmittel
N와/과 함께 zusammen mit N
항상 immer
밥상 Mahlzeit, Esstisch
올라오다 dienen; heraufkommen
반찬 Beilage
소금 Salz
절인 salzig eingelegt
배추 Chinakohl
무 Rettich
파 Frühlingszwiebeln, Schalotten
마늘 Knoblauch
생강 Ingwer
고춧가루 Chilipulver
젓갈 gesalzen (eingelegte) Meeresfrüchte

넣다 hinfügen
만들다 machen
종류 Typ, Art, Sorte
계절 Jahreszeit
지방 Region, Gegend
N에 따라 von N
양념 Gewürz
재료 Zutat
다르다 anders sein, verschieden sein
V$_R$기 때문에 weil V
매우 sehr
다양하다 verschieden sein, vielfältig sein
약 ungefähr, etwa
배추김치 *Baechu* (Chinakohl) *Kimchi*
깍두기 *Kkakdugi* (*Kimchi* aus Rettich)
총각김치 *Chonggak Kimchi* (*Kimchi* aus Rettichblättern)

열무김치 *Yeolmu Kimchi* (*Kimchi* aus jungen Rettichen)
오이소박이 *Oisobagi* (*Kimchi* aus Gurken)
동치미 *Dongchimi* (*Kimchi* aus weißen Rettichen)
깻잎김치 *Kkaennip Kimchi* (*Kimchi* aus Sesamblättern)
자주 oft
V$_R$지 않다 nicht V
백김치 *Baekkimchi* (weißer *Kimchi*)
맵다 scharf sein
다른 anders, verschieden
V$_R$을/ㄹ수도 있다 können V
찌개 *Jjigae* (Eintopf)
전 *Jeon* (Pfannkuchen)
볶음밥 gebratener Reis
국 Suppe
N 외에 abgesehen von, neben N
생선 Fisch

비빔밥 ★★
Bibimbap

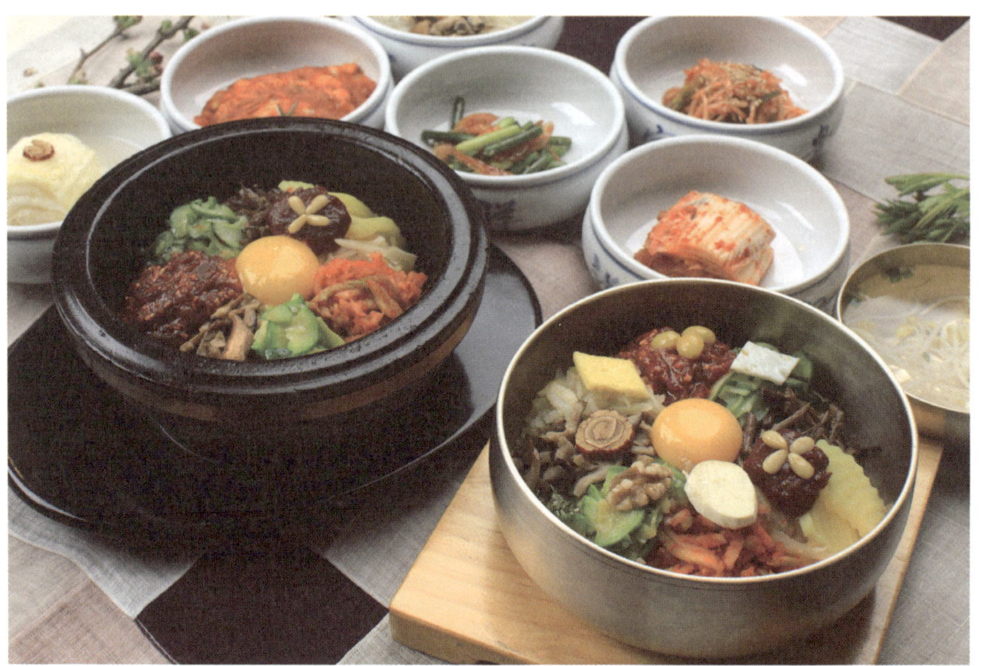

흰밥 위에 여러 가지 야채와 고기를 넣어서 고추장과 함께 비벼 먹는 음식을 비빔밥이라고 한다. 재료에 따라 색깔과 맛이 다양한 음식인데 모양과 색깔이 아름다워서 옛날부터 화반이라고 불렀다. 비빔밥은 각 재료들의 맛이 조화를 이루는 음식이다. 산채 비빔밥, 육회 비빔밥, 해산물 비빔밥 등 재료에 따라 다른 맛을 낼 수 있다. 비빔밥을 담는 그릇에 따라 다른 맛이 나기도 하는데 뜨거운 돌솥에 담아 먹는 비빔밥인 돌솥 비빔밥도 있다. 비빔밥은 지역에 따라 맛과 모양이 다르다. 지역의 비빔밥 중에서 특히 전주비빔밥이 유명하다. 10월 말 전주에서는 3일 동안 전주비빔밥 축제가 열린다. 그 기간 동안 직접 비빔밥을 만들어 볼 수 있다. 또한 건강하고 맛있는 식생활에 대한 다양한 정보도 얻을 수 있다. 이처럼 비빔밥은 한국인들이 집에서 쉽게 만들어 먹을 수 있을 뿐 아니라, 특별한 재료와 함께 특별식으로 즐기기도 하는 건강 음식이다.

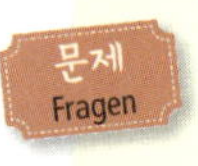
문제
Fragen

1 밥, 야채, 고기를 고추장과 비벼 먹는 한국 음식이 무엇입니까?
Wie heißt das koreanische Gericht, bei dem Reis, Gemüse und Fleisch mit *Gochujang* gemischt werden?

2 어느 도시의 비빔밥이 특히 유명합니까?
Welche Stadt ist besonders für *Bibimbap* bekannt?

Bibimbap ist eine Speise, die mit weißem Reis, verschiedenen Gemüse und Fleisch oben drauf serviert und mit *Gochujang* gemischt wird. Die Farben und der Geschmack dieses Essens variieren je nach Zutaten, und da seine Form und Farben schön sind, hieß es früher *Hwaban* (wortwörtlich Blumenreis). *Bibimbap* ist ein Gericht, in dem der Geschmack der einzelnen Zutaten miteinander harmoniert. Es ist möglich, verschiedene Geschmacksrichtungen durch Zutaten wie *Sanchae* (Salat und Sprossen), *Yukhoe* (Tartar) und Meeresfrüchte zum Vorschein zu bringen. Der Geschmack kann auch durch die Schüssel, in der *Bibimbap* serviert wird, variieren und es gibt eine Art von *Bibimbap*, die in einem heißen Steintopf serviert wird. Der Geschmack und die Form von *Bibimbap* unterscheidet sich je nach Region. Jeonju *Bibimbap* ist besonders berühmt unter den regionalen Versionen. Ende Oktober wird das Jeonju *Bibimbap* Festival für drei Tage in Jeonju gehalten. Während dieser Zeit kann man persönlich versuchen *Bibimbap* zu machen. So ist *Bibimbap* nicht nur eine Speise, die die Koreaner leicht zu Hause machen und essen können. Es ist auch ein gesundes Essen, das als besonderes Essen mit verschiedenen Zutaten genossen wird.

비빔밥 *Bibimbap*	조화를 이루다 harmonieren	또한 und, außerdem, zudem
흰밥 weißer Reis	산채 *Sanchae*, Salat und Sprossen	건강하다 gesund sein
여러 가지 vielerlei, viele	육회 *Yukhoe* (Tartar)	식생활 Nahrung, Ernährung
야채 Gemüse	해산물 Meeresfrüchte	N에 대한 über/ N betreffend
넣다 hinzufügen	등 so wie, inklusive, etc., usw.	정보 Information
고추장 *Gochujang* (Chilipaste)	맛을 내다 würzen	얻다 bekommen
비비다 mischen	뜨겁다 heiß sein	쉽게 einfach
재료 Zutat	돌솥 Schüssel aus Steingut	V$_R$을/ㄹ뿐만 아니라 nicht nur V sondern auch…
N에 따라 laut, gemäß N	담다 servieren, bringen	
색깔 Farbe	특히 insbesondere	특별한 besonders, speziell
맛 Geschmack	전주 Jeonju	특별식 besonderes Essen/Gericht
다양하다 vielfältig sein	축제 Festival	즐기다 genießen
모양 Form	열리다 eröffnen	V$_R$기도 하다 manchmal passiert V
옛날 früher, damals	기간 Periode, Zeitraum	건강 음식 gesundes Essen
화반 *Hwaban* (Blumenreis)	직접 persönlich, direkt	
각 jeder	V$_R$아/어/여 보다 versuchen, zu… V	

태권도 *
Taekwondo

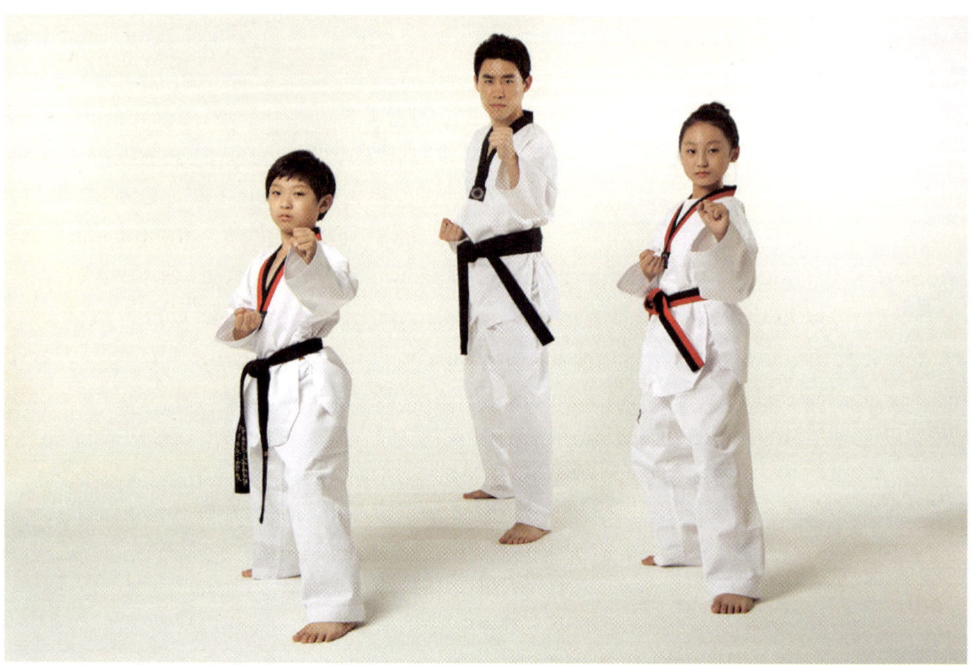

전통 무술인 택견과 수박도에서 나온 태권도는 몸과 마음을 수련하는 한국의 대표적인 무술이다. 1988년 서울 올림픽에서 시범 종목으로 채택되었고, 2000년 시드니 올림픽에서 정식 메달 종목이 되었다. 현재는 100여 개 국 이상의 나라에서 태권도를 가르치고 배운다. 처음 태권도를 시작할 때는 흰 띠를 매고, 단이 오르면 차례로 노란 띠, 파란 띠, 빨간 띠, 검은 띠를 맨다. 태권도는 아이들의 신체적 건강뿐만 아니라 사회성 발달에도 도움을 준다. 그래서 한국의 많은 아이들이 태권도를 배우고, 대학생들도 동아리 활동을 통해 태권도를 익힌다.

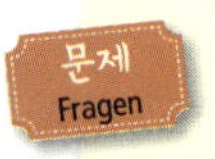

1 태권도는 언제 올림픽 정식 메달 종목이 되었습니까?

Wann wurde *Taekwondo* eine offiziell anerkannte olympische Sportart?

2 태권도를 시작하는 사람은 무슨 색 띠를 맵니까?

Wenn man mit *Taekwondo* anfängt, welche Farbe hat der Gürtel, den man trägt?

Taekwondo aus den traditionellen Kampfkünsten von *Taekkyon* und *Subakdo* ist eine typische koreanische Kampfsportart, die Körper und Geist trainiert. Es wurde als Demonstrationssport bei den Olympischen Spielen von 1988 gewählt und wurde zur offiziellen Sportart bei den Olympischen Spielen in Sydney. Derzeit wird *Taekwondo* in mehr als 100 Ländern gelehrt und gelernt. Wenn man zum ersten Mal anfängt, trägt man den weißen Gürtel, und bei höheren Rängen trägt man in folgender Reihenfolge eine gelben, blauen, roten und schwarzen Gürtel. *Taekwondo* fördert die soziale Kompetenz bei Kindern sowie die körperliche Gesundheit. Deshalb lernen viele koreanische Kinder *Taekwondo*, und College-Studenten lernen es durch Aktivitäten in Clubs oder Vereinen.

태권도 *Taekwondo*
전통 Tradition, traditionell
무술 Kampfsport
택견 *Taekkyon*
N에서 나오다 kommen aus N
몸 Körper
마음 Geist
수련하다 trainieren
대표적인 typisch sein, repräsentativ sein
시범 Demonstration
종목 Sport, Spiel
채택되다 ausgewählt werden
정식 offiziell, formell
메달 Medaille

N이/가 되다 N werden
N여 ungefähr N
이상 mehr als
가르치다 unterrichten
처음 zuerst
V_R을/ㄹ 때 wenn V
흰 띠 weißer Gürtel
매다 tragen, binden
단 Rang
오르다 aufsteigen
V_R(으)면 als V
차례로 der Reihenfolge nach
노란 띠 gelber Gürtel
파란 띠 blauer Gürtel
빨간 띠 roter Gürtel

검은 띠 schwarzer Gürtel
아이 Kind
신체적 physisch, körperlich
건강 Gesundheit
뿐만 아니라 nicht nur, sondern auch
사회성 soziale Kompetenz
발달 Entwicklung
도움을 주다 helfen
많은 viele
배우다 lernen
동아리 Club, Verein
활동 Aktivität, Tätigkeit
N을/를 통해 durch N
익히다 lernen, trainieren, üben

첨단 과학 기술 *
Hochmoderne Wissenschaft und Technologie

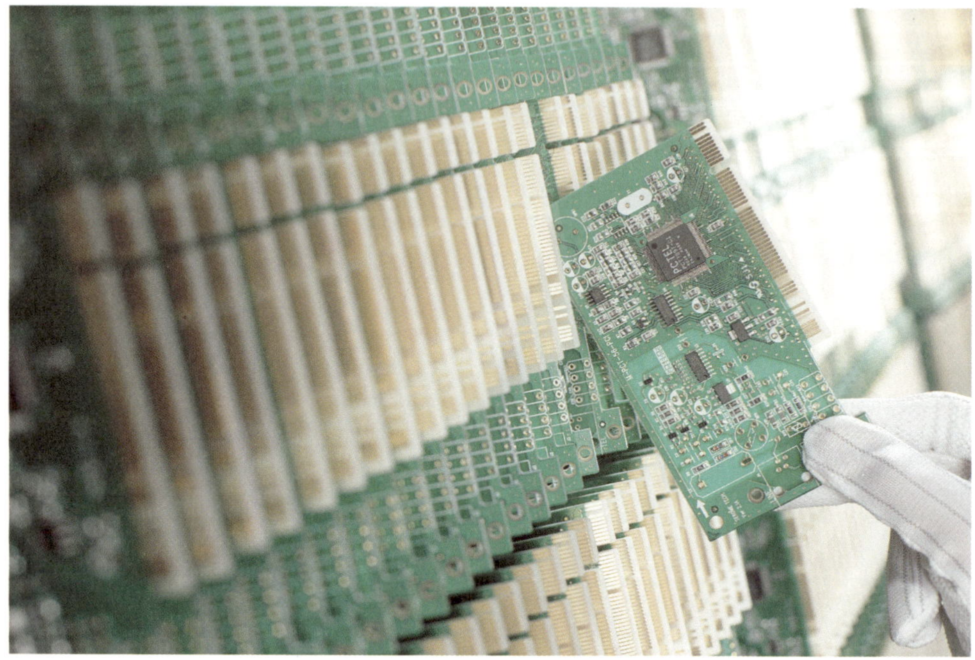

한국은 IT 정보 기술이 매우 발달한 나라이다. 한국의 초고속 인터넷 보급률과 속도는 세계 제일이다. 삼성, 엘지와 같은 회사들은 디지털과 가전제품 분야에서 해마다 혁신적인 신기술을 개발하여 세계적으로 인정받고 있다. 한국은 중공업 산업에서도 리더의 역할을 하고 있다. 대우, 현대, 포스코와 삼성 중공업 회사들은 각각 조선, 자동차, 철강 산업 분야에서 첨단 기술을 보유하고 있다. 최근에는 의학 분야에서도 첨단 기술과 고도의 서비스를 인정받아 이를 바탕으로 한 의료 사업이 번창하고 있다.

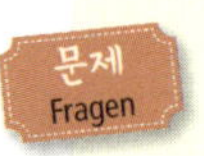

1 초고속 인터넷 보급률이 제일 높은 곳은 어느 나라입니까?
Welches Land hat die höchste Durchdringungsrate von superschnellem Internet?

2 한국 회사 이름을 세 개 써 보세요.
Schreiben Sie die Namen von drei koreanischen Unternehmen auf.

Südkorea gehört zu den Ländern, die eine hoch entwickelte Informationstechnologie haben. Die Durchdringungsrate und Geschwindigkeit von Koreas Super-High-Speed-Internet sind die besten in der Welt. Unternehmen wie Samsung und LG sind weltweit für die Entwicklung innovativer neuer Technologien jedes Jahr in den Bereichen Digital- und Haushaltsgeräten anerkannt. Korea spielt auch in der Schwerindustrie eine marktführende Rolle. Industrieunternehmen der Schwerindustrie wie Daewoo, Hyundai, POSCO und Samsung verfügen über fortschrittliche Technologien im Versand-, Automobil- und Stahlbereich. Vor Kurzem wurde der medizinische Sektor für fortgeschrittene Technologie und ein hohes Maß an Dienstleistungen anerkannt, und das medizinische Geschäft, das auf ihnen basiert, blüht.

첨단 fortgeschritten, hochmodern

과학 기술 Wissenschaft und Technologie

정보 기술 Informationstechnologie

매우 sehr, extrem

발달하다 entwickelt sein, fortgeschritten sein

초고속 super schnelle Geschwindigkeit

보급률 Durchdringungsrate

속도 Geschwindigkeit

세계 Welt

제일 meist, best

삼성 Samsung

엘지 LG

N와/과 같은 wie N

디지털 digital

가전제품 Haushaltsgeräte

분야 Sektor, Gebiet

해마다 jedes Jahr

혁신적인 innovativ

신기술 Neue Technologie

개발하다 entwickeln

V$_R$아/어/여(서) V, so dass…/ um zu V

세계적으로 global

인정받다 anerkannt werden

중공업 산업 Schwerindustrie

리더 Führer, Führung

역할 Rolle

대우 Daewoo

현대 Hyundai

포스코 POSCO

각각 jeder, einzeln, getrennt

조선 Schiffsbau

자동차 Fahrzeug, Auto

철강 Stahl

보유하다 haben, besitzen

최근 vor kurzem, kürzlich

의학 Medizin

고도 hoher Grad (von)

서비스 Service, dienstleistung

N을/를 바탕으로 basieren auf N

의료 사업 medizinisches Geschaft

번창하다 blühen, wachsen

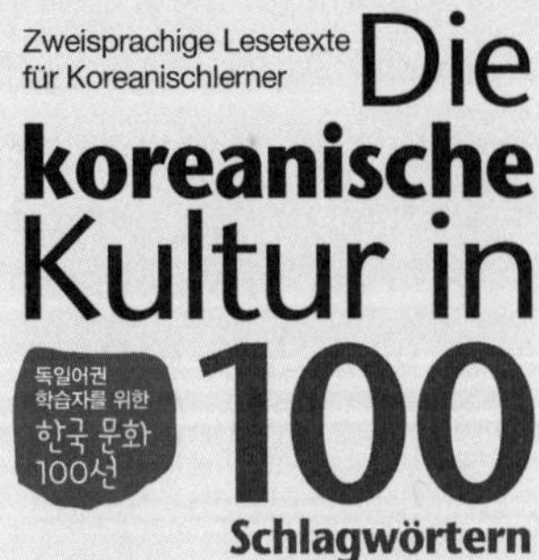

Zweisprachige Lesetexte
für Koreanischlerner
Die
koreanische
Kultur in
100
Schlagwörtern
독일어권
학습자를 위한
한국 문화
100선

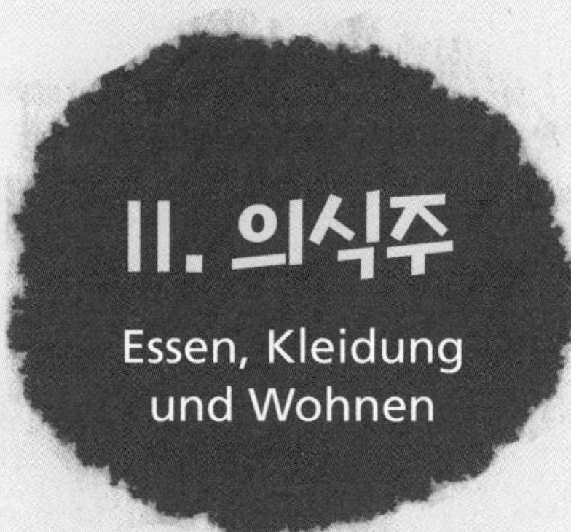
II. 의식주
Essen, Kleidung
und Wohnen

한복 ★

Hanbok

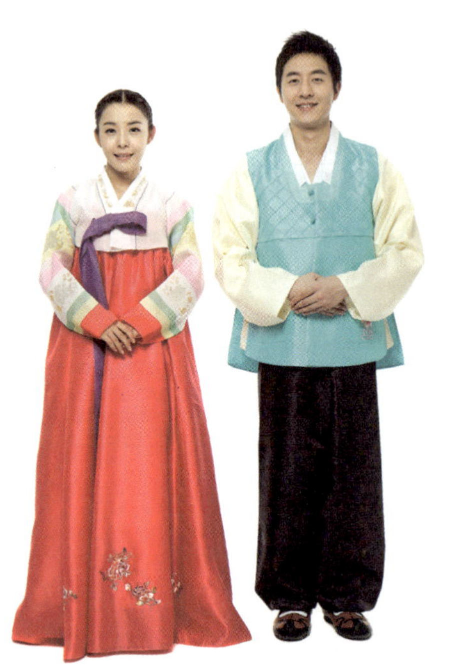

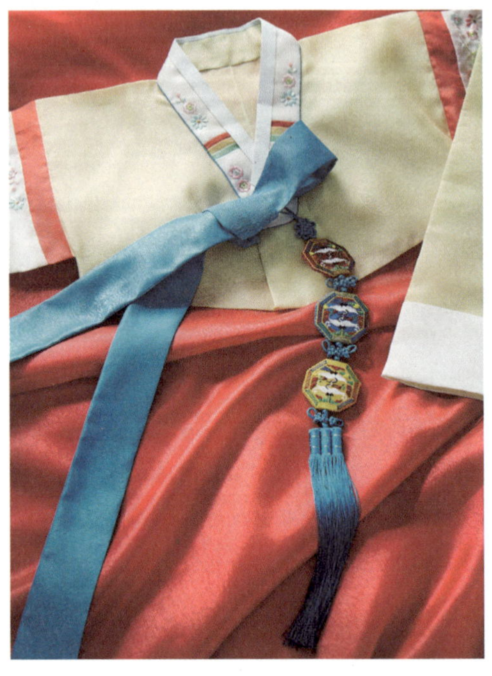

한국의 전통 옷을 한복이라고 부른다. 여자는 저고리와 치마를 입고, 남자는 저고리와 바지를 입는다. 그리고 그 위에 겉옷으로 두루마기를 입을 수 있다. 보통 저고리와 치마는 다른 색을 사용하는데 저고리는 짧고 치마는 풍성하다. 한복의 멋은 곡선에 있다고 할 수 있다. 한복의 소매와 깃의 곡선과 둥근 항아리 모양의 치마가 아름답다. 장식으로는 족두리, 화관, 노리개, 부채, 복주머니가 있다. 한복은 가격이 매우 다양해서 고급 한복 가게들도 있지만 저렴하게 한복을 살 수 있는 동대문 한복 시장도 있다. 계절에 따라 견, 모시, 마 등 옷감도 다양하다. 100년 전쯤 서양 옷이 들어오기 전에는 모두 한복을 입었다. 하지만 요즘은 추석, 설날 같은 명절이나 결혼식, 환갑 잔치 같은 특별한 행사 때에 주로 입는다. 일상생활에서 한복을 입기에는 불편하다고 느끼기 때문이다. 최근에는 편리하고 실용적인 개량 한복들이 나와서 한복을 입는 사람들이 점점 늘어나고 있다. 한복 패션쇼에서는 한글 무늬를 이용한 새롭고 독특한 한복 등이 소개되어 현대적이면서도 세련된 한복이 많아지고 있다.

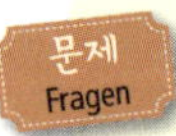

문제 / Fragen

1 한국의 전통 옷 이름이 무엇입니까?
Wie heißt die traditionelle koreanische Kleidung?

2 한복의 아름다움은 무엇입니까?
Was ist die Schönheit von *Hanbok*?

Koreas traditionelle Kleidung heißt *Hanbok*. Während Frauen *Jeogori* (Oberbekleidung) und *Chima* (Rock) tragen, tragen Männer *Jeogori* und *Baji* (Hose). Es ist auch möglich, *Durumagi* als Außenmantel über beide zu tragen. Im Allgemeinen werden verschiedene Farben für das Oberkleid und den Rock verwendet, und während das Oberkleid kurz ist, ist der Rock lang gehalten. Man kann sagen, dass der Charme von *Hanbok* in den Kurven ist. Die Kurven in den Ärmeln, Halsbändern und dem Rock eines Hanbok sind in einer runden Form schön. Es gibt auch weitere Accessoires wie *Jokduri*, *Hwagwan*, *Norigae*, *Buchae* und *Bokjumeoni*. Die *Hanbok* Preise variieren stark, so dass es High-End-*Hanbok*-Shops gibt wie auch den *Hanbok* Markt am Dongdaemun Tor, wo man *Hanbok* zu einem erschwinglichen Preis kaufen kann. Die Stoffe variieren auch je nach Saison, inklusive Seide, Ramie und Leinen. Bevor westliche Kleidung vor etwa 100 Jahren eingeführt wurde, trugen alle *Hanbok*. Aber heutzutage wird der *Hanbok* hauptsächlich an traditionellen Feiertagen wie *Chuseok* oder *Seollal* (Neujahr nach dem Mondkalender) oder zu besonderen Veranstaltungen wie Hochzeitsfeiern oder Feiern zum 60. Geburtstag getragen. Denn die Leute finden, einen *Hanbok* im Alltag zu tragen ist unpraktisch. In der letzten Zeit hat die Zahl der Menschen, die *Hanbok* tragen zugenommen, da immer praktischere *Hanboks* herauskommen. Bei *Hanbok* Modenschauen werden neue und einzigartige Arten von *Hanbok* mit *Hangeul* Mustern präsentiert, und es gibt mehr *Hanboks*, die sowohl modern als auch raffiniert sind.

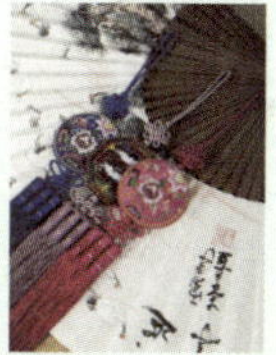

한복 *Hanbok*, traditionelle koreanische Kleidung

전통 traditionell

저고리 *Jeogori*, Oberbekleidung

겉옷 Robe, Mantel

두루마기 *Durumagi*, längerer Mantel über *jeogori* und Rock/Hose

짧다 kurz sein

풍성하다 voll, reichlich sein

멋 Charme

소매 Ärmel

깃 Halsband

곡선 Kurve

둥글다 rund sein

항아리 Krug

아름다움 Schönheit

장식 Accessoire

족두리 *Jokduri*, zeremonielle Kopfbedeckung für Frauen

화관 zeremonielles Diadem für Frauen

노리개 *Norigae*, traditionelle Accessoires für Frauen

부채 *Buchae*, Fächer

복주머니 *Bokjumeoni*, bezahlbare Tasche

가격 Preis

매우 sehr, extrem, außerordentlich

다양하다 verschieden sein, variieren

고급 hohe Qualität

저렴하다 kostensparend sein, bezahlbar sein

동대문 Dongdaemun Tor

견 Seide

모시 Ramie

마 Leinen

옷감 Kleidungsstoff

서양 옷 westliche Kleidung

명절 traditionelle Feiertage

결혼식 Hochzeitszeremonie

환갑 60. Geburtstag

잔치 Party, Fest, Festival

특별하다 speziell, besonders sein

행사 Event, Veranstaltung

주로 vorwiegend

일상생활 Alltagsleben

불편하다 unangenehm sein

느끼다 denken/fühlen

최근 vor Kurzem, kürzlich

편리하다 bequem sein

실용적이다 praktisch sein

개량 한복 moderner *Hanbok*

점점 allmählich

늘어나다 zunehmen

패션쇼 Modenschau

무늬 Muster

이용하다 benutzen, gebrauchen

새롭다 neu

독특하다 einzigartig sein

소개되다 vorgestellt werden

현대적이다 modern sein

세련되다 raffiniert sein

불고기 ★★
Bulgogi

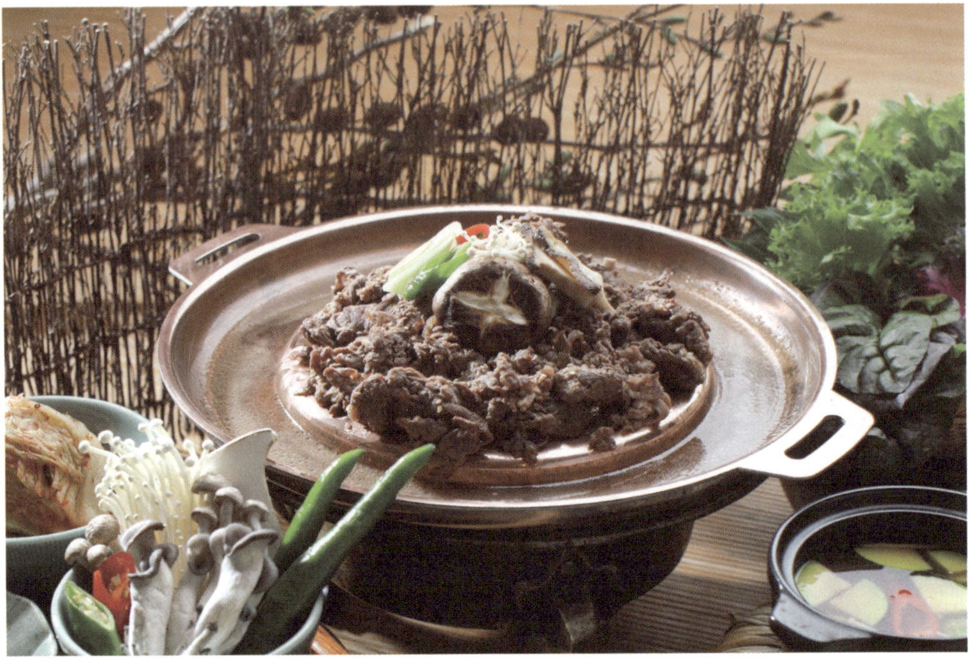

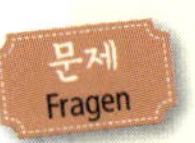

불고기는 한국을 대표하는 음식으로 한국 사람뿐만 아니라 많은 외국인들도 좋아하는 음식이다. 옛날부터 한국인들은 고기를 양념에 재워 놓았다가 구워 먹었다. 그 전통이 이어져서 오늘날의 불고기가 되었다. 불고기는 소불고기, 돼지 불고기, 닭 불고기, 오리 불고기 등 여러 가지 종류가 있다. 불고기 요리 방법은 다음과 같다. 얇게 썬 소고기 600g을 양념과 섞는다. 양념은 간장 4 큰 숟가락, 설탕 2 큰 숟가락, 참기름 2 큰 숟가락, 다진 파 1 큰 숟가락, 다진 마늘 1/2(반) 숟가락, 후추 약간을 섞어서 만든다. 고기와 양념을 잘 섞은 후 30분 정도 기다렸다가 뜨거운 프라이팬에 볶는다. 이때 양파, 버섯 같은 야채를 함께 넣고 볶아도 된다. 상추에 불고기를 싸 먹어도 맛이 좋다.

1 한국을 대표하는 고기 요리는 무엇입니까?
Wie heißt das Gericht, das Korea repräsentiert?

2 불고기 소스는 무엇으로 만듭니까?
Woraus ist *Bulgogi* Marinade gemacht?

Bulgogi ist ein typisch koreanisches Gericht, das nicht nur Koreaner, sondern auch viele Ausländer mögen. Seit jeher haben Koreaner Fleisch mit Gewürzen mariniert und vor dem Essen gegrillt. Die Tradition wurde schließlich zum heutigen *Bulgogi*. Es gibt viele Arten von *Bulgogi* wie mit Rindfleisch, Schweinefleisch, Huhn, Ente etc. Das *Bulgogi* Rezept ist wie folgt: Mischen Sie 600 g dünn geschnittenes Rindfleisch mit Marinade. Diese besteht aus 4 Esslöffeln Sojasauce, 2 Esslöffel Zucker, 2 Esslöffeln Sesamöl, 1 Esslöffeln gehackte Schalotten, einem halben Esslöffel fein gehackter Knoblauch und etwas schwarzem Pfeffer. Nachdem man das Fleisch und die Marinade vermischt hat, wartet man noch etwa eine halbe Stunde und brät es in einer heißen Pfanne. An dieser Stelle kann man Gemüse, Zwiebeln und Pilze hinzufügen und mitbraten. Es schmeckt auch gut, wenn man *Bulgogi* in Salat einwickelt.

불고기 *Bulgogi*, mariniertes Fleisch, gegrillt auf einem Grill oder einem Ofenrost
대표하다 repräsentieren
뿐만 아니라 nicht nur
옛날 früher
양념 Marinade, Gewürz
재워 놓다 marinieren
굽다 grillen
전통 Tradition
이어지다 fortfahren
요리 방법 Rezept

얇다 dünn sein
썰다 schneiden
그램(g) Gramm
섞다 mischen
간장 Sojasoße
숟가락 Löffel
설탕 Zucker
참기름 Sesamöl
다진 파 gehackte Schalotten
다진 마늘 fein gehackter Knoblauch
후추 schwarzer Pfeffer

정도 ungefähr
뜨겁다 heiß sein
프라이팬 Pfanne
볶다 kurz anbraten
이때 zu dem Zeitpunkt
양파 Zwiebeln
버섯 Pilze
넣다 hinzufügen
V_R아도/어도/여도 되다 können V, möglich sein
상추 Salat
싸다 einwickeln

인삼 ★★
Gingseng

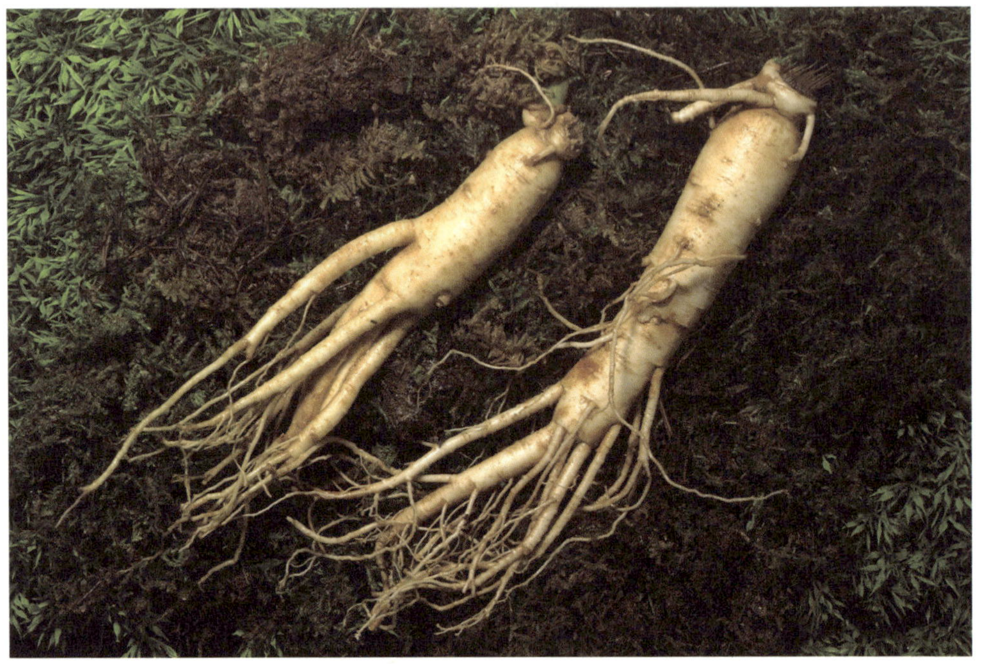

인삼은 뿌리 모양이 사람을 닮아서 인삼이라고 불린다. 옛날부터 인삼을 먹으면 오래 산다고 해서 귀중한 약재로 알려졌다. 땅에 심고 나서 보통 4~6년 후에 인삼을 캐는데 홍삼은 6년 된 뿌리를 수증기에 쪄서 말린 것으로 효능이 가장 좋다. 인삼은 한국 사람들의 귀중한 건강 보조 식품으로 아주 다양하게 활용할 수 있다. 인삼 뿌리를 달여 마실 수도 있고, 절편으로 먹을 수도 있고, 가루로 인삼차를 만들어 마시기도 한다. 또 인삼으로 인삼주나 인삼 진액을 만들기도 한다. 찹쌀, 대추, 마늘 그리고 인삼을 닭에 넣어 만든 삼계탕은 특히 여름에 한국인들이 즐겨 먹는 음식이다. 어린 인삼은 샐러드로 먹기도 한다. 또 인삼으로 화장품도 만든다.

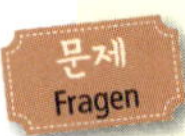

1 6년 된 인삼을 수증기에 쪄서 말린 것은 무엇입니까?
Wie nennt man 6 Jahre alten gedämpften und dann getrockneten Ginseng?

2 닭에 인삼을 넣어 만든 음식은 무엇입니까?
Wie heißt das Gericht, bei dem Ginseng zu einem Huhn hinzugefügt wird?

Der koreanische Ginseng heißt *Insam*, weil die Form seiner Wurzeln einem Menschen („*in*") ähnelt. Früher wurde gesagt, dass man lange lebt, wenn man Ginseng zu sich nimmt, weshalb Ginseng als ein wertvolles Nahrungsergänzungsmittel bekannt ist. In der Regel wird Ginseng nach 4 bis 6 Jahren ausgegraben, nachdem er in den Boden gepflanzt wurde, und roter Ginseng, dessen Wurzeln nach 6 Jahren ausgegraben, gedämpft und getrocknet werden, hat die stärkste Wirkung.

Ginseng ist eine wertvolle Zutat für Koreaner und kann in vielfältiger Weise genutzt werden. Man kann Ginsengwurzeln kochen und trinken, als dünn-geschnittene Stücke essen, oder Ginsengtee aus Pulver trinken. Ginseng wird auch verwendet, um Ginseng-Likör oder Ginseng-Extrakt zu machen. *Samgyetang* wird durch das Hinzufügen von Klebreis, Datteln, Knoblauch und Ginseng zusammen mit einem Huhn gekocht und ist ein Essen, das Koreaner vor allem im Sommer genießen. Junger Ginseng wird manchmal im Salat gegessen. Darüber hinaus wird Ginseng manchmal auch verwendet, um Kosmetik zu machen.

인삼 *Insam*, Ginseng	심다 pflanzen	절편 dünn-geschnittene Stücke
뿌리 Wurzel	V_R고 나서 nach V	가루 Pulver
모양 Form	캐다 ausgraben	진액 Extrakt
닮다 ähneln, aussehen wie	홍삼 roter Ginseng	찹쌀 Klebreis
불리다 genannt werden	수증기 Wasserdampf	대추 Datteln
옛날부터 seit jeher	찌다 dämpfen	마늘 Knoblauch
오래 lang, eine lange Zeit	말리다 trocknen	넣다 hinzufügen
V_R는/ㄴ다고 하다 Es wird gesagt, dass… V	효능 Effekt, Wirkung	삼계탕 *Samgyetang*, Hühnersuppe mit Ginseng
귀중하다 wertvoll sein	건강 Gesundheit	특히 inbesonders
약재 medizinische Zutat	보조 식품 Nahrungsergänzungsmittel	즐기다 genießen
알려지다 bekannt sein als	활용하다 verwenden, gebrauchen	어리다 jung
땅 Erde, Boden	달이다 abkochen	화장품 Kosmetika

004

한국의 술 *
Koreanischer Alkohol

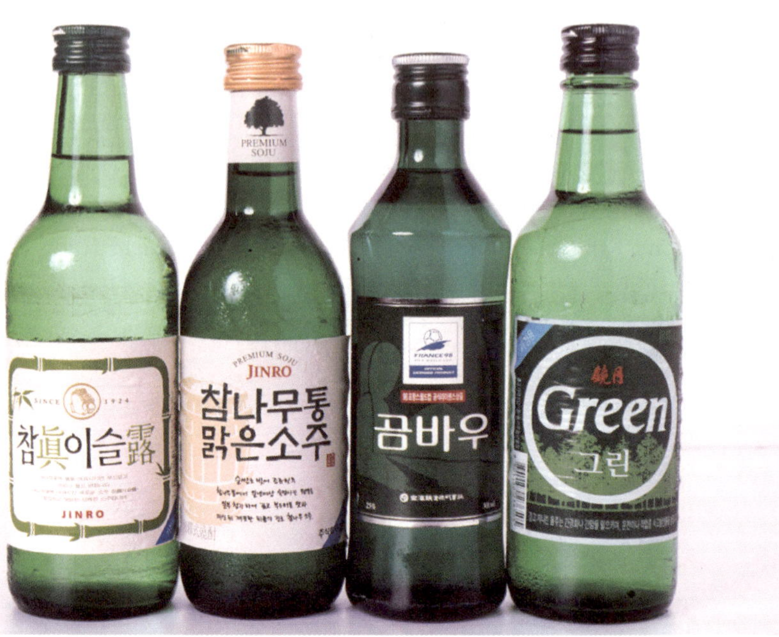

한국에서 가장 대중적인 술은 소주, 막걸리, 동동주이다. 소주는 투명한 색이고 막걸리와 동동주는 쌀로 만들어 우유 색깔이다. 동동주는 밥알이 위로 동동 뜨고 약간 톡 쏘는 맛이 있다. 요즘은 술 종류가 훨씬 다양해졌다. 인삼주는 소주에 인삼을 넣은 것으로, 건강주로 알려져서 가격이 비싼 것도 있다. 과일주는 소주에 과일을 넣어서 만드는데 복분자주, 포도주, 산딸기주 등이 있다. 한국 사람들은 보통 친구 또는 직장 동료들과 함께 술집에 간다. 그래서 술은 사람들과 친해지는 데 중요한 역할을 한다. 삼겹살에 소주 한잔을 마시며 생활의 스트레스를 푼다. 식사와 함께 마시는 술은 반주라고 하고, 술을 마실 때 술잔을 부딪치며 건배사를 하기도 한다. 보통 "건배!"나 "위하여!"라고 하는데 요즘은 매우 다양하고 재미있는 건배사가 있다.

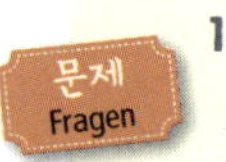

1 한국의 가장 대중적인 술은 무엇입니까?
Was sind die populärsten Spirituosen in Korea?

2 어떤 건배사들이 있습니까?
Auf welche Art und Weise sprechen Koreaner einen Toast aus?

Die beliebtesten Spirituosen in Korea sind *Soju*, *Makgeolli* und *Dongdongju*. Während *Soju* klar ist, sind *Makgeolli* und *Dongdongju* milchig, weil sie aus Reis gemacht sind. *Dongdongju* hat Körner aus gekochtem Reis, die nach oben kommen, und schmeckt leicht säuerlich. Heutzutage gibt es vielfältigere Sorten von Alkohol geworden. *Insamju* (Ginseng-Likör) wird durch Zugabe von Ginseng zu *Soju* gemacht, und da es als gesundes alkoholisches Getränk bekannt ist, gibt es einige teure Arten. *Gwailju* wird durch das Hinzufügen von Früchten in *Soju* gemacht, und es gibt *Bokbunjaju* (koreanischer schwarzer Brombeerlikör), *Podoju* (Traubenlikör) und *Sanddalgiju* (Himbeerlikör) und andere. Weil Koreaner in der Regel in eine Bar mit Freunden oder Kollegen gehen, spielt Alkohol eine wichtige Rolle bei der Nähe zu anderen Menschen. Man baut täglichen Stress ab, indem man *Soju* bei gegrilltem Schweinebauch trinkt. Der Alkohol, den man bei einer Mahlzeit trinkt, heißt *Banju* und beim Trinken wird manchmal ein Toast ausgesprochen und mit den Gläsern angestoßen. Im Allgemeinen wird „*Geonbae*!" oder „*Uihayeo*!" als Trinkspruch verwendet. Aber heutzutage gibt es viele und interessante Möglichkeiten, um einen Toast auszusprechen.

술 Alkohol

가장 am meisten

대중적 populär

소주 *Soju*

막걸리 *Makgeolli*

동동주 *Dongdongju*

투명하다 klar sein, durchsichtig sein

쌀 Reis

색깔 Farbe

밥알 Reiskorn

동동 뜨다 schwimmen, oben bleiben

약간 ein bisschen, wenig

쏘다 sauer sein, säuerlich sein

종류 Art

훨씬 viel, bei weitem

다양하다 vielfältig sein, divers sein

인삼주 *Insamju*, Ginseng Likör

넣다 hinzufügen

건강주 Alkohol für die Gesundheit

알려지다 bekannt sein als

가격 Preis

과일주 *Gwailju*, Obstlikör

복분자주 *Bokbunjaju*, koreanischer schwarzer Brombeerlikör Likö

포도주 *Podoju*, Traubenlikör

산딸기주 *Sanddalgiju*, Himberlikör

직장 동료 (Arbeits)kollege

술집 Bar, Kneipe

친해지다 kennenlernen, näher kommen

V$_R$는 데 bei V, zu V

중요한 wichtig

역할 Rolle

삼겹살 Schweinebauch

한잔 ein Glas von (Ausdruck um eine Person auf einen Drink einzuladen)

스트레스를 풀다 Stress abbauen

반주 Alkohol bei einer Mahlzeit

잔을 부딪치다 mit Gläsern anstoßen

건배사 toasten

건배! *Geonbae*, Prost!

위하여! *Uihayeo*! (wortwörtlich für)

매우 sehr

005

젓갈/젓 *

Jeotgal/Jeot (Salzig fermentierte Meeresfrüchte)

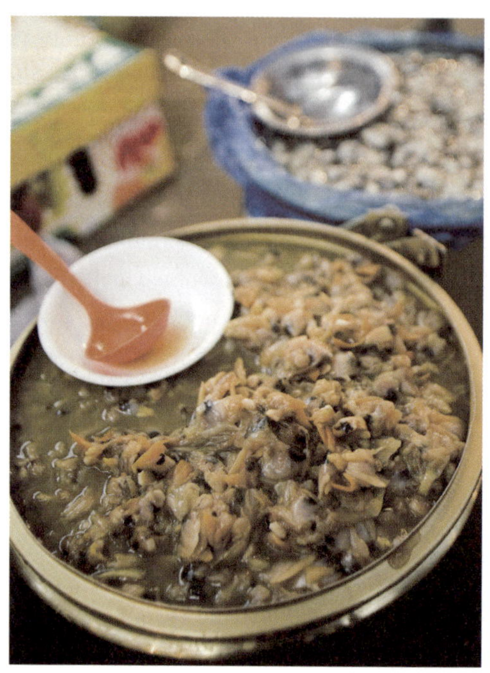
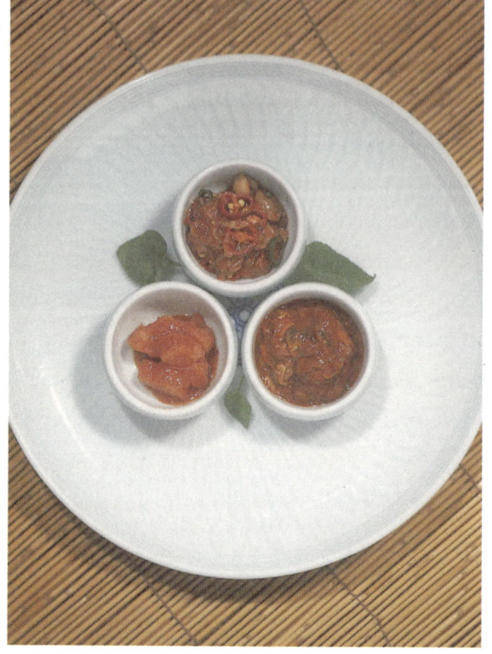

젓갈은 생선이나 생선 내장, 알 또는 조개류 등을 소금에 절인 발효 식품이다. 멸치, 갈치, 오징어, 낙지 등 다양한 해산물로 젓갈을 만든다. 예를 들어 명란젓은 명태의 알로 만들고, 창난젓은 명태의 창자로 만든다. 새우젓은 김치를 담글 때나 삶은 돼지고기를 먹을 때 잘 어울린다. 김치를 담글 때 보통 젓갈을 넣는데 젓갈의 종류에 따라서 김치는 다양한 맛을 낸다. 게장은 게를 간장에 담가 만든다. 조개젓과 어리굴젓도 밑반찬으로 자주 밥상에 오른다. 다양한 젓갈을 즐기고 싶다면 충청북도 강경 젓갈 시장에 가 보자. 거기에서는 수십 종류의 젓갈을 맛보고 젓갈 축제도 볼 수 있다.

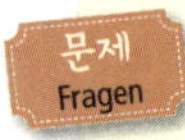

문제
Fragen

1 생선류 등을 소금에 절인 발효 식품은 무엇입니까?

Wie heißt das Essen, das aus salzig eingelegtem Fisch oder anderen Meeresfrüchten ist?

2 가장 유명한 젓갈 시장은 어디에 있습니까?

Wo ist der berühmteste Markt für *Jeotgal*?

Jeotgal ist ein gegorenes Essen aus gesalzenen Fischen, Fischdarm, Rogen oder Schalentieren. *Jeotgal* wird aus Sardellen, Tintenfischen, kleinen Oktopussen und anderen verschiedenen Meeresfrüchten hergestellt. Zum Beispiel ist *Myeongranjeot* aus dem Rogen von Pollack gemacht, während *Changnanjeot* aus dem Darm von Pollack gemacht wird. *Saeujeot* (*Jeot* aus Garnelen) ist gut, wenn man *Kimchi* macht oder gekochtes Schweinefleisch isst. *Gejang* wird aus marinierten Krabben in Sojasoße hergestellt. *Jogaejeot* (*Jeot* aus Schalentieren) und *Eoriguljeot* (*Jeot* aus Austern und Chilipulver) werden oft als Beilage am Tisch serviert. Wenn man verschiedene Arten von *Jeotgal* genießen möchte, empfiehlt sich ein Besuch beim Ganggyeong Traditional Slated Fish Market in Chungcheongbuk-do. Dort kann man Massen von *Jeotgal* Sorten probieren und ein *Jeotgal* Festival sehen.

젓갈/젓 *Jeotgal/jeot*, gesalzen fermentiertes Essen
생선 Fisch
내장 Darm, Gedärme
알 Rogen
조개류 Schalentiere
소금 Salz
절이다 salzen
발효 식품 fermentiertes Essen
멸치 Anchovies, Sardellen
갈치 Degenfisch
오징어 Tintenfisch
낙지 kleiner Oktopus
다양한 verschieden sein, vielfältig sein

해산물 Meeresfrüchte
만들다 machen, kochen
명란젓 *Jeot* aus Rogen von Pollack
명태 Pollack
창난젓 *Jeot* aus dem Darm von Pollack
창자 Darm
새우젓 *Jeot* aus Garnelen
담그다 einlegen
삶은 gekocht
돼지고기 Schweinefleisch
어울리다 zusammenpassen
N에 따라서 gemäß, laut N
맛을 내다 abschmecken

게장 *Gejang*, marinierte und in Sojasoße gegorene Krabbe
간장 *Ganjang*, Sojasoße
조개젓 *Jeot* aus Schalentieren
어리굴젓 *Jeot* aus Austern und Chilipulver
밑반찬 Grundbeilage, Beilage
충청북도 Chungcheongbuk-do, Nord-Chungcheong Provinz
강경 Ganggyeong
젓갈 시장 *Jeotgal* Markt, traditioneller Markt für gesalzenen Fisch
종류 Typ, Sorte
젓갈 축제 *Jeotgal* Festival

006

김장 ★★
Gimjang (Saisonale Zubereitung von *Kimchi*)

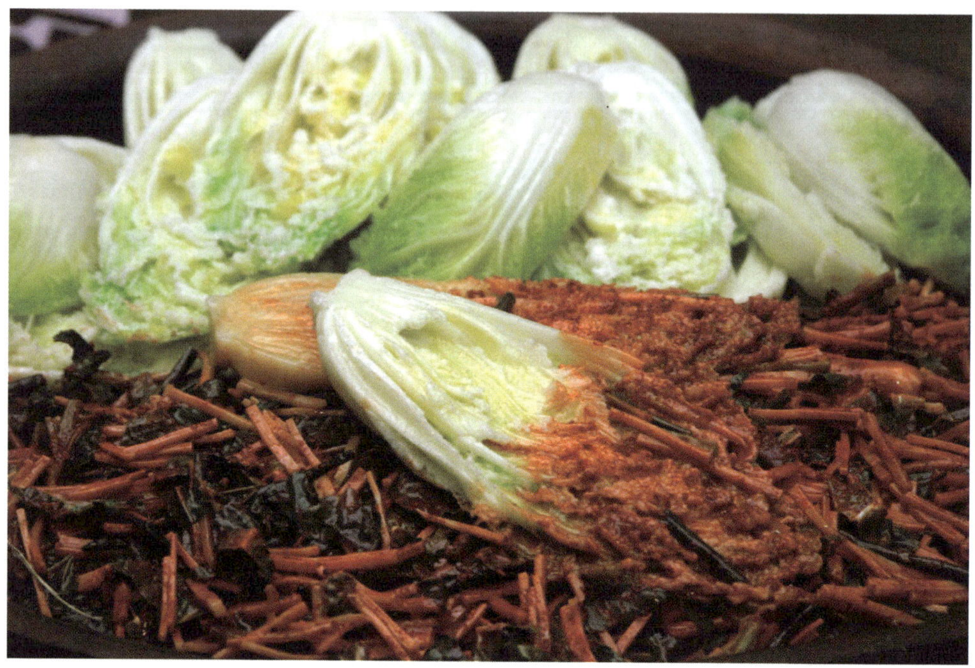

11월 말이나 12월 초에 한국에서는 많은 양의 김치를 담근다. 이것을 김장이라고 한다. 김장은 야채가 귀한 긴 겨울을 나기 위한 준비 작업이다. 고려 시대 때부터 한국인들은 김장철에 이웃들과 함께 김치를 담그고 나눠 먹었다. 이 풍습은 한국인들의 공동체 의식을 잘 반영한다. 보통 김치를 보관하기 위해서 마당에 큰 독을 여러 개 묻는다. 그리고 김치를 나누어 독 안에 넣고 긴 겨울 동안 조금씩 꺼내 먹는다. 김장 김치는 익는 정도에 따라 맛도 다르다. 요즘은 대부분 아파트에 살기 때문에 김치를 일반 냉장고나 김치냉장고에 보관한다.

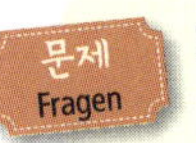

1 김장은 언제 합니까?
Wann macht man *Gimjang*?

2 왜 김장을 합니까?
Warum macht man *Gimjang*?

Ende November oder Anfang Dezember machen Koreaner eine riesige Menge an *Kimchi* in Korea. Das heißt *Gimjang*. *Gimjang* war eine vorbereitende Tätigkeit, um durch den langen Winter zu kommen, wenn Gemüse knapp war. Seit der Goryeo-Ära haben Koreaner während der *Gimjang* Saison zusammen mit den Nachbarn *Kimchi* gemacht und es untereinander aufgeteilt. Dieser Brauch weist das Gemeinschaftsgefühl der Koreaner hin. Im Allgemeinen werden mehrere Gefäße im Hof begraben, um *Kimchi* aufzubewahren. Dann teilt man das *Kimchi* untereinander auf, um seine Gefäße zu ersetzen und einen kleinen Teil zu nehmen, um während des langen Winters zu essen. *Gimjang Kimchi* schmeckt je nach Grad der Fermentation anders. Heutzutage lebt man gewöhnlich in einer Wohneinheit, so dass man *Kimchi* in einem normalen oder einem *Kimchi* Kühlschrank aufbewahrt.

김장 *Gimjang*	함께 zusammen mit	조금씩 Stück für Stück
양 Menge	나누다 aufteilen	꺼내다 herausnehmen
담그다 einlegen	풍습 Sitte	익다 fermentieren, gären, reifen
야채 Gemüse	공동체 Gemeinschaftsgefühl	정도 Grad
귀하다 wertvoll	의식 Bewusstsein	N에 따라 gemäß, nach, laut N
길다 lang	반영하다 reflektieren	대부분 die Meisten
겨울나기 überwintern, durch den Winter kommen	보관하다 aufbewahren	아파트 Apartment (Komplex oder Einheit)
V_R기 위한 für V, um zu V	마당 Garten, Hof	V_R기 때문에 weil, aufgrund V
고려 시대 Goryeo-Ära	독 Krug, Tongefäß	김치냉장고 *Kimchi* Kühlschrank
이웃 Nachbar	묻다 begraben	
	넣다 füllen, hineintun	

007

장독대 ★★

Jangdokdae (Speicherplattform)

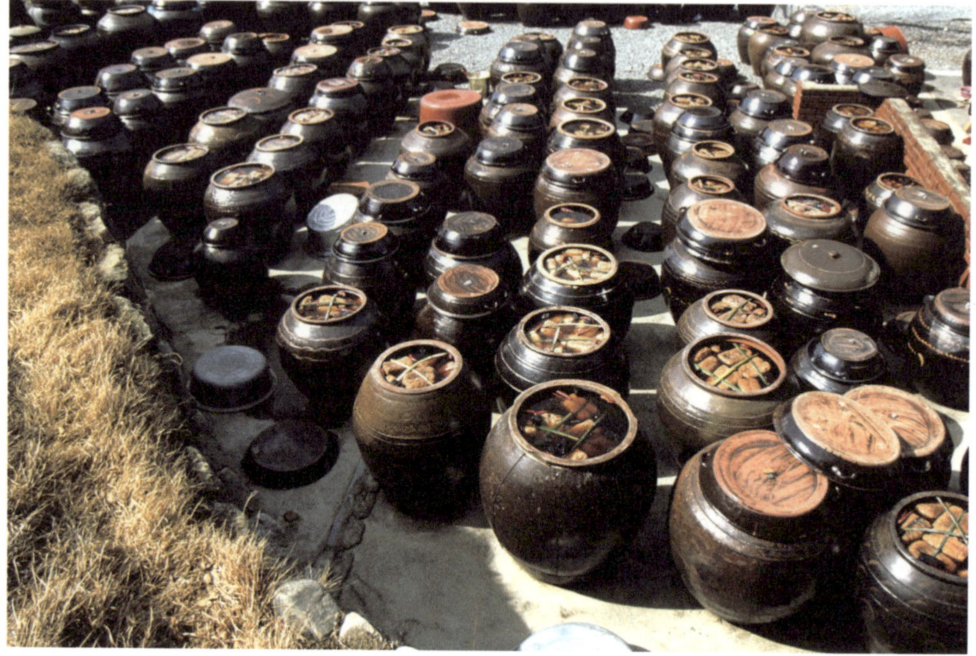

간장, 된장, 고추장은 한국 음식의 기본양념이다. 발효 식품인 장의 역사는 매우 오래되었다. 콩으로 만드는 간장과 된장은 4~5세기쯤인 삼국 시대부터 만들었고 고추장은 18세기 후반부터 만들기 시작했다. 1~2년에 한 번씩 담그는 이 장으로 음식의 간을 맞추고 맛을 냈다. 이 양념들을 담은 독들을 모아 놓은 곳이 바로 장독대이다. 장독대는 보통 부엌에서 가깝고 그늘진 뒷마당에 두고 항아리 안에는 다른 음식들도 보관했다. 장독대는 음식 맛과 가족의 건강을 위해 한국인에게 매우 중요한 곳이었다. 그래서 옛날에는 어머니들이 이곳에 정화수를 놓고 가족들의 건강을 빌기도 했다.

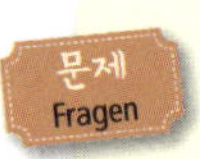
문제
Fragen

1 한국의 세 가지 기본양념은 무엇입니까?
Was sind die drei koreanischen Grundgewürze?

2 항아리들을 모아 놓은 곳을 뭐라고 부릅니까?
Wie nennt man den Ort, wo die Tonkrüge gesammelt sind?

Ganjang (Sojasoße), *Doenjang* (fermentierte Sojabohnenpaste) und *Gochujang* (rote Chillipaste) sind die Grundgewürze oder Gewürze für koreanisches Essen. *Jang*, das ein fermentiertes Nahrungsmittel ist, hat eine sehr lange Geschichte. Koreaner begannen *Ganjang* und *Doenjang* aus Sojabohnen, mit der Zeit der drei Königreiche von Korea, um das 4. bis 5. Jahrhundert, zu machen. *Gochujang* wurde ab dem späten 18. Jahrhundert gemacht. *Jang* wurde alle ein bis zwei Jahre einmal gemacht und wurde verwendet, um Essen zu würzen oder abzuschmecken. *Jangdokdae* ist der Ort, an dem die Gefäße mit diesen Gewürzen zusammen stehen. Eine *Jangdokdae* war in der Regel im Hinterhof, in der Nähe der Küche, schattig gelegen, wo auch andere Lebensmittel in den Gefäßen gelagert wurden. Die *Jangdokdae* war ein sehr wichtiger Ort für Koreaner für das Essen und für die Gesundheit der Familie. Das ist der Grund, warum Mütter vor langer Zeit hier eine Schüssel mit frischem Wasser hinstellten und für die Gesundheit der Familie beteten.

장독대 *Jangdokdae*
(SpeicherplattForm)

간장 *Ganjang*, Sojasoße

된장 fermentierte
Sojabohnenpaste

고추장 rote Chilipaste

기본양념 Grundgewürz

발효 식품 fermentiertes Essen

역사 Geschichte

오래되다 alt sein

콩 Sojabohne

세기 Jahrhundert

삼국 시대 die Zeit der drei
Königreiche von Korea

후반 zweite Hälfte, später

V_R기 시작하다 anfangen

한 번 einmal

담그다 einlegen

간을 맞추다 abschmecken

맛을 내다 würzen

담다 füllen, beinhalten

독 Krug, Gefäß

모아 놓다 sammeln

곳 Ort

그늘지다 im Schatten sein,

뒷마당 Hinterhof

항아리 Krug, Gefäß

다른 anders, verschieden

보관하다 aufbewahren

건강 Gesundheit

옛날 früher

정화수 frisches Wasser

놓다 legen, platzieren

빌다 beten

008

다례 ★★★
Teezeremonie

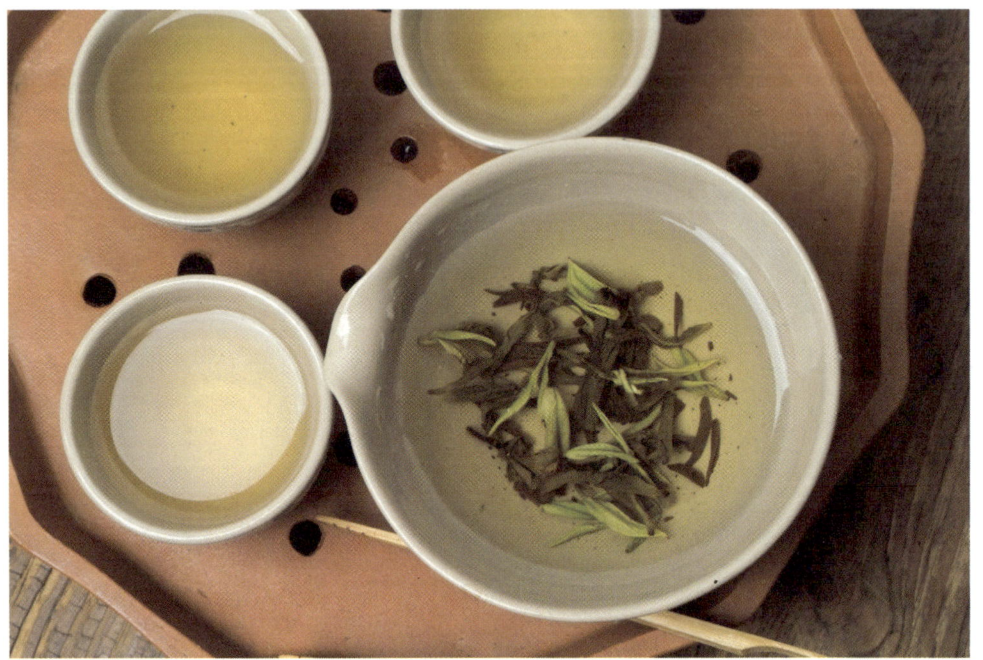

한국의 차 문화는 역사가 오래됐다. 불교의 영향으로 신라 시대와 고려 시대에 특히 발달했다. 차의 종류에 따라서 다기의 형태와 빛깔을 다르게 만들었고 차 문화의 발달로 아름다운 고려청자도 만들어질 수 있었다. 옛날에는 차를 마시는 것이 단순히 음료수를 마시는 게 아니라 몸과 마음을 수련하는 것이었다. 그래서 차 의식이라는 뜻으로 '다례'라고 불렀다. 조선 후기의 대스님인 초의선사(1786~1866)는 차의 백과사전이라고 할 수 있는 《다신전》을 썼다. 그는 이 책에서 다례의 기본을 겸손과 덕행이라고 했다. 그리고 색과 향과 아름다움이 조화를 이루었을 때 진정한 차의 맛을 느낄 수 있다고 했다. 차 마시는 예절을 배우고 싶다면 절이나 전통찻집에 가 보자. 요즘은 절이나 전통찻집에서도 다례를 배울 수 있다.

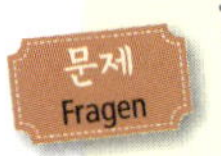

1 한국의 '다례'는 언제 발달했습니까?
Wann entwickelte sich die koreanische Teezeremonie *Darye*?

2 왜 차 문화를 '다례'라고 부릅니까?
Warum wird die Teekultur *Darye* bezeichnet?

Koreas Teekultur hat eine lange Geschichte. Aufgrund des Einflusses des Buddhismus entwickelte sie sich vor allem während der Silla- und Goryeo-Ära. Je nach der Art des Tees wurden die Formen und die Farben der Teeutensilien unterschiedlich hergestellt, und die Entwicklung der Teekultur machte das schöne Goryeo Seladon möglich. Früher trank man Tee nicht nur um ein Getränk zu trinken, sondern es ging darum, den Körper und den Geist zu trainieren. Deshalb sprach man von *Darye*, was „Teeritual oder Teezeremonie" bedeutet. Cho-ui Seonsa (1786-1866), der große buddhistische Mönch der späten Joseon-Ära schrieb *Dasinjeon* oder das *Buch des koreanischen Tees*, das als Enzyklopädie des Tees gesehen werden kann. In diesem Buch sagte er, dass die Grundlagen der Teezeremonie Demut und Tugend sind. Er sagte weiter, dass der wahre Geschmack des Tees gefühlt werden kann, wenn die Farbe und das Aroma in Harmonie sind. Wenn man die Tee-Etikette lernen möchte, sollte man einen buddhistischen Tempel oder ein traditionelles Teehaus besuchen, wo man die Teezeremonie lernen kann.

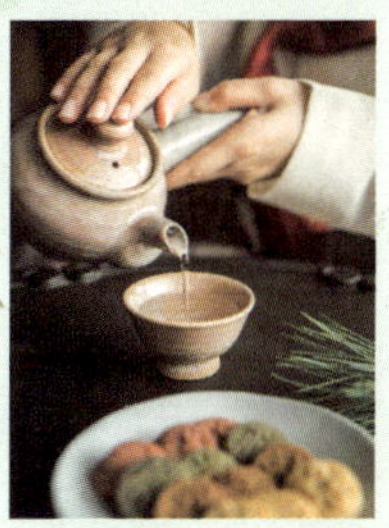

어휘와 표현 \ **Wörter & Ausdrücke**

다례 *Darye*, Teezeremonie
오래되다 alt werden
불교 Buddhismus
N의 영향으로 durch den Einfluss von N
신라 시대 Silla-Ära
고려 시대 Goryeo-Ära
특히 vor allem
발달하다 entwickeln
다기 Teeausrüstung, Teeutensilien

형태 Form
빛깔 Farbe
고려청자 Goryeo Seladon
단순히 einfach, nur
수련하다 trainieren, üben
차 의식 Teeritual, Teezeremonie
초의선사 Cho-ui Seonsa
백과사전 Enzyklopädie
《다신전》 *Dasinjeon*, oder das *Buch des koreanischen Tees*

기본 Grundlage
겸손 Demut
덕행 Tugend
향 Aroma
아름다움 Schönheit
조화를 이루다 in Harmonie sein
진정하다 echt sein, wahr sein
느끼다 fühlen
예절 Etikette, Manier
절 buddhistischer Tempel

009

한옥 ★★
Hanok

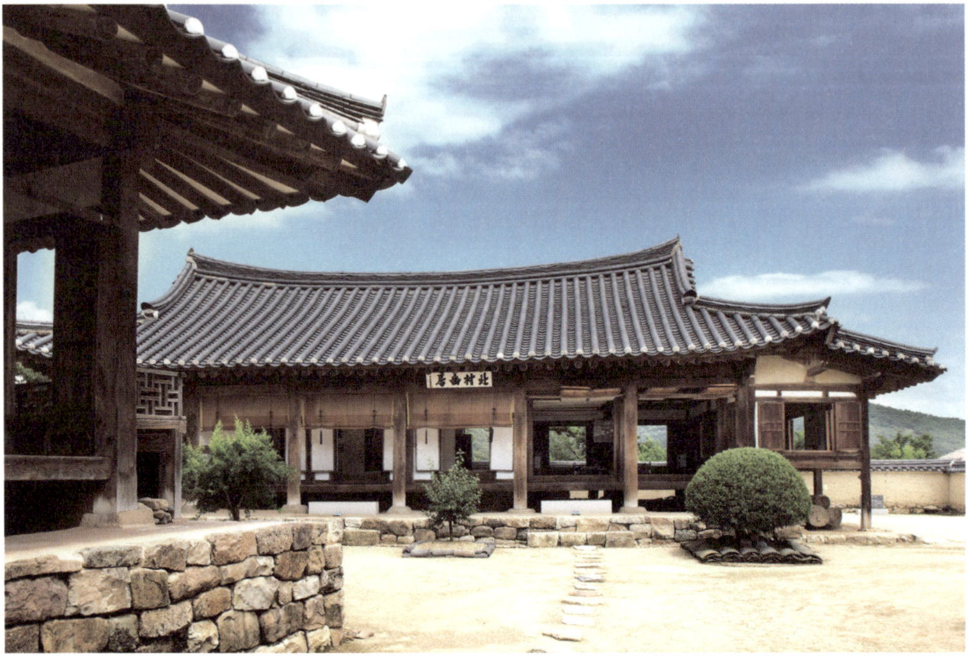

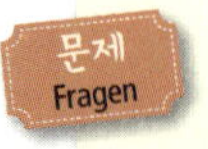

한국의 전통 집을 한옥이라고 한다. 한옥에는 지붕을 기와로 만든 기와집과 볏짚으로 이은 초가집이 있다. 집을 지을 때는 보통 풍수지리설에 따라 자연과 조화를 이룰 수 있도록 지었다. 회색의 기와지붕 선은 근처의 산 모양과 조화를 이루도록 하였고, 집 안은 바람과 햇빛이 잘 통할 수 있도록 만들었다. 큰 한옥에는 안채와 사랑채, 행랑채가 있다. 한옥은 집의 각 부분이 모두 중요한 역할을 한다. 집 안에 들어갈 때는 디딤돌에 신발을 벗어 놓고 마루를 지나서 들어간다. 온돌은 한옥의 난방 방식으로 한옥의 중요한 특징이다. 서울에는 북촌에 한옥들이 모여 있고 지방에는 하회마을이나 경주, 전주에 한옥 마을들이 남아 있다. 한옥에서 숙박을 해 보는 것도 좋은 경험이 될 것이다.

1 한국 전통 집을 뭐라고 부릅니까?
Wie nennt man das traditionelle koreanische Haus?

2 서울에서 한옥이 많이 모여 있는 곳은 어디입니까?
Wo in Seoul stehen viele *Hanok* Gebäude gebündelt an einem Ort?

Das traditionelle koreanische Haus heißt *Hanok*. Es gibt *Hanok* Häuser mit Ziegeldächern und mit Dächern aus Reisstroh. Im Allgemeinen wurde beim Hausbau ein Haus nach Feng Shui gebaut, so dass es in Harmonie mit der Natur sein konnte. Die Kurven des grauen Ziegeldachs sollten in Harmonie mit der Form der Berge in der Nähe sein, und das Innere des Hauses wurde so gestaltet, dass Wind und Sonnenschein gut durch das Gebäude strömen konnten. Ein großes *Hanok* besteht aus *Anchae* (Wohngebäude), *Sarangchae* (Herrenquartiere) und *Haengnangchae* (Dienstbotengebäude). Im *Hanok* spielt jeder Teil des Hauses eine wichtige Rolle. Wenn man ein Haus betritt, muss man seine Schuhe an der Schwelle ausziehen und über *Maru*, den Holzboden gehen. *Ondol* ist das Heizsystem eines *Hanoks* und ist ein sehr wichtiges Merkmal. In Seoul gibt es viele *Hanok* Gebäude in Bukchon. Außerhalb von Seoul gibt es *Hanok* Dörfer im Hahoe Volkskundedorf, Gyeongju und Jeonju. Es ist bestimmt eine gute Erfahrung, einmal in einem *Hanok* zu übernachten.

어휘와 표현 \ Wörter & Ausdrücke

한옥 *Hanok*	모양 Form	지나다 durchgehen, passieren
전통 traditionell	조화 Harmonie	온돌 *Ondol*
지붕 Dach	이루다 erreichen	난방 방식 Heizsystem
기와 Ziegel	바람 Wind	중요하다 wichtig
기와집 Haus mit Ziegeldach	햇빛 Sonnenschein	특징 Eigenschaft, Merkmal
볏짚 Reisstroh	통하다 durchfließen	북촌 Bukchon
잇다 verbinden	V$_R$을/ㄹ 수 있도록 so dass V	모여 있다 gesammelt, zusammen sein
초가집 Haus mit Dach aus Reisstroh	안채 *Anchae*, Wohngebäude	지방 außerhalb von Seoul
짓다 bauen	사랑채 Herrenquartier	하회마을 Hahoe Volkskundedorf
풍수지리설 Feng Shui	행랑 *Haengnang*, Dienstbotengebäude	경주 Gyeongju
N에 따라 gemäß, laut N	디딤돌 Schwelle	전주 Jeonju
회색 grau	벗다 ausziehen	남아 있다 übrig bleiben
지붕 Dach	놓다 legen	숙박 Übernachtung, übernachten
선 Linie, Strich	마루 *Maru*, Holzboden	경험 Erfahrung

010

온돌 *
Ondol

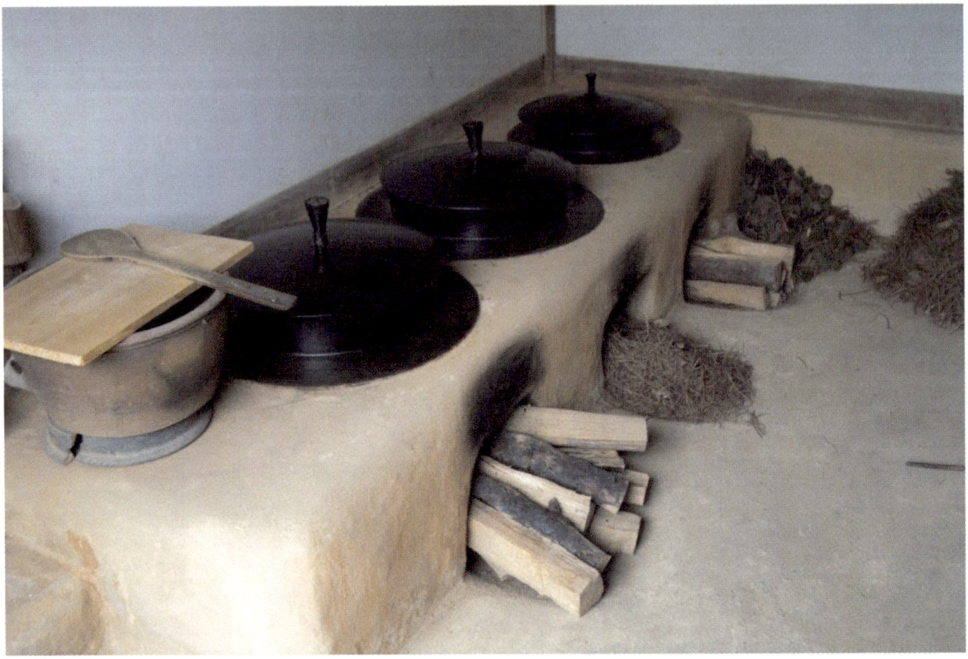

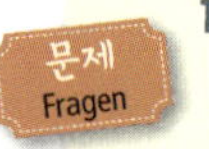

온돌은 '따뜻한 돌'이라는 뜻으로 한옥의 전통적인 난방법이다. 부엌에서 요리하는 불의 열기가 방과 연결된 통로를 통해서 방바닥을 따뜻하게 한다. 그래서 부엌에서 가까운 곳이 제일 따뜻하다. 불이 꺼진 후에도 방바닥이 오랫동안 따뜻하다. 지금도 한국의 주택이나 현대식 아파트는 모두 이 온돌 형식을 활용한 바닥 난방으로 이루어진다. 이 온돌 난방을 좋아하는 사람들을 위해서 한국의 호텔에는 온돌방이 따로 있는 곳도 있다.

1 한옥의 전통적인 난방법이 무엇입니까?
Was ist das traditionelle Heizmethode im *Hanok*?

2 온돌이 무슨 뜻입니까?
Was bedeutet *Ondol*?

Ondol bedeutet „warmer (*on*) Stein (*dol*)", und es ist die traditionelle Heizmethode im *Hanok*. Die Feuerwärme der Kochstelle aus der Küche wärmt den Zimmerfußboden, indem sie durch Leitungen verbunden in jedes Zimmer fließt. Deshalb ist der Ort, der der Küche am nächsten ist, der wärmste. Die Raumböden bleiben auch nach dem Erlöschen des Feuers lange warm. Auch jetzt, sowohl in koreanischen Häusern und modernen Wohnungen, ist die Fußbodenheizung nach dem *Ondol*-Format konzipiert. Für Leute, die diese Art von *Ondol*-Heizung mögen, haben einige koreanische Hotels separat *Ondol* Zimmer vorbereitet.

온돌 *Ondol*	통로 Weg, Durchgang, Stollen	주택 Haus
따뜻한 warm	N을/를 통해서 durch N	현대식 modern
돌 Stein	방바닥 Zimmerboden	아파트 Apartment, Wohnung
N(이)라는 뜻이다 bedeuten N	따뜻하게 하다 aufwärmen, aufheizen	형식 Form
한옥 *Hanok*	가까운 nahe bei, in der Nähe	활용하다 anwenden, gebrauchen
전통적인 traditionell	곳 Ort, Platz	난방 Heizung
난방법 Heizmethode	제일 sehr	이루어지다 in Erfüllung gehen, gemacht werden
부엌 Küche	꺼지다 erlöschen	N을 위해서 für N
불 Feuer	후 nach	따로 separat, getrennt
열기 Hitze, Wärme	오랫동안 für lange Zeit	
연결되다 verbunden werden		

011

마당 ★★
Madang (Hof)

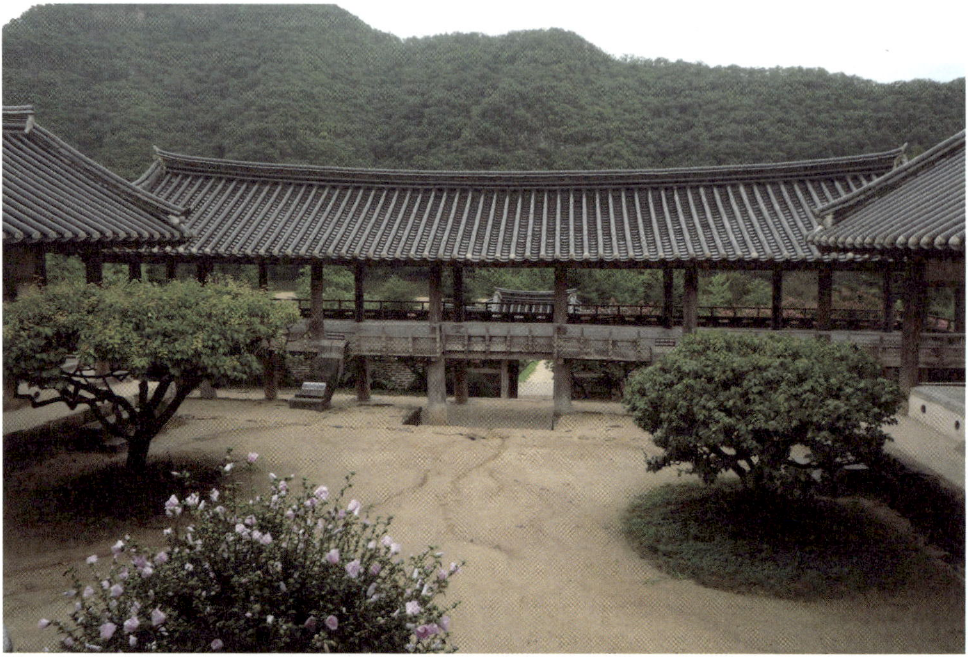

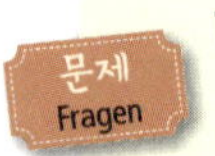

한옥에서 집과 담 사이에 있는 넓은 공간을 마당이라고 부른다. 이 마당은 가정에서 중요한 역할을 한다. 이곳에서 아이들이 놀고, 여름에는 마당에 놓인 돗자리나 평상 위에서 식사를 하기도 한다. 가을에는 야채와 고추 등을 말리고, 김장을 하고 농사일을 한다. 잔치, 제사, 장례식처럼 가정의 큰 행사도 이곳에서 열렸다. 마당과 정원은 차이점이 있다. 정원이 자연을 본 따 집 안에 산수를 만든 것이라면, 마당은 집 안에서 집 밖의 산, 들, 강을 감상하는 곳이다. 마당이 넓으면 작은 정자를 짓고 그곳에 앉아서 집 밖의 풍경을 편하게 즐긴다. 휴식과 생활의 공간인 마당은 자연과 하나가 되고 싶어 한 한국인들의 정서를 잘 보여 준다.

문제 / Fragen

1 집과 담 사이에 있는 넓은 공간을 뭐라고 부릅니까?
Wie nennt man den freien Bereich zwischen dem Haus und der Grundstücksmauer?

2 여름에는 마당(의) 어디에서 식사를 합니까?
Wo isst man im *Madang* im Sommer?

Beim *Hanok* wird der weite Raum zwischen dem Haus und den Grundstücksmauern *Madang* genannt. Dieser Hof spielt eine wichtige Rolle beim Haus. Hier spielen Kinder, im Sommer essen die Leute auf einer Matte oder einer niedrigen Holzbank im Hof, im Herbst werden hier Gemüse und Paprika getrocknet und *Gimjang* und landwirtschaftliche Tätigkeiten werden gemacht. Große Familienereignisse wie Feste, Ahnenzeremonien und Beerdigungen werden alle hier gehalten. Es gibt einen Unterschied zwischen einem *Madang* und einem Garten. Ein Garten kopiert eine Landschaft der Natur entsprechend innerhalb des Hauses, und ein *Madang* ist ein Ort im Haus, wo Berge und Flüsse außerhalb des Hauses wertgeschätzt werden. In einem *Madang* wird ein Pavillon gebaut, um zu sitzen und die Landschaft vor dem Haus auf angenehme Art und Weise zu genießen. Der *Madang*, ein Raum der Ruhe und des Lebens, spiegelt gut das Gefühl von Koreanern, die mit der Natur eins werden wollen.

마당 *Madang*, Garten, Hof
한옥 *Hanok*
담 Mauer (draußen)
넓다 weit
공간 Raum, Bereich
가정 Haushalt, Familie
중요하다 wichtig sein
역할을 하다 eine Rolle spielen
이곳 hier
놓다 legen
돗자리 Matte
평상 niedrige Holzbank
고추 Chilipfeffer
등 wie, usw.

말리다 trocknen
김장 *Gimjang*
농사 Landwirtschaft
잔치 Fest, Party
제사 Ahnenzeremonie
장례식 Beerdigung
N처럼 wie N
행사 Veranstaltung, Event
열리다 halten, veranstalten
정원 Garten
차이점 Unterschied
자연 Natur
본 따다 kopieren
산수 Landschaft

들 Feld, Acker
감상하다 genießen, wertschätzen
정자 Pavillon
짓다 bauen
풍경 Landschaft
편하게 bequem
즐기다 genießen
휴식 Pause
생활 Leben
하나가 되다 eins werden mit etwas
정서 Stimmung, Gefühl
보여 주다 zeigen

전통 정원의 아름다움 ★★★
Die Schönheit traditioneller Gärten

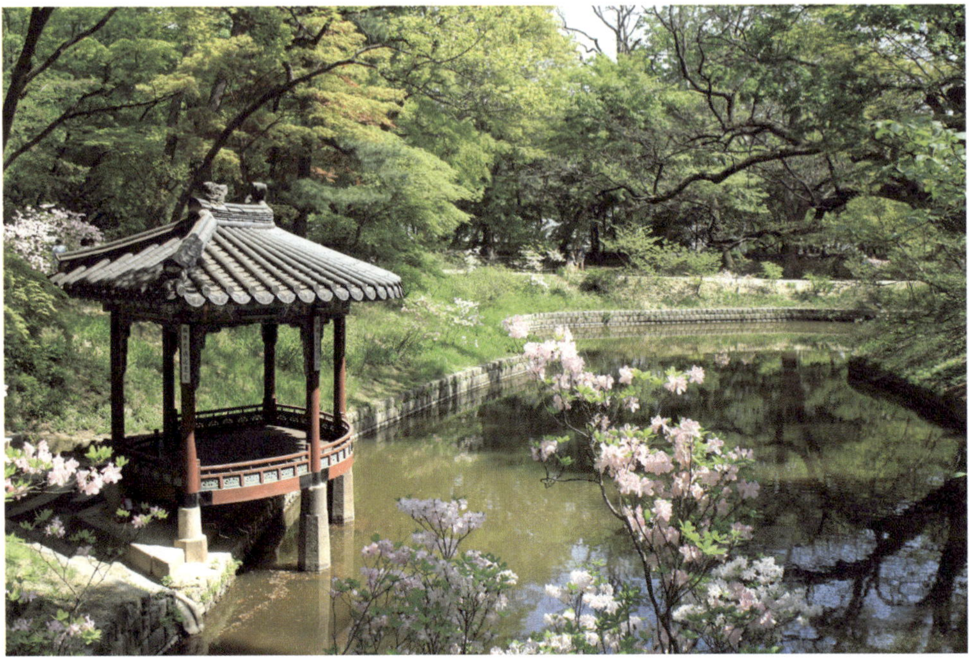

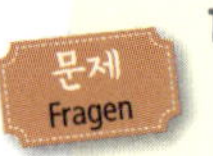

한국의 전통 정원은 자연을 최대한 보존해서 만든다. 낮은 언덕과 평평한 땅은 그대로 두고, 샘과 개울을 이용해서 연못과 작은 폭포를 만든다. 그리고 연못 앞에 정자를 짓고 그곳에서 책을 읽거나 자연을 감상하였다. 선비들은 정원에서 자연의 순리를 터득하곤 했다. 고궁에서도 전통 정원의 아름다움을 볼 수 있다. 창덕궁 후원은 자연과 조화를 이루는 가장 한국적인 정원이다. 그리고 경복궁의 경회루는 큰 연못 가운데에 누각을 지어서 물 위에서 연못과 멀리 보이는 산을 감상할 수 있도록 했다. 지방에도 아름다운 전통 정원이 많이 남아 있다. 전라도 담양의 소쇄원에는 대나무 숲이 있는데, 이 숲을 따라 들어가면 계곡물이 폭포처럼 흐르는 곳에 정자가 있다. 남해 보길도의 부용동에는 계곡물을 막아 만든 연못 가운데에 정자가 있고, 영양의 서석지에는 기이한 모양의 큰 바위들이 연못에 솟아 있다.

1 한국 전통 정원의 특징은 무엇입니까?
Was ist ein typisches Merkmal für einen traditionellen Garten?

2 가장 한국적인 정원은 어디입니까?
Wo ist der Garten, der am meisten koreanisch ist?

Traditionelle koreanische Gärten bewahren die Natur so gut wie möglich. Niedrige Hügel und flacher Boden bleiben so wie sie sind, und Quellen und Bäche werden für einen Teich und kleinen Wasserfall benutzt. Vor dem Teich steht ein Pavillon, wo man Bücher lesen oder die Natur genießen kann. Konfuzianistische Gelehrte versuchten früher im Garten die Gesetze der Natur zu verstehen. Auch bei den alten Palästen kann man die Schönheit der traditionellen Gärten sehen. Der Huwon Garden (Geheime Garten) im Changdeokgung Palast ist der Garten, der im Einklang mit der Natur stehende sehr typische koreanische Garten. Der Gyeonghoeru Pavillon im Gyeongbokgung-Palast ist ein hohes Gebäude, das inmitten eines großen Teiches steht, so dass die Menschen die weit entfernten Berge genießen können. Es gibt auch viele schöne traditionelle Gärten außerhalb von Seoul. Im Soswaewon, Damyang, Jeolla-do, gibt es einen Bambuswald. Wenn man in den Wald geht, findet man einen Pavillon an einem Ort, wo Talströme wie ein Wasserfall fließen. Bei Buyong-dong, Bogildo Insel, Namhae, befindet sich ein Pavillon in der Mitte eines Teiches, der durch das Anhalten von Wasser aus einem Wasserfall entsteht. Bei Seoseokji, Yeongyang, steigen riesige Felsen in seltsamen Formen aus einem Teich.

전통 정원 traditioneller Garten	순리 Vernunft, Gesetz, Grund	소쇄원 Soswaewon
자연 Natur	터득하다 verstehen, lernen	대나무 Bambus
최대한 so gut/ viel wie möglich	V_R곤 하다 oft V	숲 Wald
보존하다 bewahren	고궁 alter Palast	계곡물 Bach durch ein Tal, eine Schlucht
언덕 Hügel	창덕궁 Changdeokgung Palast	
평평하다 eben, flach	후원 Huwon Garden (Geheime Garten)	흐르다 fließen
땅 Grund, Erde, Boden		남해 Namhae
그대로 두다 so lassen, wie es ist	조화를 이루다 in Harmonie sein	보길도 Bogildo Insel
샘 Quelle	한국적 koreanisch	부용동 Buyong-dong
개울 Bach, Fluss	경복궁 Gyeongbokgung Palast	막다 aufhalten
연못 Teich	경회루 Gyeonghoeru Pavillion	영양 Yeongyang
폭포 Wasserfall	누각 Pavillon, großes Gebäude	서석지 Seoseokji
정자 Pavillon	멀리 weit weg	기이하다 wunderlich sein, merkwürdig sein
짓다 bauen	지방 Region, Gegend außerhalb von Seoul	
감상하다 genießen, wertschätzen	전라도 Jeolla-do/Provinz	모양 Form
선비 *Seonbi*, konfuzianistischer Gelehrter	담양 Damyang	바위 Felsen
		솟아 있다 hinausragen

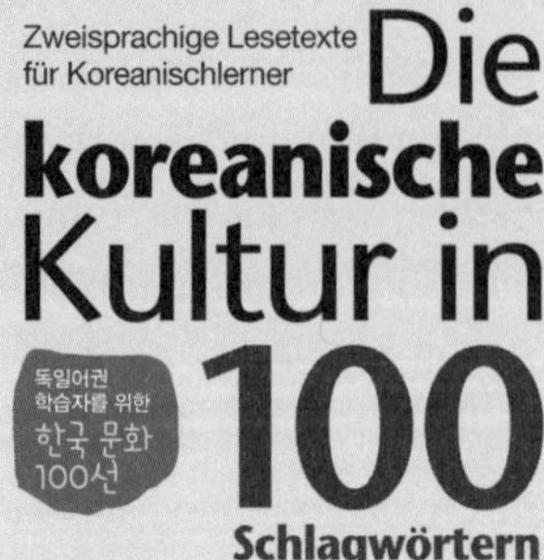

Die koreanische Kultur in 100 Schlagwörtern

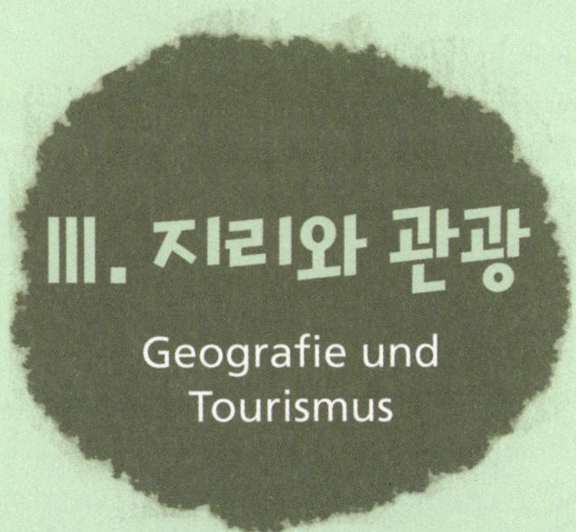

III. 지리와 관광

Geografie und Tourismus

한반도 ★★
Die koreanische Halbinsel

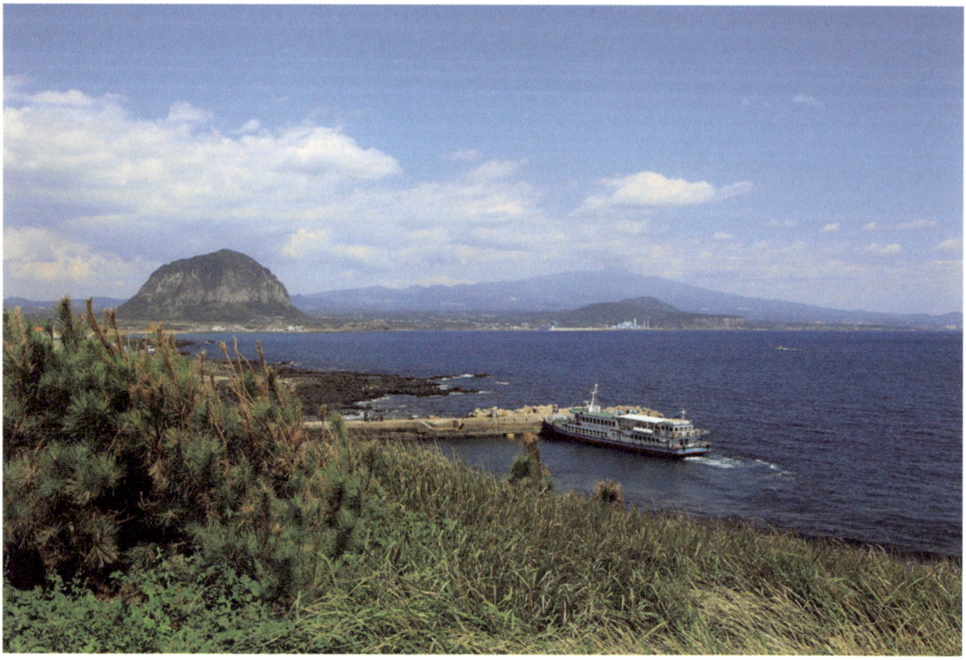

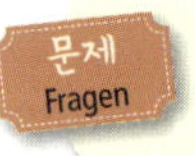

한반도는 국토가 남북으로 길게 뻗어 있고 그 모양은 호랑이와 비슷하다. 남북의 길이가 1,100km이고, 동서의 가장 좁은 곳은 216km이다. 반도국이라서 섬이 많은데, 모두 3,600여 개가 있다. 동해에는 오징어로 유명한 울릉도와 동쪽 끝 섬인 독도가 있다. 서해에는 인천 국제공항이 있는 영종도, 인삼으로 유명한 강화도가 있다. 그리고 남해에는 한국에서 제일 큰 섬인 제주도가 있다. 한반도는 산이 많아서 국토의 70%가 산이다. 백두산(2,744m)이 제일 높고 제주도의 한라산(1,940m)이 두 번째로 높다. 동쪽에 있는 태백산맥은 바다와 가깝고 경치가 아름답다. 이 산맥의 북쪽에는 금강산이 있고 그 남쪽에는 설악산이 있다. 남서쪽으로는 낮은 산과 평야가 많고 사이사이에 강물이 흐른다. 그래서 이 지방에서는 벼농사를 많이 한다. 한반도에 특히 중요한 강으로는 북쪽에 압록강(790km)과 두만강(521km)이 있고 남쪽에는 낙동강(525km)과 한강(514km)이 있다.

1 한국은 국토의 몇 퍼센트가 산입니까?
Zu wieviel Prozent besteht Korea aus Bergen?

2 한국에서 제일 큰 섬은 무엇입니까?
Wie heißt Koreas größte Insel?

Die koreanische Halbinsel erstreckt sich lange von Norden nach Süden, und seine Form sieht aus wie ein Tiger. Von Norden nach Süden ist sie 1.100 km lang, und die von Ost nach West 216 km breit. Da es eine Halbinsel ist, gibt es viele Inseln, etwa 3.600. Die Insel Ulleungdo im Ostmeer ist berühmt für Tintenfisch und die Insel Dokdo liegt am östlichen Ende. Im Westmeer gibt es die Insel Yeongjongdo, wo der Incheon International Flughafen liegt und die Insel Ganghwado, die für Ginseng berühmt ist. Im Südmeer gibt es Jejudo, die größte Insel in Korea. Die koreanische Halbinsel hat viele Berge, die 70 % ihres Landes abdecken. Der Berg Baekdusan ist der höchste (2.744 m), und der Hallasan auf der Jejudo Insel der zweithöchste (1.940 m). Das Gebirge Taebaeksanmaek im Osten ist in der Nähe des Meeres und bietet eine schöne Landschaft. Im Norden dieser Berge ist der Berg Geumgangsan, und im Süden liegt der Berg Seoraksan. Im Südwesten gibt es viele Hügel und Ebenen, in denen Flüsse hier und da fließen. Deshalb wächst in dieser Region viel Reis. Unter den Flüssen, die für die koreanische Halbinsel besonders wichtig sind, befinden sich der Fluss Amnokgang (790 km) und der Fluss Dumangang (521 km) im Norden und der Fluss Nakdonggang (525 km) und der Fluss Hangang (514 km) im Süden.

한반도 koreanische Halbinsel	독도 Dokdo Insel	가깝다 nah sein, in der Nähe sein
국토 Land, Gebiet	서해 Westmeer	경치 Landschafft
남북 Norden und Süden	인천 국제공항 Incheon Internationaler Flughafen	아름답다 schön sein
길게 lang		금강산 Geumgangsan Berg
뻗어 있다 ausdehnen	영종도 Yeongjongdo Insel	설악산 Seoraksan Berg
모양 Form	인삼 Ginseng	남서쪽 südwestlich
호랑이 Tiger	강화도 Ganghwado Insel	낮다 niedrig sein
비슷하다 ähneln, ähnlich	남해 Südmeer	평야 Ebene
길이 Länge	제일 am meist	강 Fluss
가장 am meisten	제주도 Jejudo Insel, Jeju-do/ Provinz	흐르다 fließen
좁다 eng		지방 Region, Gegend
곳 Ort	퍼센트(%) Prozent, Prozentsatz	벼농사를 하다 Reis anbauen
반도국 Halbinselstaat	백두산 Baekdusan Berg	중요하다 wichtig sein
섬 Insel	높다 hoch	압록강 Amnokgang Fluss
동해 Ostmeer	한라산 Hallasan Berg	두만강 Dumangang Fluss
오징어 Tintenfisch	두 번째 zweite	낙동강 Nakdonggang Fluss
울릉도 Ulleungdo Insel	태백산맥 Taebaeksanmaek Gebirge	한강 Hangang Fluss
끝 Ende		

극동 아시아 속의 한국 *
Korea in Ostasien

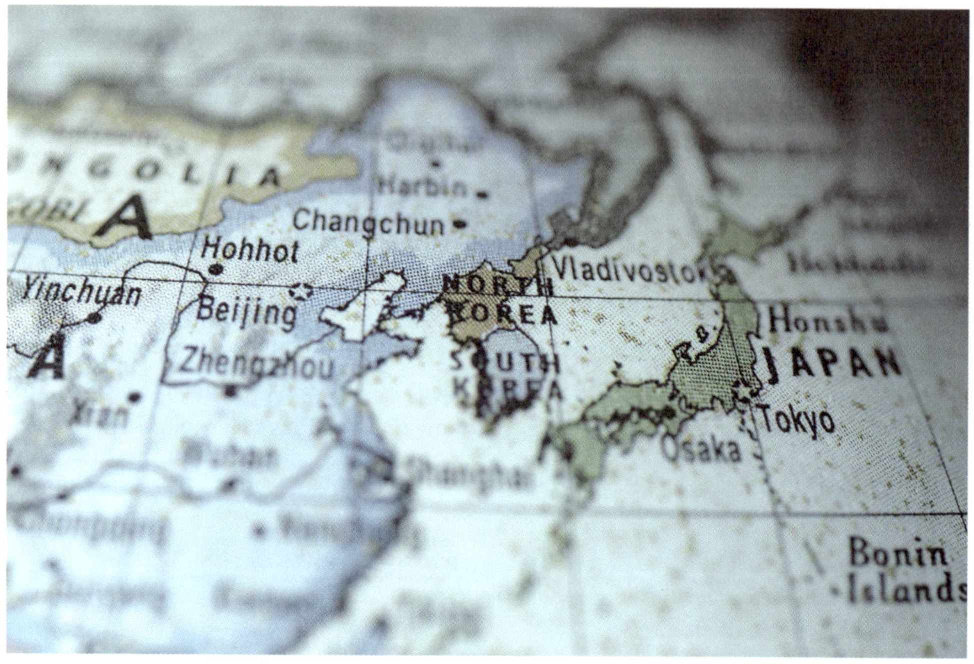

한국은 극동 아시아에 위치하고 있고 삼면이 바다로 둘러싸인 반도이다. 동쪽에는 일본과의 사이에 동해가 있고, 서쪽에는 중국과의 사이에 서해가 있고, 남쪽에는 남해가 있다. 북쪽 국경에는 중국과 러시아가 있다. 이처럼 한반도는 일본과 중국 사이에 있는 반도국이라서 침략을 자주 받았다. 한국은 한국 전쟁(1950~1953) 후에 분단국가가 되었다. 그래서 남과 북 사이에는 38도선을 따라 휴전선이 있다. 이와 같은 정치적, 지리적 이유로 한국은 일본, 중국, 러시아, 미국의 동북아시아 국방 정책에 중요한 국가이다.

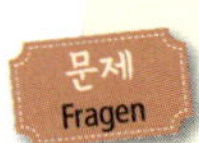

1 한국과 일본과의 사이에 있는 바다 이름은 무엇입니까?
Wie heißt das Gewässer zwischen Korea und Japan?

2 한국 전쟁 후에 남한과 북한 사이에 생긴 경계선 이름은 무엇입니까?
Wie heißt die Grenze zwischen Nord- und Südkorea, die nach dem Koreakrieg gezogen wurde?

Korea befindet sich in Ostasien und es ist eine Halbinsel, die von drei Seiten von Wasser umgeben ist. Im Osten zwischen Korea und Japan ist das Ostmeer. Im Westen zwischen Korea und China ist das Westmeer, und im Süden ist das Südmeer. An den nördlichen Grenze gibt es China und Russland, und weil Korea als Halbinsel zwischen Japan und China ist, wurde es häufig besetzt. Nach dem Koreakrieg (1950-1953) wurde Korea zum geteilten Staat. Deshalb gibt es eine Waffenstillstandslinie entlang des 38. Breitengrads. Aus solchen politischen und geographischen Gründen ist Korea ein Staat, der für die ostasiatische Verteidigungspolitik von Japan, China, Russland und den USA wichtig ist.

어휘와 표현 \ Wörter & Ausdrücke

극동 아시아 Ostasien
속 innen, innerhalb
위치하다 liegen, gelegen sein
삼면 drei Seiten
N(으)로 둘러싸인 umgeben sein von N
반도 Halbinsel
동쪽 Osten
N와/과 N 사이에 zwischen N und N
동해 Ostmeer
서쪽 Westen
서해 Westmeer

남쪽 Süden
남해 Südmeer
북쪽 Norden
국경 Grenze
한반도 koreanische Halbinsel
반도국 Halbinselstaat
N(이)라서 weil N
침략 Invasion
자주 oft, häufig
전쟁 Krieg
후 nach
분단국가 geteiltes Land

N이/가 되다 N werden
삼팔도선(38도선) der 38. Breitengrad
휴전선 Waffenstillstandslinie
정치적 politisch
지리적 geografisch
이유로 aufgrund von, wegen
동북아시아 Nordostasien
국방 정책 nationale Verteidigungspolitik
중요한 wichtig
국가 Land, Nation, Staat

계절과 날씨 *
Jahreszeiten und Wetter

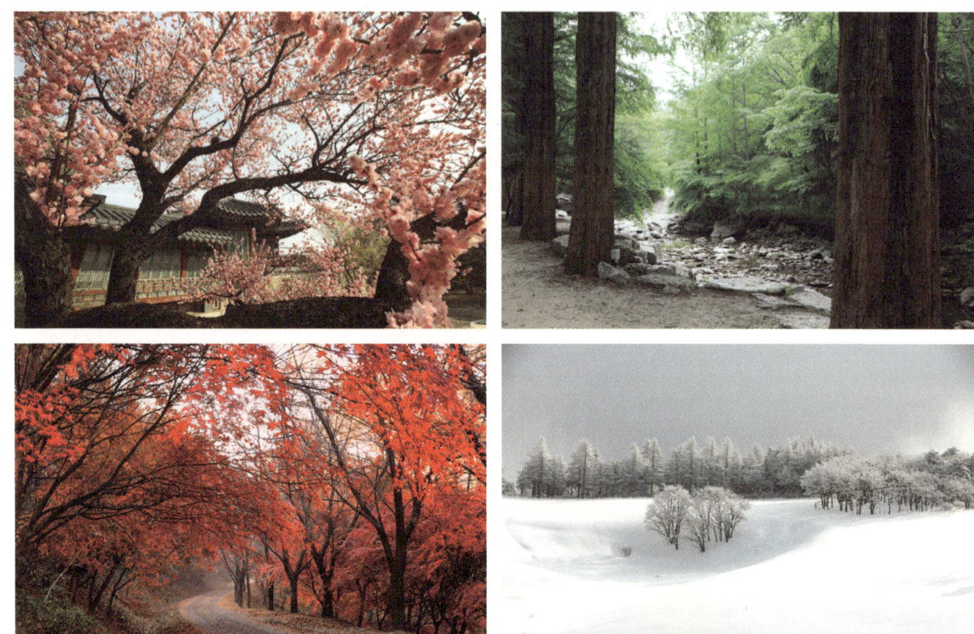

한국에는 사계절이 있다. 봄, 여름, 가을, 겨울이다. 봄은 3월부터 5월까지이고 날씨가 따뜻하고 꽃들이 많이 핀다. 진달래, 개나리, 벚꽃이 산과 들을 뒤덮는다. 여름은 6월부터 8월까지인데 날씨가 덥고 습하다. 6월 말부터 7월 말까지는 장마철이라서 비가 많이 온다. 9월부터 11월에는 덥지도 춥지도 않은 가을 날씨가 계속된다. 이 때에는 높고 푸른 하늘이 아름답고 산에는 나뭇잎이 화려하게 물든다. 그래서 단풍놀이를 간다. 여행하기에 가장 좋은 계절이다. 겨울은 12월부터 2월까지이다. 날씨가 춥고 건조하다. 기온이 영하 10도 이하로 내려가는 추운 날도 있다. 하지만 비가 적게 오고 습하지 않다. 겨울에는 눈도 많이 내려서 동쪽 강원도 지방의 산에서는 스키를 탈 수 있다. 한국은 대륙성 기후지만 요즘은 온난화 현상 때문에 날씨가 조금씩 변하고 있다.

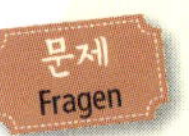

1 한국에는 몇 개의 계절이 있습니까?
Wie viele Jahreszeiten hat Korea?

2 한국의 여름 날씨는 어떻습니까?
Wie ist das Wetter im Sommer in Korea?

Korea hat vier Jahreszeiten: Frühling, Sommer, Herbst und Winter. Der Frühling ist von März bis Mai, und das Wetter ist warm und viele Blumen wie Azaleen, Forsythien, Kirschblüten blühen und bedecken Berge und Felder. Der Sommer ist von Juni bis August, und das Wetter ist heiß und feucht. Es regnet von Ende Juni bis Ende Juli viel wegen der Monsunzeit. Von September bis November geht das Herbstwetter weiter, das weder heiß noch kalt ist. In dieser Jahreszeit ist der tiefblaue Himmel schön und die Blätter der Bäume in den Bergen sind prächtig gefärbt. Das ist der Grund, warum die Leute ein Herbstpicknick machen, und es ist die beste Saison zu reisen. Der Winter ist von Dezember bis Februar, und das Wetter ist kalt und trocken. Es gibt kalte Tage, wenn die Temperatur auf minus 10 Grad Celsius oder darunter sinkt. Da es im Winter viel schneit, kann man in den Bergen in der Provinz Gangwon im Osten des Landes Ski fahren. Korea hat ein kontinentales Klima, aber wegen des globalen Phänomens der Erderwärmung verändert sich das Wetter nach und nach.

어휘와 표현 Wörter & Ausdrücke

사계절 vier Jahreszeiten

봄 Frühling

여름 Sommer

가을 Herbst

겨울 Winter

따뜻하다 warm sein

꽃이 피다 blühen

진달래 Azalee

개나리 Forsythie

벚꽃 Kirschblütze

들 Feld, Acker

뒤덮다 bedecken

덥다 heiß sein

습하다 feucht sein

말 Ende

장마철 Monsunzeit, Regenzeit

V_R지도 V_R지도 않다 weder V noch V

계속되다 dauern, fortlaufen

높다 hoch sein,

푸르다 blau

하늘 Himmel

아름답다 schön sein

나뭇잎 Blatt

화려하게 prächtig, beeindruckend

물들다 gefärbt sein

단풍놀이 Herbstpicknick

여행하기 reisen

가장 좋은 am besten/der beste

춥다 kalt sein

건조하다 trocken

기온 Temperatur

영하 unter Null

N 이하로 N oder weniger, N oder unter

내려가다 sinken, untergehen

날 Tag

적게 wenig

동쪽 Osten

강원도 Gangwon-do/Provinz

지방 Region, Gebiet

대륙성 기후 Kontinentalklima

온난화 현상 Phänomen der globalen Erderwärmung

때문에 weil, wegen

조금씩 Nach und Nach

변하다 sich verändern, wechseln

한강 *
Der Fluss Hangang

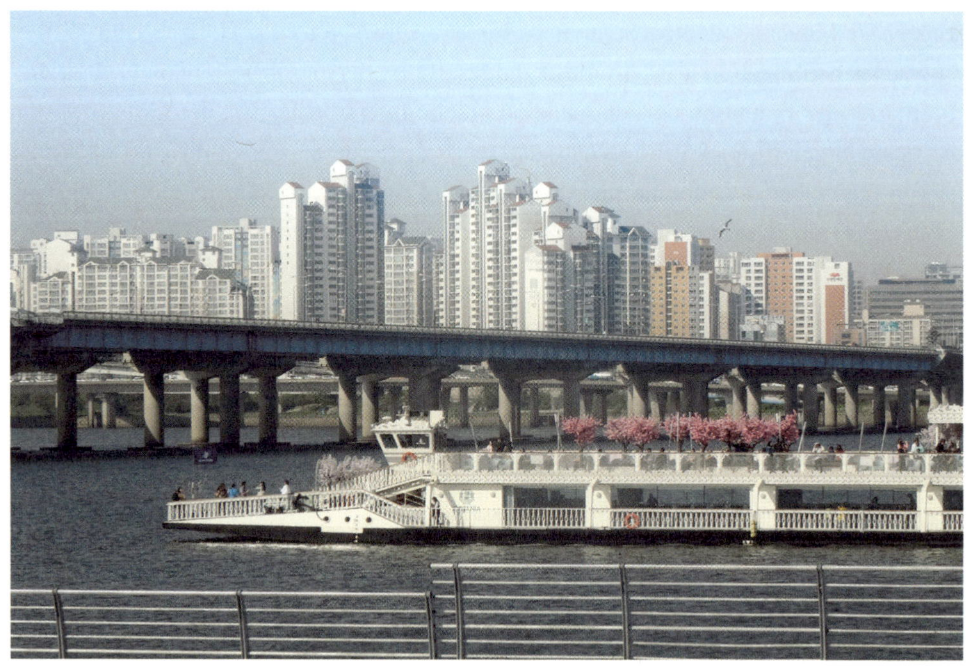

한강은 한국을 동에서 서로 가로지르는 두 번째로 긴 강이다. 길이가 514km로 서울을 강북과 강남으로 나눈다. 한강에는 다리가 27개 있고 여의도 등 섬이 5개 있다. 한강은 강폭이 아주 넓어서 인상적이다. 한강 다리는 대부분 길이가 1km가 넘는다. 제일 긴 다리는 방화대교로 2,559m이다. 시민들은 한강에서 다양한 여가 생활을 즐길 수 있는데 한강 유람선을 타면 주변의 아파트와 63빌딩, 국회의사당 등을 볼 수 있다. 그리고 수상 스키장, 요트장, 낚시터에서는 시민들이 수상 스포츠를 즐길 수 있다. 또한 한강 공원과 같은 녹지대가 곳곳에 있어서 산책을 하거나 자전거 전용 도로에서 자전거를 탈 수 있다. 강변에는 아름다운 커피숍들도 많이 있다.

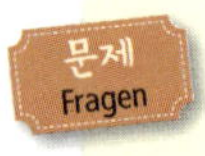

1 한강은 서울을 어떻게 나눕니까?
Wie teilt der Fluss Hangang Seoul?

2 한강에서 제일 긴 방화대교의 길이는 얼마입니까?
Wie lang ist die Banghwa-Brücke, die die längste Brücke des Hangangs ist?

Der Fluss Hangang ist der zweitlängste Fluss, der von Koreas Osten nach Westen fließt. Er ist 514 km lang und teilt Seoul in einen nördlichen Teil, Gangbuk, und einen südlichen Teil, Gangnam. Es gibt 27 Brücken über den Hangang und fünf Inseln, einschließlich der Insel Yeouido. Der Fluss Hangang ist beeindruckend, weil seine Breite recht umfangreich ist. Die meisten Hangangbrücken sind über 1 km lang und die längste ist die Banghwa-Brücke mit 2.559 m. Die Bürger der Stadt Seoul können verschiedene Freizeitaktivitäten am Hangang genießen. Wenn man an Bord einer Fähre geht, kann man in der Nähe Apartment-Komplexe, das 63-stöckige Gebäude, *63 Building* und die Nationalversammlung sehen. Man kann Wassersport auf dem Wasserskigelände, Jachthafen und Angelplätzen genießen, und darüber hinaus, weil es Grünflächen überall wie im Hangang Park gibt, kann man entweder einen Spaziergang machen oder Fahrrad auf den Fahrradwegen fahren. Es gibt auch viele schöne Cafés am Ufer.

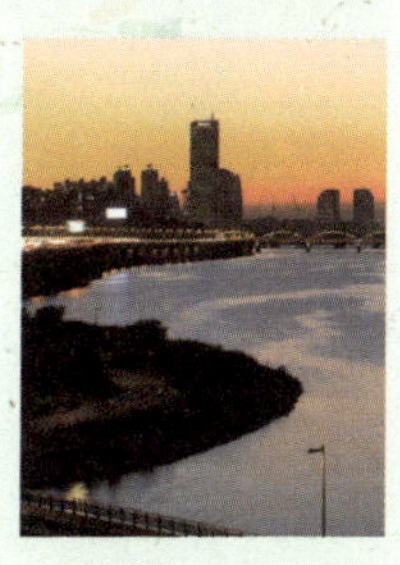

한강 Hangang Fluss	섬 Insel	국회의사당 Nationalversammlung
동 Osten	강폭 Flussbreite	수상 스키장 Wasserskigelände
서 Westen	넓다 breit sein	요트장 Jachthafen
가로지르다 überqueren, kreuzen	V$_R$아서/어서/여서 weil V	낚시터 Angelplatz
두 번째 zweit	인상적이다 beeindruckend sein	스포츠 Sport
긴 lang	대부분 die meisten, meist	즐기다 genießen, sich unterhalten
강 Fluss	넘다 überqueren, überschreiten	
길이 Länge	제일 meist	N와/과 같은 wie N
강북 Gangbuk (nördlich des Flusses)	방화대교 Banghwa Brücke	녹지대 Grünstreifen, Grünanlage
강남 Gangnam (südlich des Flusses)	시민 Bürger	곳곳에 überall
나누다 teilen	여가 생활 Freizeitaktivität	V$_R$거나 V oder
다리 Brücke	유람선 Fähre	자전거 전용 도로 Fahrradweg
여의도 Yeouido Insel	타다 fahren	자전거 Fahrrad
등 inklusive, usw.	V$_R$(으)면 wenn V	V$_R$을/ㄹ 수 있다 können V
	주변 in der Nähe	강변 Flussufer
	63(육삼)빌딩 *63 Building*	아름답다 schön

005

서울의 고궁 ★★
Alte Paläste in Seoul

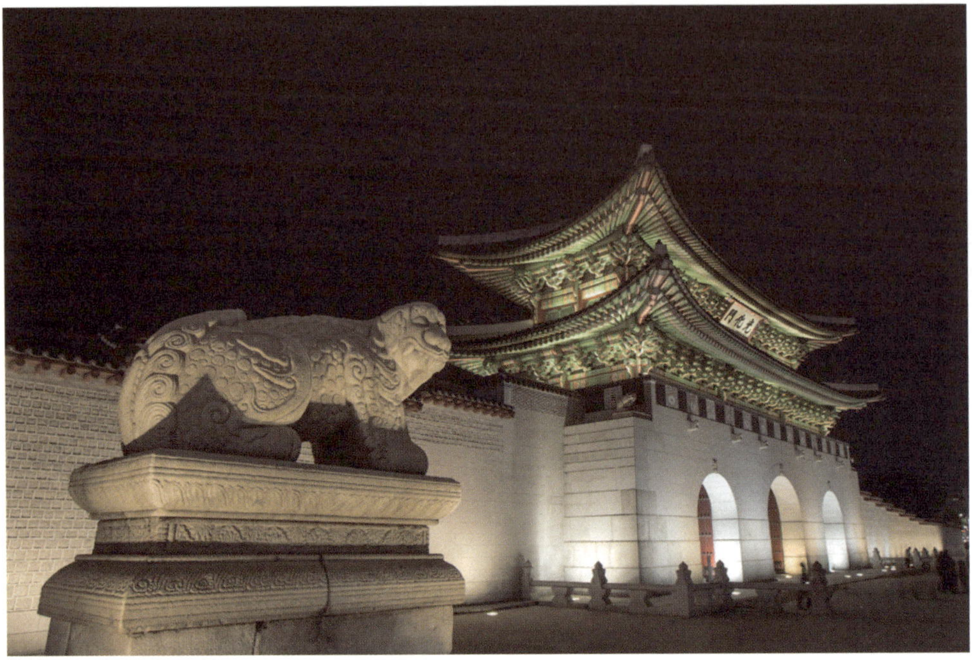

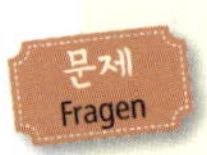

살아 있는 한국의 역사를 볼 수 있는 곳 중의 하나가 고궁이다. 서울에 있는 4대 궁으로는 경복궁, 창덕궁, 창경궁, 덕수궁이 있다. 이 고궁들은 화려하고 웅장한 건물을 가지고 있으면서도 그 아름다움이 주변 자연 경관과 조화를 이루고 있다. 그래서 고궁에서 관광과 휴식을 동시에 즐길 수 있다. 경복궁(1395)은 조선 시대 정궁으로 제일 오래된 궁이다. 창경궁(1484)은 대비나 공주를 위한 별궁으로 지어졌다. 아름다운 후원으로 유명한 창덕궁(1405)은 가장 한국적이고 자연 친화적인 궁으로 세계유산에 등록됐다. 덕수궁은 1593년부터 자리 잡은 옛 왕궁터에 근대 유럽식 석조 건물(1909)이 함께 있어서 한국의 전통과 현대를 한자리에서 볼 수 있다. 현재는 덕수궁의 일부가 현대미술관으로 사용되고 있다. 덕수궁 돌담길은 낭만적인 산책길로 유명하다. 경복궁과 창경궁은 야간 개장을 하고 있어 밤에도 그 아름다움을 감상할 수 있다.

문제
Fragen

1 서울의 유명한 4대 궁은 무엇입니까?
Wie heißen Seouls vier berühmte Paläste?

2 서울에서 가장 자연 친화적인 궁으로 세계유산에 등록된 궁은 무엇입니까?
Welcher Palast in Seoul ist am naturfreundlichsten und steht auf der Liste für Weltkulturerbe?

Einer der Orte, wo man Koreas lebendige und atmende Geschichte sehen kann, ist ein alter Palast. Die vier großen Paläste von Seoul sind der Gyeongbokgung Palast, Changdeokgung Palast, Changgyeonggung Palast und Deoksugung Palast. Da diese alten Paläste prächtige und großartige Strukturen haben, steht ihre jeweilige Schönheit im Einklang mit der umliegenden Naturlandschaft. Deshalb kann man bei diesen alten Palästen eine Pause machen und die Ruhe genießen. Der Gyeongbokgung Palast (1395) war der Hauptpalast der Joseon-Ära, und es ist der älteste Palast. Der Changgyeonggung Palast (1484) wurde als eine königliche Villa für die Königinwitwe oder Prinzessinnen gebaut. Der Changdeokgung Palast (1405), berühmt für seinen schönen Huwon Garden, ist der koreanischste und naturfreundlichste Palast und wird als Weltkulturerbe aufgeführt. Der Deoksugung Palast wurde im Jahre 1593 gegründet. Da moderne europäische Steingebäude (1909) zu dieser alten königlichen Palaststätte hinzugefügt wurden, kann man die traditionelle und moderne Zeit an einem Ort sehen. Derzeit wird ein Teil des Deoksugung Palastes als modernes Kunstmuseum genutzt. Der Steinmauerweg entlang des Deoksugung Palast ist als romantischer Spazierweg berühmt. Der Gyeongbokgung Palast und der Changgyeonggung Palast sind nachts geöffnet, so dass man die Schönheit am Abend wertschätzen kann.

고궁 alter Palast
살아 있다 lebendig sein, leben
역사 Geschichte
경복궁 Gyeongbokgung Palast
창덕궁 Changdeokgung Palast
창경궁 Changgyeonggung Palast
덕수궁 Deoksugung Palast
화려하다 prächtig sein, luxuriös sein
웅장하다 großartig sein, prachtvoll sein
건물 Gebäude
가지고 있다 haben
아름다움 Schönheit
주변 Umgebung

자연 Natur
경관 Landschaft
조화를 이루다 harmonisch sein
관광 Sightseeing, Tourismus
휴식 Pause
정궁 Hauptpalast
대비 Königinwitwe
공주 Prinzessin
별궁 königliche Villa, Lustschloss
지어지다 gebaut werden
후원 Huwon Garden (Der geheime Garten)
자연 친화적 naturfreundlich
세계유산 Weltkulturerbe
등록되다 gelistet sein

자리 잡다 etabliert, akzeptiert sein
왕궁터 Königspalast
근대 modern
유럽식 europäisch
석조 Stein, steinern
현대 modern, Zeitgenössisch
한자리 an einem Ort
현재 jetzt, gegenwärtig
일부 ein Teil von
미술관 Kunstmuseum
돌담길 Weg an Steinmauern
낭만적 romantisch
야간 개장 offen in der Nacht
감상하다 genießen, wertschätzen

006

서울 남산 *

Der Berg Namsan, Seoul

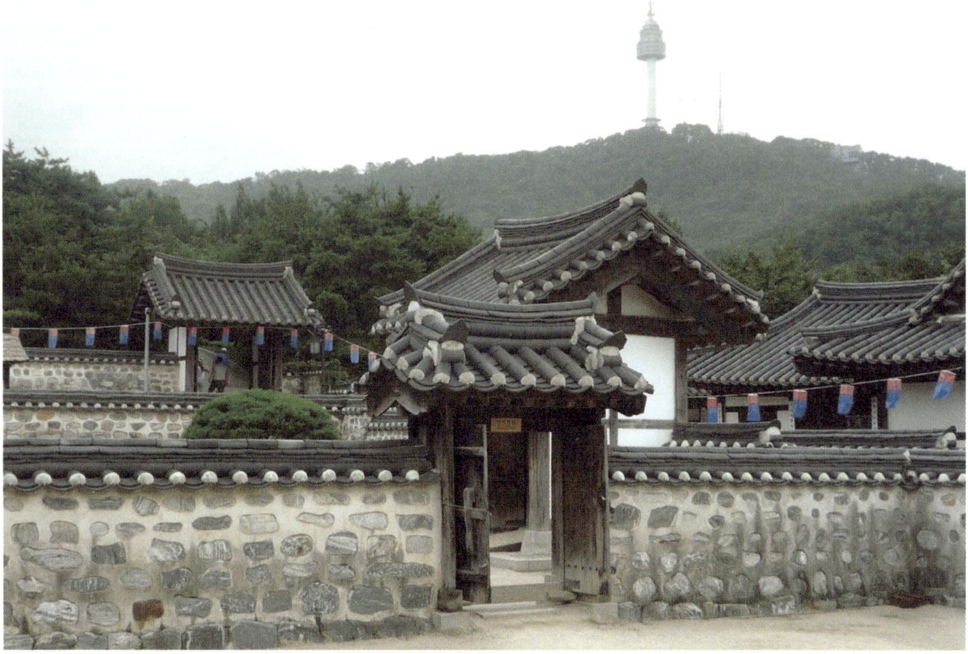

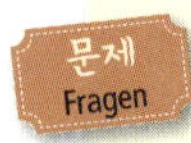

서울 한가운데에 위치한 남산은 시민들의 산책로이고 휴식 공간이다. 걸어서 가거나 케이블카를 타고 정상에 오르면 서울을 한눈에 볼 수 있는 'N서울타워'가 있다. 그 안에는 전망대와 360도로 회전하는 프랑스 식당도 있다. 이 식당은 젊은 연인들이 로맨틱한 프러포즈를 하는 장소로 드라마에도 자주 나온다. 남산에는 식물원, 야생화 공원, 도서관 등 여러 시설들이 골고루 갖추어져 있다. 남산골 한옥 마을에서는 전통문화 체험도 할 수 있고, '한국의 집'에서는 전통 음악과 춤 공연 등을 보고 전통 혼례식도 할 수 있다.

1 남산에서 서울을 한눈에 볼 수 있는 곳은 어디입니까?

Wo kann man vom Namsan aus auf einen Blick Seoul sehen?

2 남산에서 전통 문화를 체험할 수 있는 곳은 어디입니까?

Wo kann man beim Namsan traditionelle Kultur erleben?

Mitten in Seoul gelegen ist der Berg Namsan mit einem Wanderweg und ein Ort der Ruhe für die Bürger. Wenn man entweder zu Fuß läuft oder mit der Seilbahn nach oben fährt, gibt es den *N Seoul Tower*, wo man Seoul auf einen Blick sehen kann. Im Inneren des Turms, befinden sich eine Sternwarte und ein französisches Restaurant, das sich um 360 Grad dreht. Dieses Restaurant erscheint häufig in TV-Serien als Ort für einen romantischen Heiratsantrag junger Liebenden. Beim Namsan gibt es verschiedene Einrichtungen, darunter einen botanischen Garten, einen wilden Blumengarten und eine Bibliothek. Im Namsangol *Hanok* Dorf kann man traditionelle Kultur erleben. Im Korea House kann man eine Aufführung mit traditioneller Musik und Tanz beobachten und eine traditionelle Hochzeitszeremonie haben.

남산 Namsan Berg

한가운데 in der Mitte von, mitten in

위치한 gelegen

시민 Bürger

산책로 Spazierweg

휴식 Pause

공간 Raum

케이블카 Seilbahn

타다 fahren

정상 Kuppe, Gipfel

오르다 klettern

V_R(으)면 wenn (Subjekt) V

한눈에 auf einem Blick

V_R을/ㄹ 수 있다 können V

N서울타워 *N Seoul Tower*

전망대 Sternenwarte

360(삼백육십)도 360 Grad

회전하다 sich drehen, rotieren

젊은 jung

연인들 Liebende

로맨틱한 romantisch

프러포즈를 하다 Heiratsantrag machen

장소 Ort

자주 oft, häufig

나오다 erscheinen

식물원 botanischer Garten

야생화 Wildblume

등 inklusive, und so weiter

여러 viele, verschiedene

시설 Einrichtung

골고루 gut, gleichmäßig

갖추어져 있다 ausgestattet sein mit, vorbereitet sein

남산골 한옥 마을 Namsangol *Hanok* Dorf

전통 traditionell

문화 Kultur

체험 Erfahrung

춤 Tanz

공연 Aufführung

혼례식 traditionelle Hochzeitszeremonie

007

남대문과 남대문시장 *
Namdaemun Tor und Namdaemun Markt

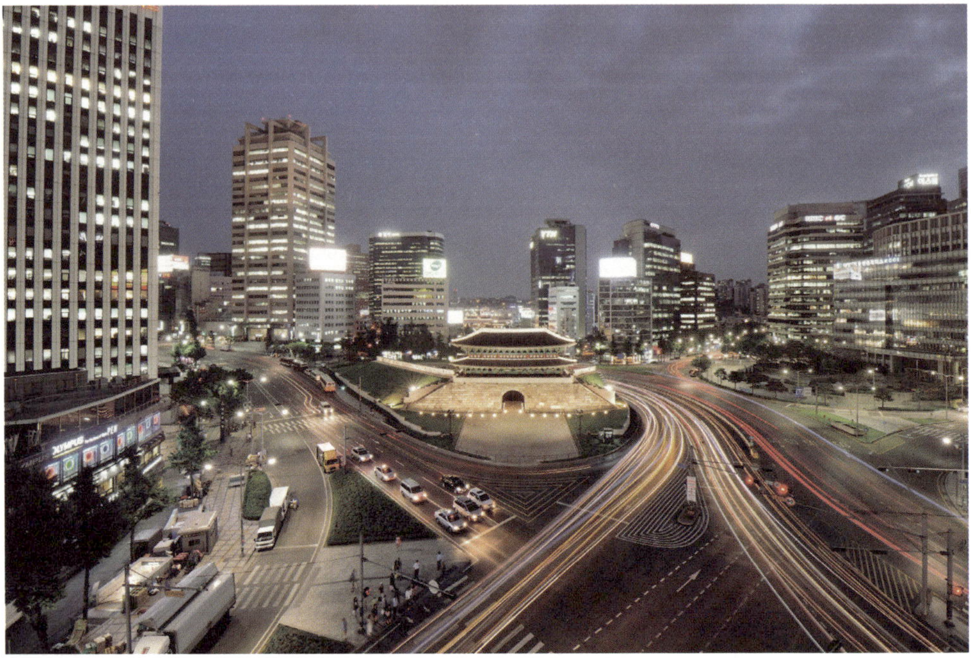

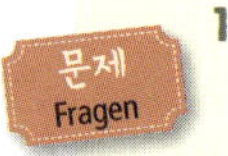

조선 시대에 수도로 들어가는 동서남북에 네 개의 큰 대문을 세웠다. 그 문의 이름에는 각각 유교의 4대 가치인 인의예지가 담겨 있다. 사대문 중 남쪽에 있는 남대문의 원래 이름은 '숭례문'이다. 이는 '예를 숭상하는 문'이라는 뜻이다. 남대문은 한국의 유형 문화재 1호로 지정될 만큼 그 가치가 높다. 조선 시대부터 남대문 주변에서 물건을 사고 팔면서 시장이 생겼고 지금도 남대문시장은 재래시장이다. 쇼핑가인 명동과 가까워서 젊은이들도 남대문시장을 많이 찾는다. 외국인 여행객들은 남대문시장에서 주로 김과 인삼주 그리고 한류 스타 기념품들을 산다. 남대문시장에는 떡볶이, 어묵, 김밥과 같은 길거리 음식도 파는데 먹자골목의 낙지 볶음, 해물탕, 갈치조림이 특히 유명하다.

문제
Fragen

1 남대문의 원래 이름은 무엇입니까?
Was ist der ursprüngliche Name vom Namdaemun Tor?

2 남대문시장은 어느 쇼핑가와 가깝습니까?
Welche Einkaufsgegend ist in der Nähe des Namdaemun Markts?

Während der Joseon-Ära wurden vier große Tore in Richtung der vier Himmelsrichtungen in der Hauptstadt errichtet. Die Namen dieser Tore enthalten die vier Hauptwerte des Konfuzianismus, *In-Ui-Ye-Ji* (Wohlwollen, Gerechtigkeit, Anstand und Weisheit). Von diesen vier Haupttoren hatte das Namdaemun Tor im Süden den ursprünglichen Namen Sungnyemun, was ein Tor, um die Anständigkeit zu verehren, bedeutet. Das Namdaemun Tor hat einen so großen Wert, dass es als das materielle Kulturgut Nr. 1 von Korea gilt. Während der Joseon-Ära entstand in der Nähe des Namdaemun Tores ein Markt, wo Sachen gekauft und verkauft wurden, und auch heute noch ist der Namdaemun Markt ein traditioneller Markt. Da er in der Nähe des Einkaufsviertels von Myeongdong und der Touristenattraktion dem Namsan Berg liegt, besuchen viele junge Leute den Namdaemun Markt. Ausländische Touristen kaufen vor allem getrockneten Seetang, Ginseng-Likör und Souvenirs mit *Hallyu* Stars. Auf dem Namdaemun Markt verkaufen Verkäufer Street Food wie *Tteokbokki*, Fischkuchen und *Gimbap*, und gebratener *Nakji* (kleine Oktopusse), würziger Eintopf mit Meeresfrüchten und geschmorter Degenfisch verkauft in Gassen mit vielen Restaurants sind besonders berühmt.

남대문 Namdaemun Tor
시장 Markt
조선 시대 Joseon-Ära
수도 Hauptstadt
들어가다 eintreten, betreten
동서남북 vier Himmelsrichtungen (Norden, Süden, Osten und Westen)
큰 groß
대문 Tor
세우다 bauen, errichten
각각 ebenso
유교 Konfuzianismus
4대 가치 vier Hauptwerte
인 Wohlwollen
의 Gerechtigkeit
예 Anstand
지 Weisheit
담다 beinhalten
남쪽 Süden
원래 normalerweise, ursprünglich

숭례문 Sungnyemun Tor
숭상하다 achten, schätzen
뜻 Bedeutung
유형 문화재 materielles Kulturgut
1호 Nr. 1, erste, beste
지정하다 bestimmen
V_R을/ㄹ만큼 so...dass V
가치 Wert
주변 nahe bei, Umgebung
물건 Ware, Gegenstand
팔다 verkaufen
생기다 entstehen
재래시장 traditioneller Markt
쇼핑가 Einkaufsviertel
명동 Myeongdong
가깝다 nah, in der Nähe sein
V_R아서/어서/여서 weil V
젊은이 Junge Leute, Jugend
찾다 suchen, besuchen
외국인 Ausländer
여행객 Tourist

김 (getrockneter) Seetang
인삼주 Ginseng-Likör
한류 *Hallyu*, die koreanische Welle
스타 Star
기념품 Souvenir
떡볶이 *Tteokbokki*, scharf gebraten und geschmorte Reiskuchen
어묵 Fischkuchen
김밥 *Gimbap*, koreanisches Sushi in getrocknetem Seetang gerollt
N와/과 같은 so wie N
길거리 음식 Straßenessen
먹자골목 Essmeile
낙지 볶음 gebratener *Nakji*
해물탕 scharfer Eintopf mit Meeresfrüchten
갈치조림 geschmorter Degenfisch
유명하다 berühmt sein

008

동대문과 근처 시장들 ★

Dongdaemun Tor und nahe gelegenen Märkte

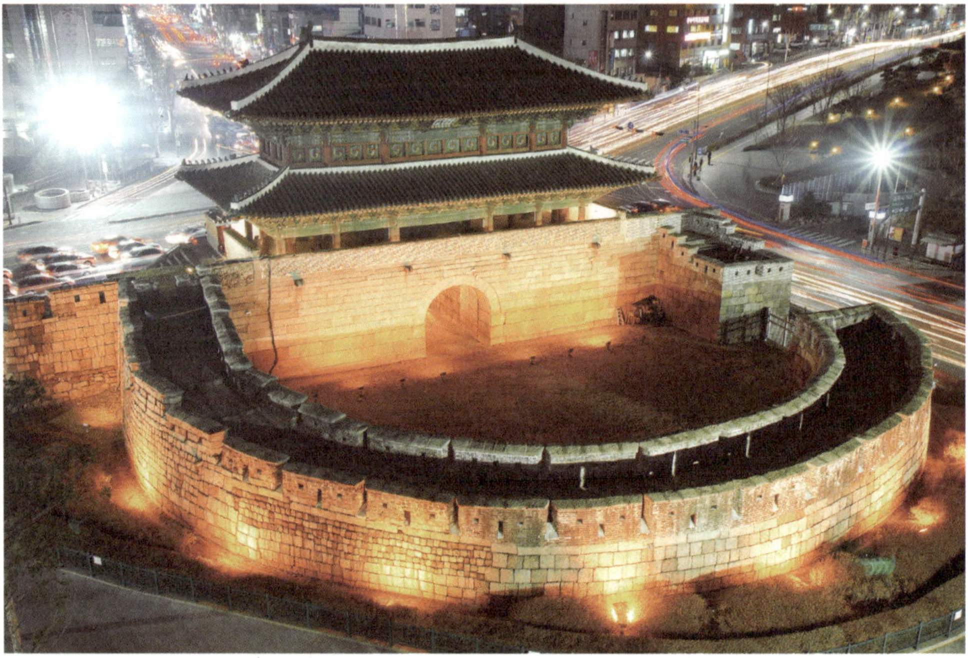

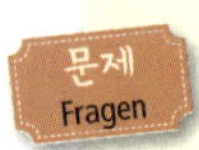

남대문처럼 동대문도 옛날 수도로 들어가는 큰 대문 중의 하나로 사대문 중 동쪽에 위치하고 있다. 동대문은 인의예지 중 '인'을 상징하는 '흥인지문'이라는 옛날 이름을 가지고 있다. 수도에 오가는 사람들이 많았기 때문에 동대문 주변에 시장이 만들어졌다. 현재 동대문시장은 밤에는 상인들이 물건을 사 가는 도매 시장으로 낮에는 소매 시장으로 24시간 문을 연다. 시장 건물 앞에는 무대가 있어서 주말 밤에는 춤과 노래 공연을 볼 수 있다. 청계천과 동대문 주변에는 의복 시장, 한복 시장, 신발 시장 등 테마별 시장들이 모여 있다. 그 외에 포장지와 상자, 종이류를 파는 방산시장, 말린 생선들을 파는 중부시장, 한약 재료들을 파는 경동시장, 먹거리가 다양한 광장시장이 있다.

문제
Fragen

1 동대문은 서울 어디에 있습니까?
Wo in Seoul ist das Dongdaemun Tor?

2 한약 재료를 파는 시장 이름이 무엇입니까?
Wie heißt der Markt, wo Zutaten für traditionelle koreanische Medizin verkauft werden?

Wie das Namdaemun Tor war das Dongdaemun Tor eines der vier großen Haupttore, um die alte Hauptstadt zu betreten, und es liegt im Osten. Das Dongdaemun Tor hat den alten Namen, Heunginjimun, das von den vier konfuzianischen Hauptwerten Wohlwollen symbolisiert. Da viele Leute kamen und in die Hauptstadt gingen, bildeten sich um das Dongdaemun Tor viele Märkte. Heute sind die Dongdaemun Märkte 24 Stunden geöffnet, da die Großhandelsmärkte für Händler nachts und die Einzelhandelsmärkte am Tag geöffnet sind. Vor den Marktgebäuden gibt es eine Bühne, damit die Leute Tanz- und Gesangsaufführungen am Wochenende sehen können. In der Nähe vom Cheonggyecheon Bach und Dongdaemun Tor, sind die Märkte nach Waren gebündelt wie ein Markt für Kleidung, für *Hanbok* und Schuhe. Darüber hinaus verkauft der Bangsan-Markt Verpackungspapier, Boxen und Papier, der Jungbu Markt verkauft getrockneten Fisch, der Gyeongdong Markt verkauft die Zutaten für traditionelle koreanische Medizin, und der Gwangjang Markt hat diverse Lebensmittel.

동대문 Dongdaemun Tor	도매 시장 Großhandelsmarkt	신발 Schuhe
근처 in der Nähe	낮 Tag	그 외에 zusätzlich
시장 Markt	소매시장 Einzelhandelsmarkt	포장지 Verpackungspapier
N처럼 wie N	열다 öffnen	상자 Box, Paket
옛날 früher, in alten Zeiten	건물 Gebäude	종이류 Papier
수도 Hauptstadt	무대 Bühne	팔다 verkaufen
들어가다 betreten, eintreten	V_R아서/어서/여서 weil V	방산시장 Bangsan Markt
중 unter	춤 Tanz	말린 getrocknet
사대문 vier Haupttore	공연 Aufführung	중부시장 Jungbu Markt
동쪽 Osten	V_R을/ㄹ 수 있다 können V	한약 재료 Zutaten für koreanische
인 Wohlwollen	청계천 Cheonggyecheon Bach	traditionelle Medizin
상징하다 symbolisieren	주변에 in der Nähe von	경동시장 Gyeongdong Markt
흥인지문 Heunginjimun Tor	만들어지다 gemacht werden	먹거리 Essen
가지고 있다 haben	모이다 sich versammeln, sich	다양한 verschiedene, diverse
오가다 kommen und gehen	konzentrieren auf	광장시장 Gwangjang Markt
상인 Händler	의복 Kleidung	
물건 Ware, Sache	한복 *Hanbok*	

009

인사동 ★★
Insadong

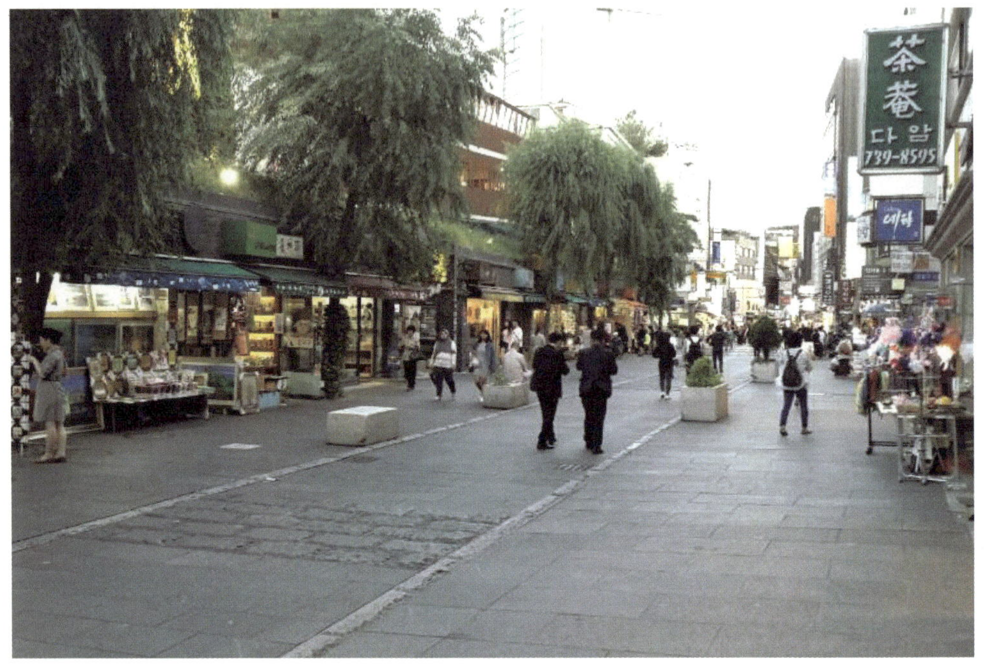

인사동은 북촌과 종로 사이에 있는 서울의 대표적인 문화 거리이다. 전통문화와 현대 문화가 공존하는 곳으로 주말뿐만 아니라 주중에도 많은 관광객들이 모인다. 지하철 3호선 안국역에서 내려서 인사동 큰길을 걸으면 골동품 가게, 화랑, 전통찻집 등을 볼 수 있다. 작은 골목에는 한식집과 고미술품 가게들이 모여 있고, 사찰 음식을 파는 유명한 맛집과 팥빙수 가게, 100년 전통의 오래된 떡집도 있다. 또한 실타래 엿, 붕어빵, 떡꼬치, 호떡, 계란빵 등 여러 종류의 길거리 음식도 맛볼 수 있다. 특이한 모양으로 지어진 상가인 쌈지길에는 다양한 디자인의 공예품점, 기념품 가게, 식당이 있어서 다양한 볼거리와 먹거리를 즐길 수 있다. 인사동은 차 없는 거리이고 길에서 사주와 점을 봐 주는 곳도 있다. 판소리, 사물놀이와 같은 전통 공연이나 태권도, 택견과 같은 무술 시범도 볼 수 있다.

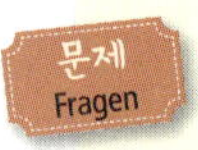

문제
Fragen

1 북촌과 종로 사이에 있는 서울의 대표적 문화 거리는 무엇입니까?
Wie heißt das repräsentative Seouler Viertel für Kultur zwischen Bukchon und Jongno?

2 인사동에서 맛볼 수 있는 길거리 음식은 무엇입니까?
Welches Essen an der Straße kann man in Insadong probieren?

Insadong, zwischen Bukchon und Jongno gelegen, ist eines der repräsentativen Kulturviertel von Seoul. Es ist ein Ort, wo traditionelle und moderne Kultur zusammen existieren und viele Touristen sich hier nicht nur am Wochenende, sondern auch an Wochentagen versammeln. Wenn man an der U-Bahn Haltestelle An-guk Station der der U-Bahnlinie Nr. 3 aussteigt und die Hauptstraße von Insadong hinuntergeht, kann man Antiquitätenläden, Kunstgalerien und traditionelle Teehäuser sehen. In kleinen Gassen sind koreanische Restaurants und antike Kunstgalerien konzentriert. Auch gibt es gute Restaurants, die koreanisches Tempelessen verkaufen, Läden, die *Patbingsu*, geraspeltes Eis mit roten Bohnen verkaufen, und einen Reiskuchenladen mit einer 100-jährigen Tradition verkaufen. Man kann auch viele Arten von Straßenessen wie die Honigfäden-Sußigkeit, *Bungeoppang*, Gebäck in Form eines Fisches, *Tteok-kkochi*, süße Spieße aus Reiskuchen, *Hotteok*, koreanische süße Pfannkuchen, und Gebäck aus Ei probieren. Bei *Ssamjigil*, einem Einkaufszentrum, das in einer einzigartigen Form erbaut wurde, kann man verschiedene Attraktionen und Speisen genießen, denn es gibt Kunsthandwerksläden mit verschiedenen Designs, Souvenirläden und Restaurants. Insadong ist eine Fußgängerzone, und es gibt Orte auf der Straße für Saju, Astrologie und Wahrsagerei. Man kann auch traditionelle Aufführungen wie *Pansori* und *Samulnori*, und die Demonstration der Kampfsportarten wie *Taekwondo* und *Taekkyon* sehen.

인사동 Insadong
북촌 Bukchon
종로 Jongno
대표적인 repräsentativ, typisch, bekannt
문화 Kultur
거리 Viertel, Bezirk, Straße
전통 traditionell
현대 modern
공존하다 zusammen existieren
곳 Ort, Platz
뿐만 아니라 nicht nur
주중 Wochentage, in der Woche
관광객 Tourist
모이다 sich sammeln
N호선 Linie Nr.
안국역 Anguk Station
V_R(으)면 wenn V
골동품 Antiquität
화랑 Kunstgalerie
찻집 Teehaus
등 wie, inklusive
골목 Weg, Gasse

한식집 koreanisches Restaurant
고미술품 antike Kunst
모여 있다 konzentriert sein, versammelt sein
사찰 음식 koreanisches Tempelessen, buddhistische Küche
맛집 gutes Restaurant
팥빙수 *Patbingsu*, geraspeltes Eis mit roten Bohnen
또한 darüber hinaus, außerdem
실타래 엿 Honigfäden-Sußigkeit, koreanisches Palastdessert
붕어빵 *Bungeoppang*, Gebäck in Form eines Fisches gefüllt mit süßen roten Bohnen
떡꼬치 *Tteok-kkochi*, Spieß mit Reiskuchen
호떡 *Hotteok*, süßer koreanischer Pfannkuchen
계란빵 Gebäck aus Ei
여러 종류 viele Arten
길거리 음식 Straßenessen
특이하다 besonders, einzigartig sein

모양 Form
지어지다 gebaut sein
상가 Shopping Mall, Einkaufszentrum
쌈지길 *Ssamjigil*
다양하다 vielfältig sein
디자인 Design
공예품점 Kunsthandwerksgeschäft
기념품 Souvenir
볼거리 Attraktion
먹거리 Essen
사주 *Saju* Schicksal (vier Säulen des Schicksals)
점 Wahrsagerei
판소리 *Pansori*, traditioneller koreanischer epischer Gesang
사물놀이 *Samulnori*, traditionelle koreanische Trommelaufführung
N와/과 같은 wie mit N
공연 Aufführung
태권도 *Taekwondo*
택견 *Taekkyon*
무술 Kampfkunst
시범 Demonstration

010

북촌 한옥 마을*
Das Bukchon *Hanok* Dorf

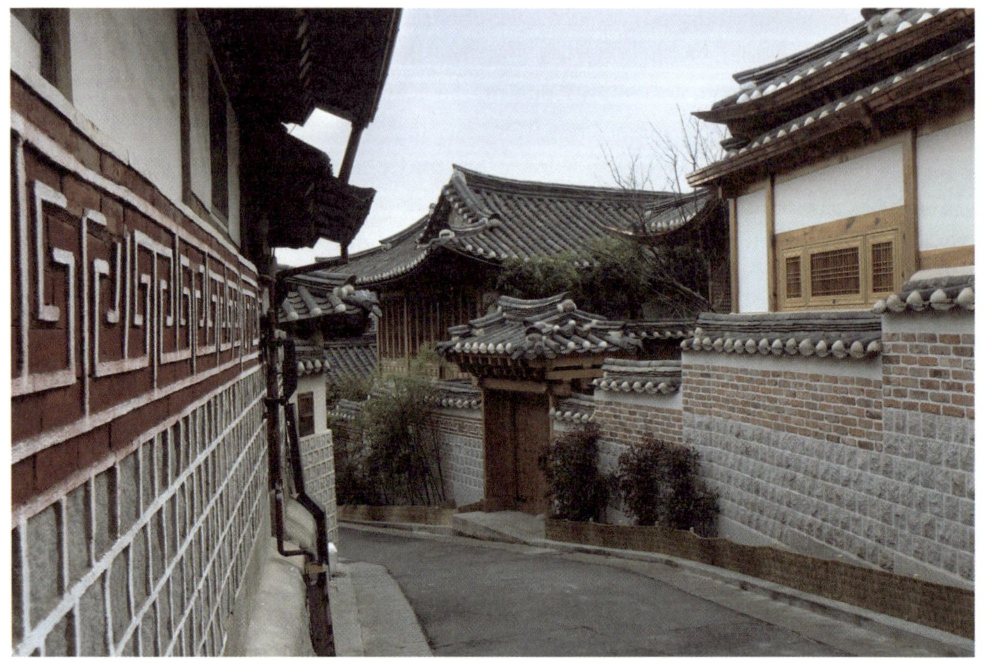

북촌 한옥 마을은 서울의 경복궁과 창덕궁 사이 언덕에 위치해 있다. 조선 시대에 왕족이나 관리들이 모여 살던 곳으로 골목길과 집들이 잘 보존되어 있다. 그리고 민화, 인형, 칠기, 자수, 한지 공방들이 모여 있어서 장인들과 함께 전통 공예품을 직접 만들어 볼 수도 있다. 또한 화랑도 많고 불교 미술 박물관, 동양 문화 박물관, 세계 장신구 박물관에서 고전과 현대 미술을 감상할 수 있다. 삼청동까지 이어지는 한옥 마을에는 아기자기한 꽃집, 옷가게, 장신구 가게가 있고, 그 사이사이에 여러 종류의 전문 식당들이 있어서 산책하는 사람들의 눈과 입을 즐겁게 해 준다. 이곳에는 민박할 수 있는 한옥들도 있다. 근처에는 북악산 동남쪽 입구에 있는 삼청 공원도 있어서 산책객들이 쉬면서 조용한 산의 정취를 느낄 수 있다.

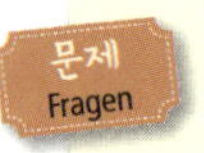

1 서울의 한옥 마을은 어디에 있습니까?
Wo ist Seouls *Hanok* Dorf?

2 북촌 한옥 마을에는 어떤 박물관이 있습니까?
Welche Arten von Museen gibt es im Bukchon *Hanok* Dorf?

Das Bukchon *Hanok* Dorf liegt auf dem Hügel zwischen Seouls Gyeongbokgung Palast und Changdeokgung Palast. Hier wohnten die königlichen Familien oder Beamten in der Joseon-Ära, und die Gassen und Häuser der Zeit sind gut erhalten. Und da Werkstätten zum Erstellen von Volksmalereien, Puppen, Holzlacken, Stickereien und *Hanji* Papieren hier konzentriert sind, kann man versuchen, traditionelle Kunsthandwerksprodukte aus erster Hand mit Handwerkern zu machen. Darüber hinaus gibt es viele Kunstgalerien, und man kann klassische und zeitgenössische Kunst im buddhistischen Kunstmuseum, dem asiatischen Kulturmuseum und dem Welt Schmuckmuseum genießen. Das Bukchon *Hanok* Dorf geht weiter nach Samcheong-dong, und es gibt charmante Blumenläden, Kleidung und Geschäfte für Accessoires, zusammen mit vielen Arten von Spezialitätenrestaurants hier und dort, erfreulich für die Augen und Gaumen der Spaziergänger. Es gibt auch *Hanok*-Gebäude als Unterkunftsmöglichkeiten. In der Nähe befindet sich der Samcheong Park am südöstlichen Eingang des Bugaksan Berges, so dass Spaziergänger eine Pause machen und die ruhige Atmosphäre des Berges fühlen können.

북촌 Bukchon
한옥 마을 *Hanok* Dorf
경복궁 Gyeongbokgung Palast
창덕궁 Changdeokgung Palast
언덕 Hügel
위치하다 gelegen sein
조선 시대 Joseon-Ära
왕족 königliche Familie
관리 offiziell
모이다 sich versammeln, konzentrieren
살다 leben
곳 Ort, Platz
골목길 Gasse
보존되다 erhalten werden
민화 Volksmalerei
인형 Puppe
칠기 Lackware aus Holz
자수 Stickerei
한지 *Hanji* Papier, traditionelles koreanisches Papier

공방 Werkstatt
모여 있다 konzentriert sein
장인 Handwerker
함께 zusammen
전통 traditionell
공예품 Handwerk
직접 direkt, aus erster Hand
V_R을/ㄹ 수 있다 können V
또한 darüber hinaus, außerdem
화랑 Kunstgallerie
불교 미술 buddhistische Kunst
동양 문화 박물관 Kunstmuseum für asiatische Kultur
세계 장신구 Weltschmuck
고전 klassisch
현대 미술 moderne Kunst
감상하다 schätzen, genießen
삼청동 Samcheong-dong
이어지다 fortfahren
아기자기한 charmant, bezaubernd

장신구 Accessoires
사이사이에 hier und dort
여러 종류 viele Arten
전문 식당 Spezialitätenrestaurant
산책하다 spazieren
즐겁게 하다 erfreuen
민박 touristische Unterkunft, Pension
근처 Nähe
북악산 Bugaksan Berg
동남쪽 Südost
입구 Eingang
삼청 공원 Samcheong Park
산책객 Spaziergänger
쉬다 ausruhen
V_R(으)면서 während V
조용한 ruhig, leise
정취 Atmosphäre, Stimmung
느끼다 fühlen

011

홍대 앞 거리 ★★

Die Straßen bei Hongdae (Hongik Universität)

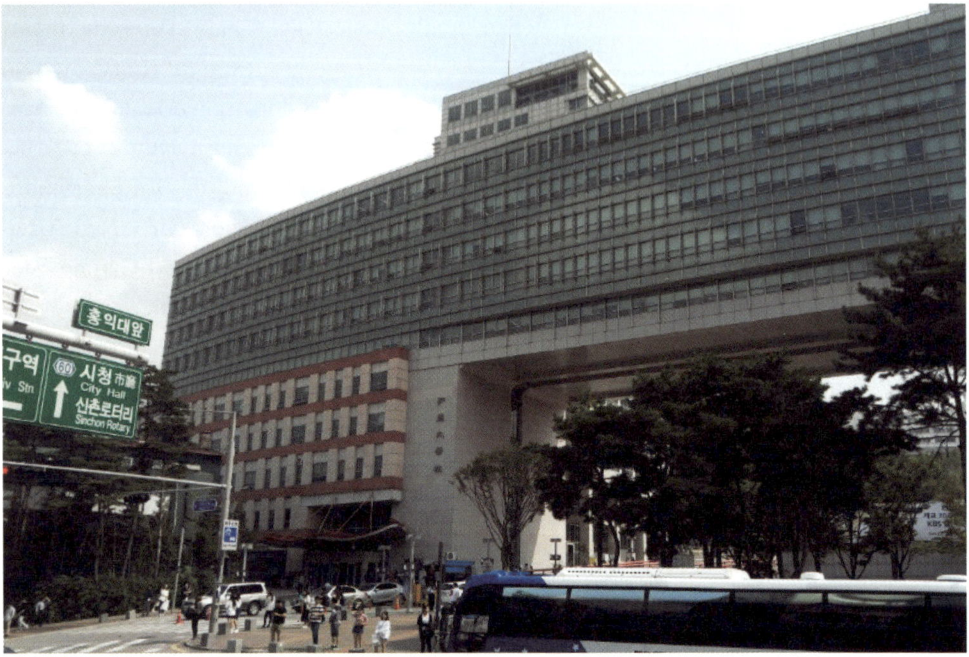

홍대 앞(홍익대학교 앞)은 활기와 재치가 넘치는 전형적인 젊은이들의 거리이다. 특색 있는 라이브 카페가 많아서 한국의 '언더그라운드' 문화가 시작된 곳도 바로 여기이다. 주말 밤이면 젊은 음악인들이 개성 있는 음악을 연주한다. 그래서 클럽이나 라이브 카페는 젊은이들로 북적거린다. 매주 토요일 오후에는 프리마켓이 열리고 재능 있는 예술인들이 만든 독특하고 재미있는 물건들을 판다. 이처럼 홍대는 한국 젊은이들의 예술과 패션 문화를 대표하는 곳이다. 홍대 주변에는 먹거리도 퓨전 스타일이 많다. 외국 관광객들을 위한 크고 작은 게스트하우스가 많이 있다.

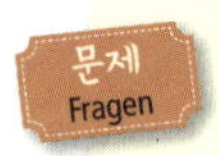

문제
Fragen

1 한국의 언더그라운드 문화가 시작된 곳은 어디입니까?
Wo ist der Ort, wo die koreanische Subkultur beginnt?

2 프리마켓은 언제 열립니까?
Wann öffnet der Flohmarkt?

Hongdae-ap (die Gegend bei der Hongik Universität) ist eine typische Straße der Jugend, in der Energie und Witz nur so strotzen. Hier beginnt die koreanische Subkultur, da es viele unverwechselbare Live Musikcafés gibt. Am Wochenende spielen junge Musiker ihre eigene Musik. Natürlich sind Clubs und Live Musikcafés mit Jugendlichen überfüllt. Jeden Samstagnachmittag öffnet ein Flohmarkt, der einzigartige und interessante Sachen von talentierten Künstlern verkauft. So ist Hongdae ein Ort, der die Kunst und die Modekultur der koreanischen Jugend repräsentiert. In der Nähe von Hongdae werden die Speisen oft in einem Fusionsstil angeboten, und man findet kleine und große Gästehäuser für ausländische Touristen.

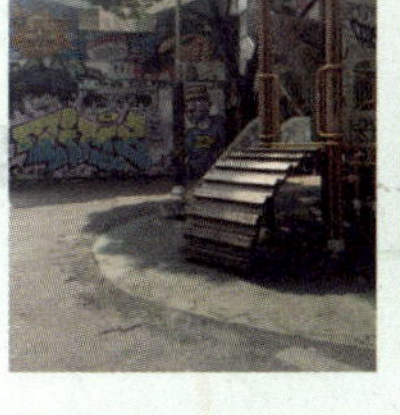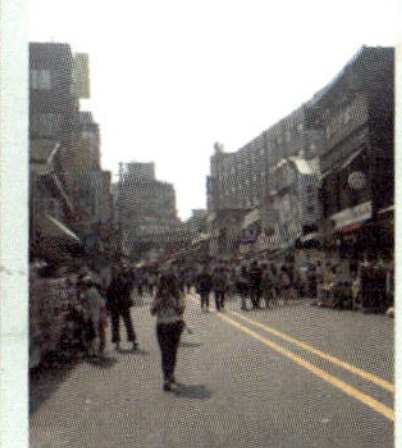

홍대 Hongdae, Hongik Universität	바로 nicht anders als	독특하다 einzigartig sein
활기 Energie, Vitalität	젊다 jung sein	패션 Kleidung, Fashion
재치 Witz	음악인 Musiker	대표하다 repräsentieren
넘치다 explodieren, überlaufen	개성 있다 einzigartig, individuell sein	주변 Umgebung
전형적인 typisch	연주하다 spielen	먹거리 Essen
젊은이 Jugend, junge Leute	북적거리다 gedrängt, voll sein	퓨전 스타일 Fusionstil
특색 있다 eigenartig, charakteristisch	매주 jede Woche	관광객 Tourist
라이브 카페 Live Musikcafé	프리마켓 Flohmarkt	N을/를 위한 für N
언더그라운드 Untergrund	재능 있다 talentiert sein	게스트하우스 Gästehaus
곳 Ort	예술인 Künstler	

012

강남 *
Gangnam

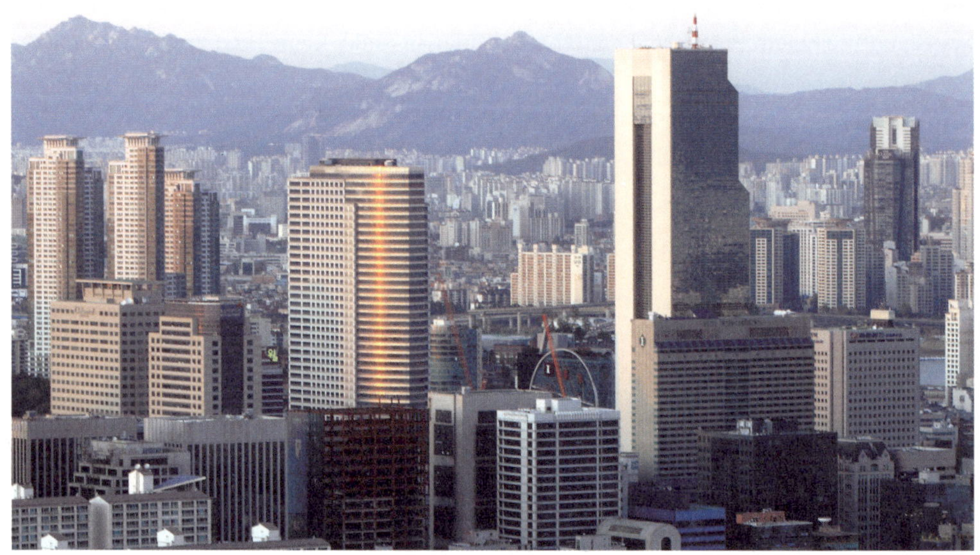

강남은 서울의 한강 남쪽 지역을 가리킨다. 강남은 1970년대부터 새롭게 도시화가 진행된 곳으로 강남만의 이미지가 만들어졌다. 고궁이나 재래시장, 작은 골목들이 많은 강북에 비해 상대적으로 강남은 큰 빌딩과 대로, 백화점 등이 많아서 현대적인 분위기를 느낄 수 있다. 테헤란로에는 고층 건물들이 모여 있고 압구정동과 청담동에는 세계적인 명품 가게들이 있다. 압구정 로데오거리는 젊은이들이 즐겨 찾는 패션 거리이다. 그리고 신사동 가로수길에는 예쁜 옷가게, 독특한 레스토랑이나 찻집 등이 있다. 강남에는 연예인 기획사뿐만 아니라 젊은이들을 위한 클럽, 연예인들이 하는 식당도 많아서 외국인 팬들도 많이 찾아온다. 특히 가수 싸이의 〈강남 스타일〉로 세계적으로 유명해져서 강남을 찾는 관광객들이 해마다 늘고 있다.

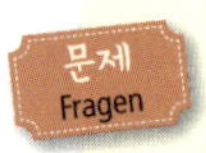

1 강남은 어디에 있습니까?
Wo ist Gangnam?

2 강남에서 젊은이들이 즐겨 찾는 패션 거리 이름은 무엇입니까?
Wie heißt die Einkaufsstraße für Kleidung, wo junge Leute oft in Gangnam hingehen?

Gangnam bezieht sich auf das Gebiet südlich des Hangang Flusses in Seoul. Gangnam ist der Ort, an dem seit den 1970er Jahren eine neue Urbanisierung stattgefunden hat, und es hat ein eigenes Bild. Im Vergleich zu Gangbuk (Gebiet nördlich des Flusses), wo es viele alte Paläste und kleine, traditionelle Gassen gibt, spürt man eine moderne Atmosphäre in Gangnam, denn es gibt viele große Gebäude, große Straßen und Kaufhäuser. In der Teheran-ro-Straße sind Hochhäuser gebaut; In Apgujeong-dong und Cheongdam-dong gibt es globale Geschäfte von Luxusmarken. Die Rodeo-Straße in Apgujeong-dong ist eine Straße für Mode, die Jugendliche oft besuchen. Und beim Garosugil in Sinsa-dong gibt es schöne Bekleidungsgeschäfte, einzigartige Restaurants und Teehäuser. Denn es gibt nicht nur Agenturen für Prominente und Künstler der Ungerhaltungsbranche, sondern auch Clubs für die Jugend und Restaurants von Prominenten in Gangnam, viele ausländische Fans besuchen diesen Bereich. Vor allem seit der Sänger Psy „Gangnam Style" weltweit bekannt gemacht hat, steigt die Anzahl von Touristen, die Gangnam besuchen, jedes Jahr.

어휘와 표현 Wörter & Ausdrücke

강남 Gangnam
한강 Hangang Fluss
남쪽 Süden, südlich
지역 Region
가리키다 hinweisen
70년대 in den 1970er Jahren
새롭게 neu
도시화 Urbanisierung
진행되다 auftreten
곳 Platz
이미지 Bild
만들어지다 gemacht werden
고궁 alter Palast
재래시장 traditioneller Markt
작은 klein
골목 Gasse
강북 Gangbuk
상대적으로 beziehungsweise, jeweils

큰 groß
빌딩 Gebäude
대로 Hautstraße
백화점 Kaufhaus
V$_R$아서/어서/여서 weil V
현대적인 modern, gegenwärtig
분위기 Atmosphäre
느끼다 fühlen
테헤란로 Teheran-ro-Straße
고층 건물 Gebäude mit vielen Stockwerken
모여 있다 konzentriert sein
압구정동 Apgujeong-dong
청담동 Cheongdamdong
세계적인 global, weltweit
명품 Luxusmarkenartikel
로데오거리 Rodeo-Straße
젊은이 Jugend, junge Leute

즐겨 찾다 oft besuchen
패션 Mode, Fashion
신사동 Sinsa-dong
가로수길 Garosugil
독특하다 einzigartig sein
연예인 기획사 Agentur für Prominente und Künstler der Unterhaltungsbranche
N뿐만 아니라 nicht nur N sondern auch
클럽 Club
팬 Fan
싸이 Psy
〈강남 스타일〉 „Gangnam Style"
관광객 Tourist
해마다 jedes Jahr
늘다 zunehmen, steigen

013

서울 지하철 *
Das U-Bahnsystem der Stadt Seoul

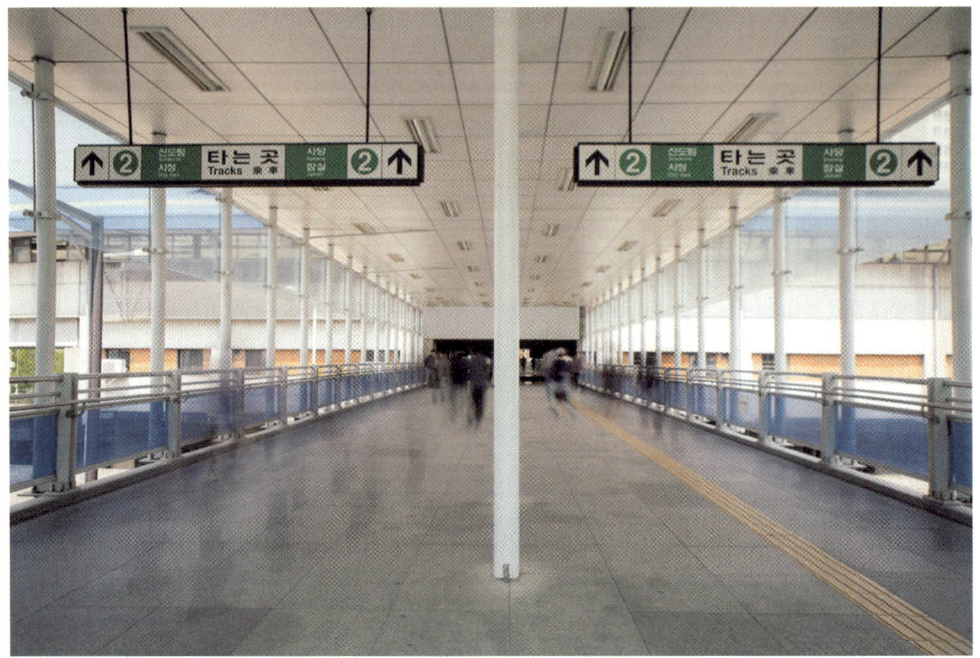

서울의 지하철은 1974년에 처음 개통되었다. 현재 1호선에서 9호선까지 있고, 경의중앙선, 공항철도 등이 있다. 지하철 기본요금은 1,350원(2017)이고, 65세 이상의 노인은 무료이다. 지하철은 대부분 상가와 연결되어 있는데, 특히 고속버스 터미널역, 명동역 지하상가는 아주 커서 쇼핑하기가 편리하다. 공항철도가 생기면서 지하철로 인천 국제공항에서 서울 시내까지 한 시간 안에 갈 수 있게 되었다. 한국의 지하철은 깨끗하고 쾌적한 편으로 곳곳에 휴식 공간이 있고 시와 그림들이 전시되어 있다. 지하철 안에는 노약자석과 임산부석이 있어 교통 약자들이 보다 편하게 지하철을 이용할 수 있다. 무선 인터넷 와이파이가 연결되어 있어서 지하철 안에서 TV 방송도 쉽게 볼 수 있고, 외국인을 위한 다국어 안내 방송도 있다. 어떤 지하철역은 주변 환경과 역사를 잘 반영하고 있다. 충무로역에서는 영화 거리를, 경복궁역에서는 조선 왕실 분위기를 느낄 수 있다.

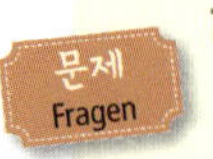

1 서울 지하철은 언제 개통이 되었습니까?
Wann wurde die Seouler U-Bahn für den Verkehr freigegeben?

2 서울 지하철은 현재 몇 호선까지 있습니까?
Wie viele U-Bahn-Linien hat die Seouler U-Bahn?

Das U-Bahnsystem der Stadt Seoul nahm erstmals 1974 seinen Betrieb auf. Derzeit besteht sie aus den Linien 1 bis 9 sowie der Gyeongui Linie und dem *Flughafen Eisenbahn Express*. Der Grundpreis beträgt 1.350 Won (ab 2017), und Senioren, die 65 Jahre oder älter sind, können kostenlos fahren. Die meisten U-Bahn Haltestelle sind mit Einkaufszentren verbunden. Besonders die unterirdischen Einkaufszentren am *Express Bus Terminal* und Myeongdong U-Bahn Haltestelle sind bequem zum Einkaufen, weil sie sehr groß sind. Mit der Eröffnung des Express Train oder Airport Railroad Express Train (AREX) ist es nun möglich, vom internationalen Flughafen Incheon innerhalb von einer Stunde in die Innenstadt von Seoul zu gelangen. Koreas U-Bahn ist recht sauber und angenehm, mit ruhigen Räumen und Gedichten und Gemälden. In den U-Bahn-Zügen gibt es Sitze für ältere Menschen, Behinderte und Schwache sowie Sitze für schwangere Frauen, so dass die anfälligeren Benutzer der öffentlichen Verkehrsmittel die U-Bahn mit größerer Leichtigkeit nutzen können. Da Wi-Fi angeboten wird, kann man leicht in der U-Bahn fernsehen. Mehrsprachige Ankündigungen für Ausländer werden ebenfalls angeboten. Einige U-Bahn-Stationen haben ihre Umgebung und Geschichte gut integriert. Man kann die Filmstraße in der Chungmuro U-Bahn Haltestelle spüren und die Atmosphäre der königlichen Familie an der Gyeongbokgung Palast Station fühlen.

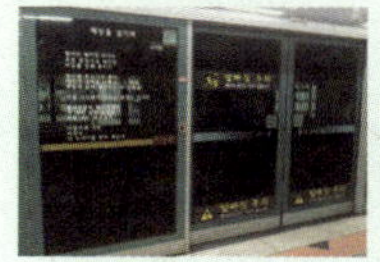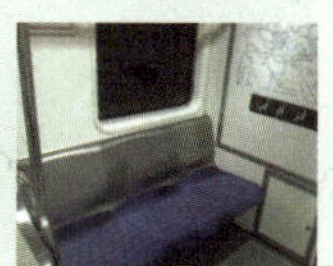

지하철 U-Bahn
처음 zuerst
개통되다 den Betrieb aufnehmen, öffnen
N호선 Linie (Nummer) N
경의중앙선 Gyeongui Linie
공항철도 Express Train oder Airport Railroad Express Train (AREX)
기본요금 Grundfahrpreis
세 Alter, Jahre alt
N 이상 N oder mehr
노인 Senioren
무료 kostenlos
대부분 die meisten
상가 Einkaufszentrum
N와/과 연결되다 verbunden sein mit N
특히 insbesondere
고속버스 터미널 Express Bus Terminal
역 Station, Haltestelle
명동 Myeongdong

지하 Untergrund
크다 groß sein
V_R아서/어서/여서 weil V
쇼핑하기 einkaufen, shoppen
편리하다 bequem sein
생기다 entstehen
인천 국제공항 Incheon International Flughafen
V_R을/ㄹ 수 있다 können V
깨끗하다 sauber sein
쾌적하다 angenehm sein
편 recht, ziemlich
곳곳에 überall
휴식 Pause
공간 Raum
시 Gedicht
그림 Bild
전시되다 ausgestellt/ gezeigt werden
노약자석 Sitzplatz für Senioren, Behinderte, Schwache
임산부석 Sitzplatz für Schwangere

무선 kabellos
와이파이 Wi-Fi
연결되다 verbunden sein
방송 Rundfunk, Fernsehen
쉽게 einfach
외국인 Ausländer
N을/를 위한 für N
다국어 mehrsprachig
안내 방송 Ankündigung, Ansage
어떤 einige
주변 Umgebung
환경 Umwelt
역사 Geschichte
반영하다 reflektieren
충무로 Chungmuro
거리 Straße
경복궁 Gyeongbokgung Palast
조선 Joseon
왕실 königliche Familie
분위기 Atmosphäre
느끼다 fühlen

014

제주도와 한라산 *
Die Insel Jejudo und der Berg Hallasan

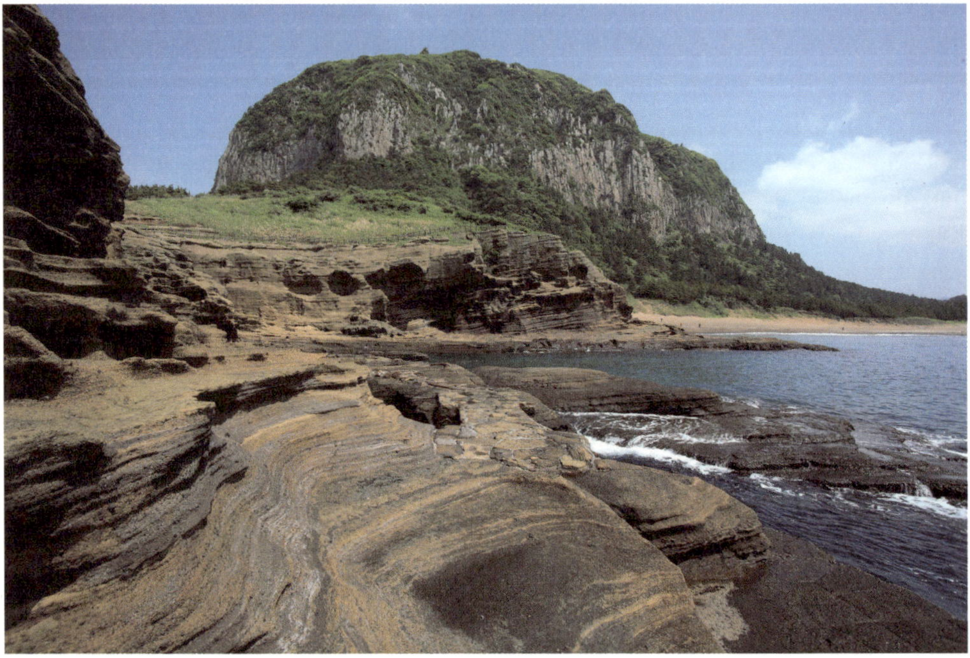

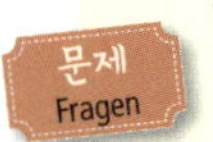

제주도는 한반도 남서쪽에 있는 한국에서 가장 큰 섬으로 기후가 온화하고 해변이 아름다워 신혼여행지로도 유명하다. 화산섬인 제주도에는 남한에서 가장 높은 한라산(1,950m)이 있다. 한라산은 해돋이로 유명한 성산일출봉, 용암 동굴과 함께 세계유산에 등록되었다. 제주도는 아름다운 자연 환경으로 유명한데 온난한 기후로 희귀 식물이 많고, 해안 쪽에는 폭포와 기둥처럼 쭉쭉 뻗은 바위들이 있어서 남국적 정서를 느낄 수 있다. 해변 산책로인 올레길을 걸으면 제주도의 아름다움을 곳곳에서 감상할 수 있다. 제주도는 화산암으로 만든 수호신 돌하르방과 해산물을 따는 해녀로도 유명하다. 감귤, 전복, 옥돔이나 흑돼지 고기 같은 향토 음식을 맛볼 수 있다.

문제
Fragen

1 남한에서 가장 높은 산은 무엇입니까?
Wie heißt der höchste Berg in Südkorea?

2 제주도에서 세계 자연 유산에 기록된 것은 무엇입니까?
Was auf der Insel Jejudo steht auf der Liste des Weltnaturerbe?

Die Insel Jejudo im südwestlichen Teil der koreanischen Halbinsel ist die größte Insel in Korea. Sie ist als Flitterwochen-Ziel für ihr mildes Klima und schöne Strände berühmt. Jejudo ist eine vulkanische Insel und hat den höchsten Berg in Südkorea, den Hallasan Berg (1.950m). Zusammen mit Seongsan Ilchulbong, der für den Sonnenaufgang und einem Besuch der Lavagrotte beliebt ist, wurde sie als Weltnaturerbe berühmt. Jejudo ist auch bekannt für eine wunderschöne Natur. Es gibt wegen ihres milden Klimas viele seltene Pflanzen. An den Stränden kann man das südliche Gefühl fühlen, da es Wasserfälle und Felsen gibt, die gerade wie Säulen aufsteigen. Wenn man entlang des Ollegils, eine Reihe von Wanderwegen, entlang des Strandes zu Fuß geht, kann man die Schönheit der Insel Jejudo überall genießen. Jejudo ist auch bekannt für den Schutzgeist von *Dolhareubang* (Steingroßvater) und für die Taucherinnen *Haenyeo*, die Meeresfrüchte ernten. Man kann auch lokale Speisen wie Mandarine, Abalone, Seebrassen und schwarzes Schweinefleisch probieren.

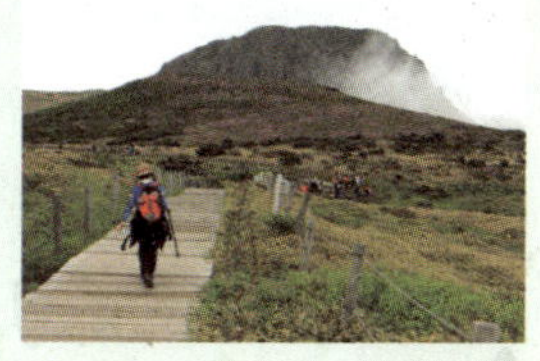

Wörter & Ausdrücke

제주도 Jejudo Insel, Jeju-do/ Provinz	용암 Lava	올레길 Ollegil, Olle Wanderweg
한라산 Hallasan Berg	동굴 Grotte	아름다움 Schönheit
한반도 koreanische Halbinsel	세계유산 Welterbe	곳곳에서 überall
남서쪽 Südwesten	등록되다 gelistet, registriert sein	감상하다 genießen, schätzen
가장 am meisten	자연환경 natürliche Umwelt	화산암 vulkanischer Felsen
큰 groß	온난한 mild	수호신 Schutzgeist
섬 Insel	희귀 식물 seltene Pflanzenart	돌하르방 *Dolhareubang*, Steingroßvater
기후 Klima	해안 Küste	해산물 Meeresfrüchte
온화하다 mild sein	쪽 Seite, Teil	따다 pflücken, sammeln
해변 Strand	폭포 Wasserfall	해녀 *Haenyeo*, Taucherin, die Meeresfrüchte erntet
아름답다 schön	기둥 Säule	
신혼여행지 Ziel für Flitterwochen	N처럼 wie N	감귤 Mandarine
유명하다 berühmt/bekannt sein	쭉쭉 뻗다 strecken, ausdehnen	전복 Abalone
화산섬 vulkanische Insel	바위 Fels	옥돔 Seebrasse
가장 am meisten	남국적 정서 südliche Sentimentalität	흑돼지고기 schwarzes Schweinefleisch
높은 hoch	느끼다 fühlen	N 같은 wie N
해돋이 Sonnenaufgang	V_R을/ㄹ 수 있다 können V	향토 Ortsansässige, Heimat
성산일출봉 Seongsan Ilchulbong	산책로 Wanderweg	맛보다 probieren, schmecken

015

경주와 경주 남산 ★★
Gyeongju und der Berg Namsan in Gyeongju

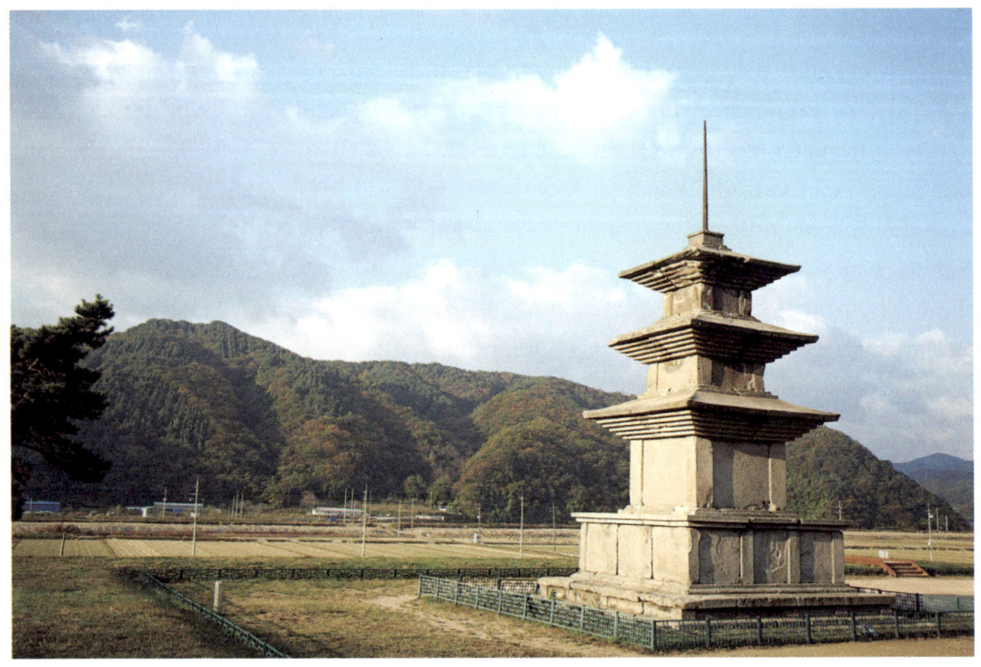

경주는 천년 동안 신라(기원전 57~935)의 수도였다. 그래서 경주 시내에는 신라 시대의 별궁과 커다란 왕릉이 곳곳에 남아 있다. 신라의 천문 관측대인 첨성대는 동아시아에서 가장 오래된 석조 건물(633)이다. 이것은 당시의 건축 기술과 천문학에 대한 관심을 짐작하게 한다. 신라는 불교가 국교였기 때문에 곳곳에 불교 유적이 많이 남아 있다. 불교 예술의 아름다움을 보여 주는 대표적인 유적으로 불국사와 석굴암, 그리고 경주 남산이 있다. 경주 남산은 40여 개의 계곡과 산줄기로 이루어진 산으로, 신라 시대의 절터, 불상, 불탑, 석등 등이 산의 여기저기에 많이 남아 있어서 '지붕 없는 박물관'이라고 불린다. 특히 거대한 바위에 새겨진 불상들은 신라인들의 깊은 신앙심을 보여 준다. 남산에는 신라의 궁궐 터나 고분 등 역사 유적도 많다. 이처럼 오랜 역사가 잘 보존되어 있는 경주와 경주 남산은 유네스코 세계유산에 등록되어 있다.

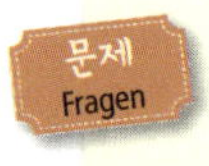

1 신라의 수도는 어디입니까?
Wo war die Hauptstadt von Silla?

2 경주 남산을 왜 '지붕 없는 박물관'이라고 부릅니까?
Warum wird der Berg Namsan in Gyeongju „Museum ohne Dach" genannt?

Gyeongju war für tausend Jahre die Hauptstadt des Königreichs Silla (75 v. Chr. - 935 n. Chr.). Daher gibt es königliche Villen und große Königsgräber über die Berge verstreut. Cheomseongdae, das Observatorium von Silla, ist das älteste Gebäude aus Stein in Ostasien (633). Durch die Sternenwarte kann man das Interesse an der Baukunst und der Astronomie erahnen. Da der Buddhismus die Staatsreligion von Silla war, gibt es überall viele buddhistische Reliquien. Als repräsentative Reste, die die Schönheit der buddhistischen Künste zeigen, gibt es den Bulguksa Tempel und die Seokguram Grotte sowie den Gyeongju Namsan Berg. Der Gyeoungju Namsan wird als ein Gebirge bestehend aus etwa 40 Tälern und Bergketten auch „Museum ohne Dach" genannt, weil hier und dort viele buddhistische Tempelstätten, Buddhastatuen, Pagoden und Steinlampen übrig geblieben sind. Insbesondere die Buddhastatuen, die in riesigen Felsen eingraviert sind, zeigen uns den tiefen religiösen Glauben der Menschen in der Silla-Ära. Am Namsan Berg gibt es viele historische Stätten wie die Stätte mit Sillas koniglichem Palast und Gräber. Daher sind Gyeongju und der Gyeongju Namsan, die die langjährige Geschichte gut erhalten haben, als UNESCO-Weltkulturerbe registriert.

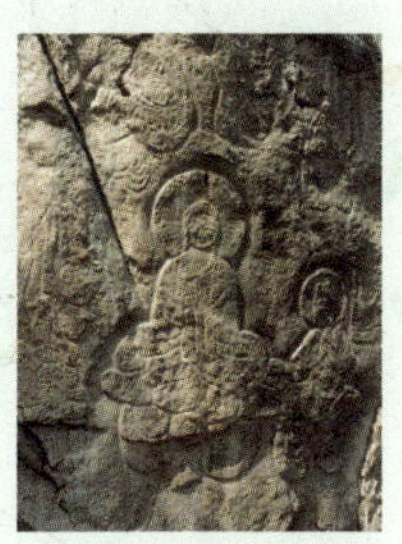

경주 Gyeongju
남산 Namsan Berg
천년 tausend Jahre
신라 Silla (Königreich)
기원전 v. Chr.
수도 Hauptstadt
시대 Ära, Epoche
별궁 königliche Villa / Lustschloss
커다란 sehr groß, riesig
왕릉 Königsgrab
곳곳에 überall
남아 있다 übrig bleiben
천문 관측대 astronomische Sternenwarte
첨성대 Cheomseongdae Observatorium/Sternenwarte
동아시아 Ostasien
가장 am meisten
오래되다 alt
석조 건물 Gebäude aus Stein
당시 zu dieser Zeit, damals
건축 Architektur
기술 Technologie, Technik

천문학 Astronomie
N에 대한 bezüglich N, über N
관심 Interesse
짐작하다 schätzen, vermuten, erahnen
불교 Buddhismus
국교 Staatsreligion
유적 Reliquie, historische Stätte
예술 Kunst
아름다움 Schönheit
대표적인 repräsentativ
불국사 Bulguksa Tempel
석굴암 Seokguram Grotte
계곡 Tal
산줄기 Bergkette
이루어지다 gemacht sein, bestehen aus
절터 buddhistische Tempelstätte
불상 Buddhastatue
불탑 Pagode
석등 Steinlampe
등 usw.
여기저기 überall, hier und dort

남다 übrig bleiben
V$_R$아서/어서/여서 weil V
지붕없는 박물관 Museum ohne Dach
불리다 genannt werden
특히 insbesondere
거대하다 groß, riesig, gewaltig sein
바위 Fels
새겨지다 eingraviert, eingemeißelt sein
신라인들 Menschen in der Silla-Zeit
깊다 tief sein
신앙심 religiöser Glaube
보여 주다 zeigen
궁궐터 Stätte eines Königspalastes
고분 Grab
역사 Geschichte
보존되다 bewahren, erhalten
세계유산 Weltkulturebe
등록되다 gelistet sein

016

하회마을 ★★
Das *Hahoe*-Volkskundedorf

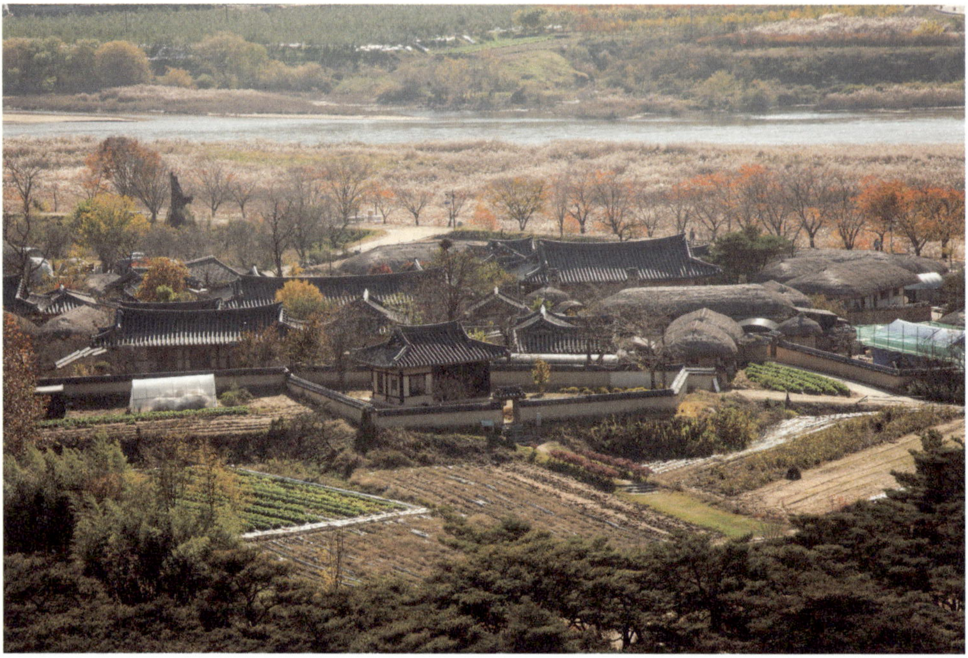

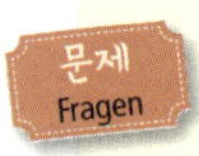

하회마을은 풍산 류씨 가문이 600년 동안 모여 사는 씨족 마을이다. 이곳은 산과 강이 조화를 이루어서 풍수지리적으로 살기 좋은 전통 마을이다. 현재 이 마을에는 기와집과 초가집 150여 호가 남아 있는데 가문의 유명한 인물들이 살았던 고택들과 16세기에 세워진 병산 서원도 잘 보존돼 있다. 하회마을은 한옥 체험 마을로 지정돼 있어서 옛 풍습을 직접 체험해 볼 수 있고 하회 별신굿 탈춤도 구경할 수 있다. 탈박물관에서는 여러 지방의 전통 탈과 탈춤 그리고 세계 탈춤의 역사를 발견할 수 있다. 하회마을은 2010년에 '한국의 역사 마을'로 유네스코 세계유산에 등록되었다.

문제
Fragen

1 하회마을은 어떤 마을입니까?
Was für eine Art ist das *Hahoe*-Volkskundedorf?

2 하회마을에서 유명한 춤은 무엇입니까?
Was ist der berühmte Tanz im *Hahoe*-Volkskundedorf?

Das *Hahoe*-Volkskundedorf ist ein Clandorf, in dem sich die Ryu Familie von Pungsan seit 600 Jahren zusammengeschlossen hat. Das Dorf ist ein traditionelles Dorf, in dem man nach Feng Shui gut leben kann, da Berge und Flüsse in Harmonie sind. Gegenwärtig sind etwa 150 Ziegel- und Strohdachhäuse übrig. Alte Häuser, in denen berühmte Persönlichkeiten dieser Familie lebten, und *Byeongsanseowon* (eine konfuzianistische Akademie), die im 16. Jahrhundert erbaut wurde, sind gut erhalten. Im Hahoe Volkskundedorf, das als *Hanok* Erlebnisdorf bezeichnet wird, kann man alte Bräuche direkt erfahren und den Maskentanz, *Hahoe Byeolsingu*t (besonderes Ritual für die Götter) ansehen. Im *Hahoe*-Maskenmuseum kann man die Geschichte traditioneller Masken und Maskentänze aus vielen Regionen und der Welt entdecken. Das *Hahoe*-Volkskundedorf wurde in der UNESCO-Weltkulturerbe-Liste im Jahr 2010 unter der Kategorie historische Dörfer in Korea registriert.

하회 *Hahoe*	남다 übrig bleiben, zurückbleiben	별신굿 *Byeolsingut*, spezielles Ritual für die Götter
마을 Dorf	인물 Person	탈춤 Maskentanz
풍산 류씨 Ryu Familie von Pungsan	고택 altes Haus	탈박물관 Maskenmuseum
가문 Familie	세기 Jahrhundert	여러 viele
모이다 sich sammeln, versammeln	세워지다 gebaut werden	지방 örtlich, regional
씨족 마을 Familiendorf	병산 서원 *Byeongsanseowon* (konfuzianistische Akademie)	탈 Maske
조화를 이루다 in Harmonie sein	보존되다 erhalten sein	세계 Welt
풍수지리적으로 nach Feng Shui	체험 Erfahrung	역사 historisch
살기 좋다 gut zu leben	지정되다 bestimmt, festgesetzt sein	발견하다 finden, entdecken
현재 gegenwärtig	옛 alt	세계유산 Welterbe
기와집 Haus mit Ziegeldach	직접 direkt, aus erster Hand	등록되다 gelistet, registriert sein
초가집 Haus mit Reisstrohdach		
호 *Ho*, Einheit für Gebäude		

017

부여와 백제 유적 ★★★

Buyeo und historische Stätten von Baekje

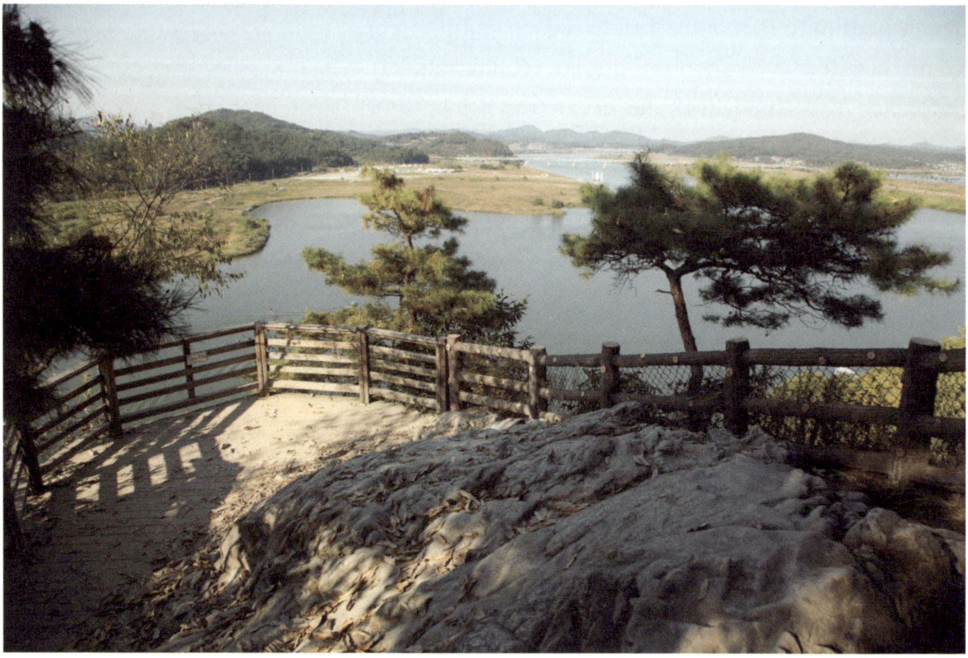

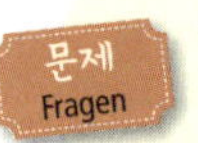

충청남도의 부여는 1,300년 전 백제(기원전 18~660)의 수도였다. 이곳에는 왕궁터와 왕릉, 그리고 부소산성과 가장 오래된 인공 연못 "궁남지" 등 건축, 예술 면에서 발전했던 백제 문화 유적이 모여 있다. 또한 부여에는 백제 궁녀들이 외침에 절개를 지키려고 절벽에서 강물로 몸을 던진 낙화암이 있다. 낙화암은 '꽃이 떨어진 바위'라는 뜻으로 많은 예술가들에게 영감을 준 곳이다. 부여에는 천 년 전의 시간을 살펴볼 수 있는 곳이 많다. 부여를 감싸고 도는 백마강에서 황포 돛배를 타고 유적들을 돌아보면 백제의 화려했던 시간과 함께 나라가 패망한 슬픔을 동시에 느낄 수 있다. 만수산의 무량사는 '시간도 지혜도 세지 않는다'는 뜻으로 천년 고찰의 고풍스러움을 그대로 간직하고 있는 절이다. 한국 불교문화의 보고인 공주 갑사도 멀지 않은 곳에 있으니 함께 둘러보면 좋다.

1 백제의 수도는 어디였습니까?
Wo war die Hauptstadt von Baekje?

2 부여에는 어떤 유적지들이 있습니까?
Welche historische Stätten gibt es in Buyeo?

Buyeo in Chungcheongnam-do war die Hauptstadt des Baekje Königreichs (18 v. Chr. – 660 n. Chr.) vor 1.300 Jahren. An diesem Ort sind aus architektonischer und künstlerischer Sicht kulturelle Stätten der Baekje Kultur wie königliche Palaststätte, königliche Gräber, Busosanseong Festung und der älteste künstliche Teich namens Gungnamji versammelt. Darüber hinaus gibt es den Fels Nakhwaam in Buyeo, wo sich Baekje Hofdamen in den Fluss warfen, um ihre Keuschheit zu schützen. Nakhwaam, „die Klippe der fallenden Blumen" ist ein Ort, der viele Künstler inspiriert hat. In Buyeo gibt es viele Orte, an denen man tausend Jahre zurückblicken kann. Wenn man sich die historischen Stätten in einem *Hwangpo* Segelboot vom Baekmagang Fluss, der um Buyeo herumfließt ansieht, kann man zugleich die herrlichen Zeiten von Baekje und die Trauer von der Niederlage und dem Zusammenbruch des Landes fühlen. Der Muryangsa Tempel beim Mansusan Berg hat die Bedeutung „weder Zeit noch Weisheit zählen" und ist ein Tempel, der das Merkmal eines tausend Jahre alten Tempels genau so erhält. Der Gongju Gapsa Tempel, ein Nachweis der koreanischen buddhistischen Kultur, ist nicht weit von hier entfernt, so dass es sich anbietet, beide Tempel zu besichtigen.

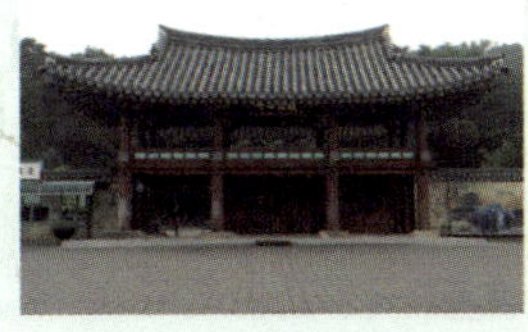

부여 Buyeo
백제 Baekje (Königreich)
유적 historische Stätte, Reliquie
충청남도 Chungcheongnam-do, Süd-Chungcheong Provinz
기원전 v. Chr.
수도 Hauptstadt
왕궁터 königliche Palaststätte
왕릉 Königsgrab
부소산성 Busosanseong Festung
오래되다 alt sein
인공 연못 künstlicher Teil
궁남지 Gungnamji Teich
건축 Architektur
예술 Kunst
면 Aspekt, Seite
발전하다 entwickeln, fortgeschritten sein
모여 있다 sich sammeln
궁녀 Hofdame

외침 ausländische Invasion
절개를 지키다 seine Keuschheit schützen
절벽 Klippe
강물 Fluss
몸 Körper
던지다 werfen
낙화암 Nakhwaam Fels
떨어지다 fallen
바위 Fels
뜻 Bedeutung
예술가 Künstler
영감을 주다 inspirieren
살펴보다 zurücksehen
감싸고 돌다 um …fließen
백마강 Baekmagang Fluss
황포 돛배 *Hwangpo* Segelboot
돌아보다 umsehen, besichtigen
화려하다 prächtig, luxuriös sein

패망하다 untergehen
슬픔 Traurigkeit
동시에 zur gleichen Zeit, gleichzeitig
만수산 Mansusan Berg
무량사 Muryangsa Tempel
지혜 Weisheit
세다 zählen
천년 tausend Jahre
고찰 alter Tempel
고풍스러움 antik, altmodische Atmosphäre
그대로 intakt, so wie es ist
간직하다 aufbewahren
절 Tempel
불교문화 buddhistische Kultur
보고 Nachweis, Quelle
갑사 Gapsa Tempel
둘러보다 umsehen

018

부산과 자갈치시장 ★★
Busan und der Jagalchi Markt

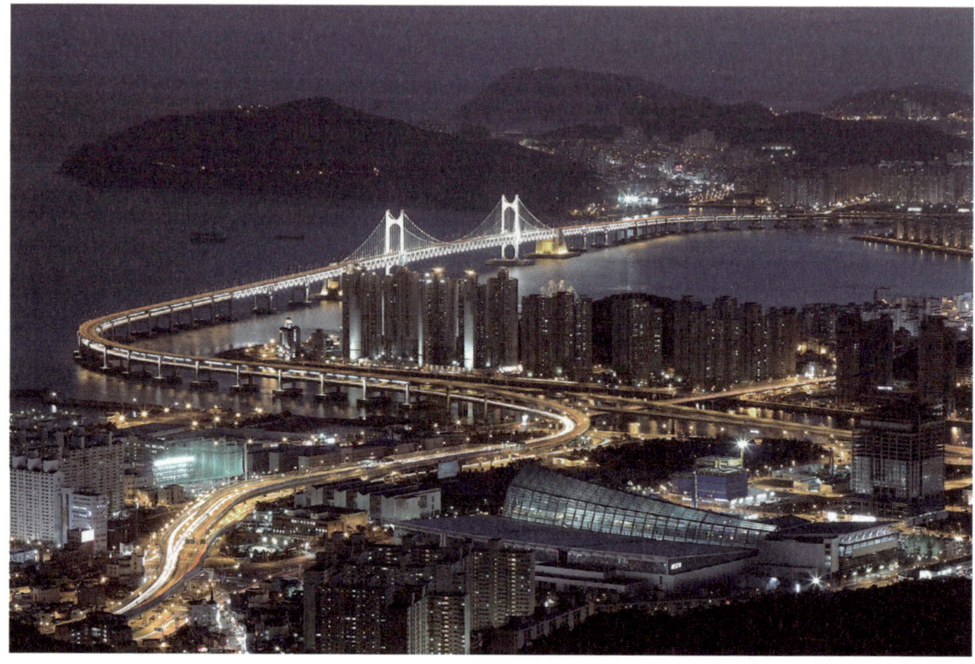

부산은 항구 도시로 한국에서 두 번째로 큰 도시이다. 부산에는 가 볼만한 관광지가 많다. 여름에는 백만 명의 사람들이 모이는 해운대 해수욕장이 있고, 광안리 해수욕장에서 보이는 야경으로 유명한 광안대교, 바닷가의 해동용궁사, 해변 산책길 태종대 등이 있다. 부산 앞바다에는 오륙도, 동백섬과 같은 아름다운 섬들이 있고, 제주도나 일본과도 가까워서 배로 갈 수 있다. 또한 한국에서 가장 큰 수산 시장인 남포동 자갈치시장에서 신기한 모양과 색의 생선과 해물들을 살 수 있다. 손님이 어항 속에 살아 있는 생선을 고르면 식당에서 바로 먹을 수 있게 준비해 준다. 부산에는 유명한 먹거리도 많은데 대표적으로 밀면, 곰장어, 부산 어묵 등이 있다.

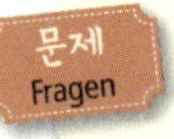

1 한국에서 가장 큰 수산 시장은 어디입니까?
Was ist der größte Fischmarkt in Korea?

2 부산의 먹거리 명물은 무엇입니까?
Welches Essen von Busan ist berühmt?

Busan ist eine Hafenstadt und die zweitgrößte Stadt in Korea. Es gibt viele touristische Attraktionen, die einen Besuch wert sind. Es gibt den Strand in Haeundae, wo sich im Sommer eine Million Menschen versammeln, die berühmte Gwangandaegyo Brücke ist berühmt in der Nacht vom Strand bei Gwangalli zu sehen ist, den Haedong Yonggungsa Tempel am Meer, und es gibt den Wanderweg entlang der Küste von Taejongdae. In den Küstengewässern vor Busan gibt es wunderschöne Inseln wie die Insel Oryukdo und die Insel Dongbaekseom, und es ist auch möglich, mit der Fähre zur Insel Jejudo oder nach Japan zu fahren, da Busan nicht sehr weit entfernt von ihnen ist. Darüber hinaus kann man auch Fisch und Meeresfrüchte in ungewöhnlichen Formen und Farben auf dem Jagalchi Markt, der größte Fischmarkt in Korea, in Nampo-dong kaufen. Wenn ein Kunde lebendige Fische aus dem Fischbehälter wählt, wird der Fisch zubereitet, um ihn sofort im Restaurant essen zu können. Es gibt viele berühmte Lebensmittel in Busan, zu denen *Milmyeon* (Weizennudeln), *Gomjang-eo* (Seeaal) und Busan *Eomuk* (Fischkuchen) gehören.

부산 Busan
자갈치시장 Jagalchi Markt
항구 Hafen
도시 Stadt
두 번째 zweite
V_R을/ㄹ 만하다 sich lohnen zu V
관광지 Touristenattraktion
백만 Million
모이다 sammeln
해운대 Haeundae
해수욕장 Strand
광안리 Gwangalli
보이다 gesehen werden
야경 Ansicht bei Nacht
광안대교 Gwangandaegyo Brücke

바닷가 Meeresküste
해동용궁사 Haedong Yonggungsa Tempel
해변 산책길 Küstenwanderweg
태종대 Taejongdae
오륙도 Oryukdo Insel
동백섬 Dongbaekseom Insel
섬 Insel
또한 darüber hinaus, auch
가장 am meisten
수산 시장 Fischmarkt
남포동 Nampo-dong
신기하다 ungewöhnlich, selten sein
모양 Form

해물 Meeresfrüchte
손님 Gast, Kunde
어항 Fischteich, Fischbehälter
속 in, drinnen
살아 있다 lebendig sein
고르다 wählen
바로 direkt, sofort
V_R을/ㄹ 수 있다 um V zu können
준비하다 zubereiten
먹거리 Essen
대표적으로 repräsentativ
밀면 *Milmyeon*, Weizennudeln
곰장어 *Gomjang-eo*, Seeaal
어묵 *Eomuk*, Fischkuchen

019

동해안과 설악산 국립 공원 ★
Donghae Küste und Seoraksan Nationalpark

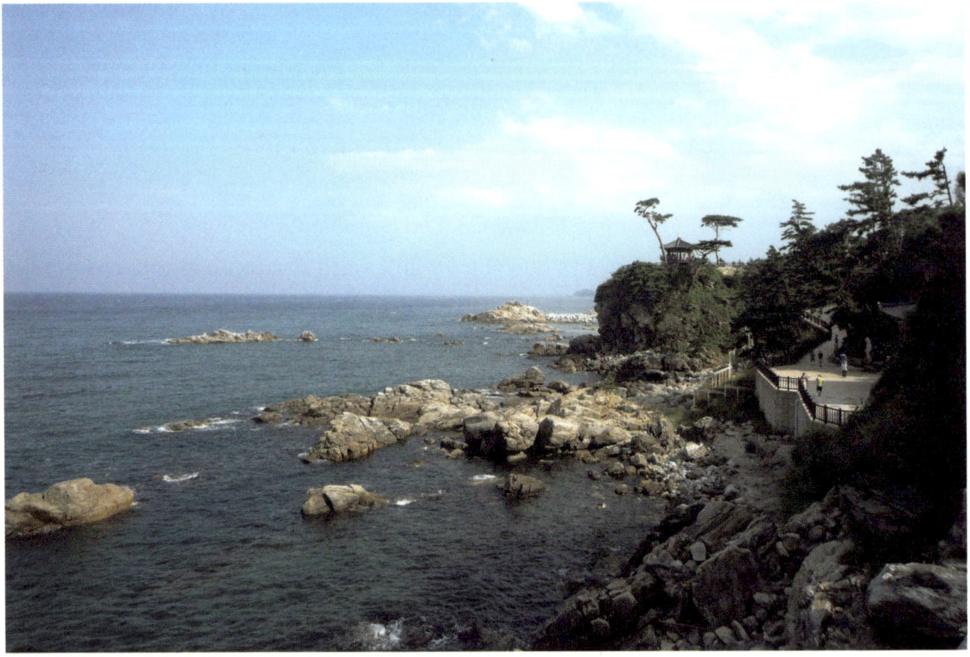

동해안은 산과 바다가 만나는 아름다운 해안이다. 육지로는 태백산맥을 타고 오대산, 속리산, 태백산 등이 솟아 있고, 바다로는 긴 해안을 따라서 경포대와 속초 등에 해수욕장들이 끝없이 펼쳐져 있다. 그래서 바다와 산을 즐기려는 사람들이 항상 끊이지 않는다. 특히 강원도에 있는 설악산에는 '흔들바위'와 같이 특이한 모양의 바위들이 많다. 그리고 사계절 모두 각기 다른 아름다움을 가지고 있다. 봄에는 철쭉 등 수많은 꽃들이 산을 뒤덮고, 여름에는 맑고 깨끗한 계곡과 폭포가 시원하다. 특히 백담계곡은 절벽, 맑은 물, 조약돌, 울창한 숲이 있어 등산객들에게 잊을 수 없는 추억을 남긴다. 가을에는 단풍잎이 화려하고, 겨울에는 눈 풍경도 볼만하다. 설악산에는 다양한 등산 코스가 있으며, 백담사와 신흥사 같은 오래된 절들도 있어서 등산객이 자신의 취향에 맞게 선택할 수 있다.

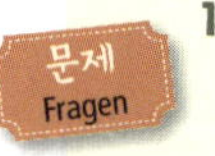

1 동해안의 유명한 해수욕장은 무엇입니까?
Was sind berühmte Strände an der Donghae Küste?

2 설악산은 어디에 있습니까?
Wo ist der Berg Seoraksan?

Die Donghae Küste ist eine wunderschöne Küste, wo sich Berge und Meer treffen. Im Landesinneren gibt es im Gebirge Taebaeksanmaek wie den Berg Odaesan, den Berg Songnisan und den Berg Taebaeksan, bei denen man wandern kann. An der langen Küste gibt es endlos viele Strände wie den Pavillon Gyeongpodae, Sokcho usw. Daher hört der Strom mit Menschen, die das Meer und die Berge genießen wollen, niemals auf. Insbesondere beim Berg Seoraksan in Gangwon-do gibt es viele Felsen in einzigartigen Formen, wie den Wackelfelsen Heundeulbawi. Dazu haben alle vier Jahreszeiten ihre jeweils eigene Schönheit. Im Frühjahr bedecken zahlreiche Blumen, darunter Rhododendron, die Berge. Im Sommer ist es in den sauberen und klaren Tälern mit Wasserfällen kühl. Das Baekdam Tal hat vor allem Klippen, klares Wasser, Kieselsteine und dichten Wald, so dass Erinnerungen, die Wanderer nie vergessen können. Im Herbst ist die Laubfärbung der Ahornblätter wunderschön und im Winter ist die Schneelandschaft zu sehen. Es gibt verschiedene Wanderwege am Berg Seoraksan: Es gibt auch alte Tempel wie den Baekdamsa Tempel und den Sinheungsa Tempel, so dass Wanderer nach ihrem Geschmack wählen können.

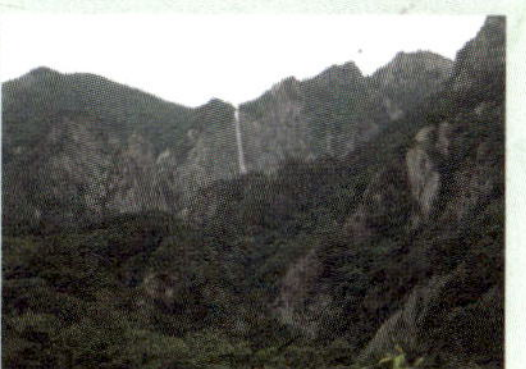

동해안 Donghae Küste	V_R지 않다 nicht V	숲 Wald
설악산 Seoraksan Berg	특히 insbesondere	등산객들 Wanderer
국립 공원 Nationalpark	강원도 Gangwon-do/Provinz	잊다 vergessen
바다 Meer, Ozean	흔들바위 Heundeulbawi, Wackelfelsen	V_R을/ㄹ 수 없다 nicht können V
아름다운 schön	특이한 einzigartig	추억 Erinnerung
해안 Küste	모양 Form	남기다 übriglassen, verlassen
육지 Land	바위 Fels	단풍잎 Ahornblätter in Laubfärbung
태백산맥 Taebaeksanmaek Gebirge	사계절 vier Jahreszeiten	화려하다 herrlich, großartig
타다 fahren	모두 alle	눈 Schnee
오대산 Odaesan Berg	각기 jede/r/s	풍경 Landschaft
속리산 Songnisan Berg	가지다 haben	V_R을/ㄹ 만하다 wert sein zu V
태백산 Taebaeksan Berg	철쭉 königliche Azallee, Rhododendron	등산 Wandern, Berg steigen
솟아 있다 sich erheben, aufsteigen	수많은 zahlreich	코스 Route, Kurs
긴 lang	뒤덮다 bedecken	백담사 Baekdamsa Tempel
N을/를 따라서 entlang N	맑다 klar, hell sein	신흥사 Sinheungsa Tempel
경포대 Gyeongpodae Pavillon	깨끗하다 sauber sein	오래된 alt
속초 Sokcho	계곡 Tal	절 buddhistischer Tempel
해수욕장 Strand	폭포 Wasserfall	등산객 Wanderer
끝없이 endlos	시원하다 kühl sein	자신 seine, eigene
펼쳐져 있다 sich erstrecken	백담계곡 Baekdam Tal	취향 Geschmack
즐기다 genießen	절벽 Klippe	N에 맞게 folgende N
항상 immer	조약돌 Kieselsteine	선택하다 auswählen, wählen
끊이다 ausgehen, aufhören	울창한 dick	

다도해와 해상 국립 공원 ★★
Dadohae und Haesang (Meeresarchipel) Nationalpark

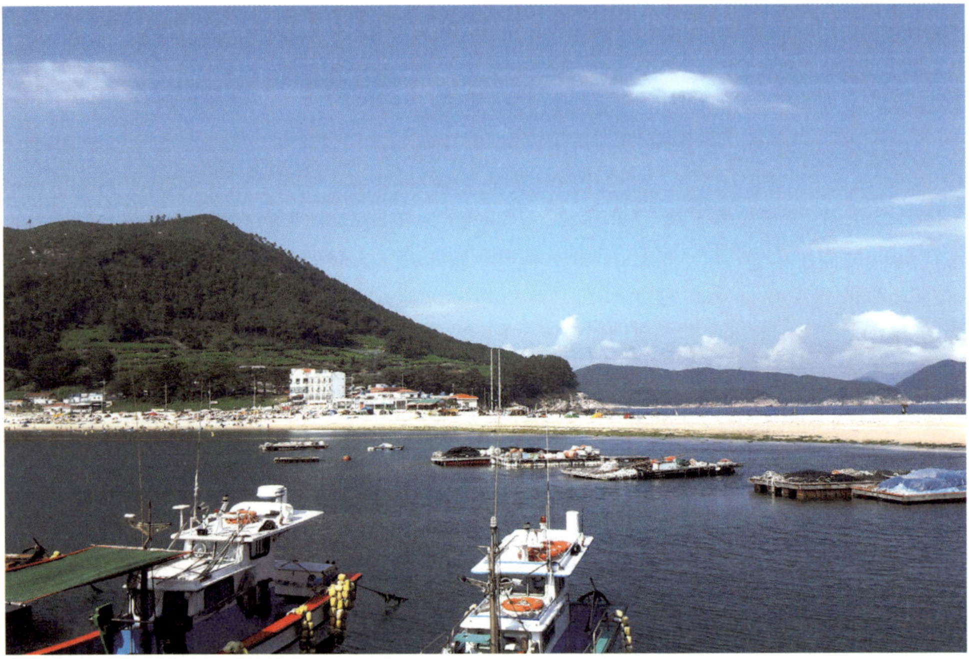

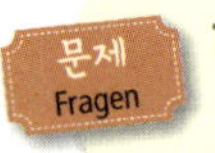

다도해는 '섬이 많은 바다'라는 뜻으로 전라남도 홍도에서 남해 여수 앞바다까지를 가리킨다. 한국에 있는 3천여 개의 섬 중 1,700여 개의 섬이 이곳에 모여 있다. 홍도, 거제도, 진도, 한산도, 보길도가 그중에서 큰 섬들이다. 이곳에는 특이한 해안 지형과 온화한 기후로 난대성 식물이 경관을 이루어 한국에서 가장 큰 해상 국립 공원이 만들어졌다. 새들의 서식지, 염전, 해송이 가득 찬 소나무 숲과 모래 해변, 조용한 어촌 등이 어우러져 아름답다. 다도해에서 통통배를 타고 아기자기한 섬들을 지나며 볼 수 있는 일몰 또한 인상적이다. 이 지역 특산물로는 장어, 홍어, 돌김, 매생이가 있고, 남해의 대표적인 도시 통영은 동피랑 벽화 마을, 구항구의 충무 김밥, 그리고 나전 칠기가 유명하다.

1 다도해는 무슨 뜻입니까?
Was bedeutet Dadohae?

2 통영은 무엇으로 유명합니까?
Wofür ist Tongyeong berühmt?

Dadohae bedeutet „Meer mit vielen Inseln", und bezieht sich auf die Region von der Insel Hongdo in Jeollanam-do bis zu den Gewässern von Yeosu bei Namhae. Von den etwa 3.000 Inseln in Korea sind hier rund 1.700 versammelt. Davon sind die Insel Hongdo, die Insel Geojedo, die Insel Jindo, die Insel Hansando und die Insel Bogildo die größeren Inseln. Einzigartige Küstenlandschaften und durch das milde Klima gut wachsende subtropische Pflanzen haben eine herrliche Landschaft geschaffen, so dass hier der größte marine Nationalpark in Korea gegründet wurde. Es ist wunderschön, da die Wälder mit Vögeln, die Salzfarmen, der Kiefernwald, die mit Kiefern, Sandstränden und Fischerdörfern gefüllt sind, in Harmonie sind. Es ist auch beeindruckend den Sonnenuntergang zu sehen, wenn man bei Dadohae ein Ausflugsboot nimmt und an den süßen kleinen Inseln vorbeifährt. Die lokalen Spezialitäten dieser Region sind Aal, Rochen, *Dolgim* gerösteter Seetang und *Maesaengi* (Algen fulvescens). Tongyeong, eine Stadt, die Namhae repräsentiert, ist berühmt für das Dorf Dongpirang mit Wandgemälden, *Chungmu Gimbap* am alten Hafen und *Najeon Chilgi*-Lackware.

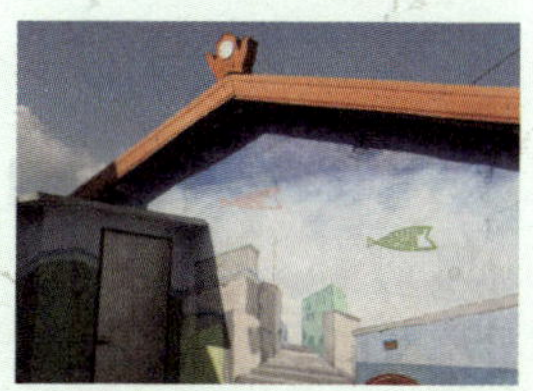

다도해 Dadohae
해상 국립 공원 Haesang (Meeresarchipel) Nationalpark
섬 Insel
전라남도 Jeollanam-do, Süd Jeolla Provinz
홍도 Hongdo Insel
남해 Namhae
여수 Yeosu
가리키다 zeigen auf, hinweisen
N여 ungefähr N
모여 있다 versammelt sein
거제도 Geojedo Insel
진도 Jindo Insel
한산도 Hansando Insel
보길도 Bogildo Insel
특이하다 einzigartig sein
해안 지형 Küstenlandschaft
온화하다 mild sein

기후 Klima
난대성 식물 subtropische Pflanzen
경관 Landschaft
이루다 erschaffen
서식지 Wohnort, Bewohnen
염전 Salzfarm
해송 Meerespinie
가득 voll sein
차다 gefüllt, angefüllt sein
소나무 Kiefer
숲 Wald
모래 Sand
해변 Strand
어촌 Fischerdorf
어우러지다 in Harmonie sein, vermischt sein
통통배 Ausflugsboot
아기자기하다 sanft, süß, klein sein

일몰 Sonnenuntergang
또한 auch, darüber hinaus
인상적이다 beeindruckend sein
지역 특산물 lokale/regionale Spezialität
장어 Aal
홍어 Rochen
돌김 *Dolgim* gerösteter Seetang
매생이 *Maesaengi*, Algen fulvescens
대표적 repräsentativ
도시 Stadt
통영 Tongyeong
동피랑 Dongpirang
벽화 마을 Dorf mit Wandgemälden
구항구 alter Hafen
충무 Chungmu
나전칠기 *Najeon Chilgi*, Lackware

보성 차밭 ★★
Boseong Teeplantage

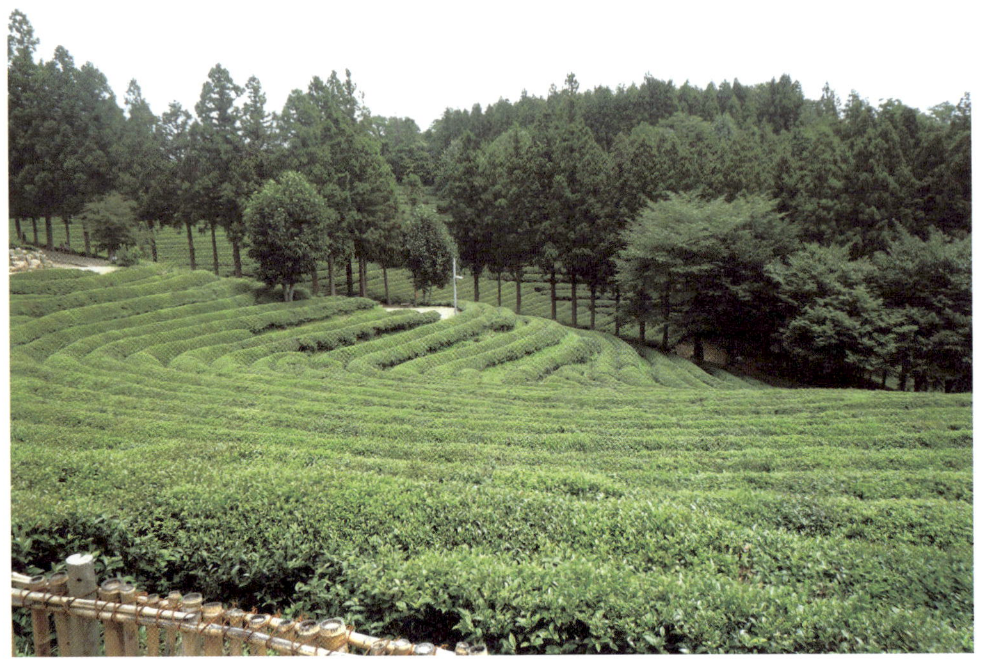

전라남도 보성에 있는 보성 차밭은 넓고 아름다운 녹차 밭이 남해와 만나서 절경을 이룬다. 차밭을 따라 내려가면 가까운 곳에 해수욕장도 있다. 그래서 영화, 드라마, 광고의 촬영 장소로 많이 이용된다. 보성은 한국에서 가장 오래된 차밭이며 그 규모는 제주도 다음으로 크다. 해마다 보성에는 다양한 축제가 열리는데 녹차를 주제로 한 여러 가지 행사를 경험할 수 있다. 5월에 '보성 다향제'라는 녹차 축제가 열리고, 차의 풍년을 기원하는 〈다신제〉, 〈찻잎 따기〉, 〈차 아가씨 선발 대회〉도 있다. 또한 12월에서 2월까지 녹차밭에서 화려한 〈보성 차밭 빛 축제〉도 열린다. 먹거리도 다양하고 녹차밭 주변에는 가 볼 만한 전통 찻집들이 많다. 그리고 녹차 국수, 녹차 비빔밥, 녹차 아이스크림 등을 맛볼 수 있는 식당들도 있으니 잊지 말고 꼭 한번 먹어 보자.

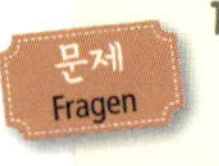

1 보성에서 5월에 열리는 축제는 무엇입니까?
Welches Fest wird im Mai in Boseong gefeiert?

2 녹차로 만들 수 있는 음식은 무엇입니까?
Welches Essen kann man aus grünem Tee machen?

Auf der Teeplantage in Boseong in Jeollanam-do bietet sich eine herrliche Aussicht, denn eine geräumige und schöne grüne Teeplantage das Südmeer trifft. Wenn man die grüne Teeplantage hinuntergeht, findet man auch einen Strand in der Nähe. Deshalb wird dieser Ort häufig als Drehort für Filme, Fernsehserien und Werbespots genutzt. In Boseong ist die älteste Teeplantage in Korea und die zweitgrößte neben der auf der Insel Jejudo. Jedes Jahr finden verschiedene Festivals in Boseong statt und man kann viele Veranstaltungen besuchen, die das Thema Grüntee haben. Im Mai findet „Boseong Dahyangje" oder „Grünteefestival" statt. Es gibt auch das Dasinje, oder Teeritual zum Danken der Götter für eine gute Ernte, sowie das „Teepflück-Festival" und „Wettbewerb zur Tee-Schönheitskönigin". Es gibt verschiedene Speisen und viele traditionelle Teehäuser in der Nähe der Grünteeplantage, die einen Besuch wert sind. Außerdem gibt es Restaurants, wo man Nudeln aus Grüntee, *Bibimbap* mit grünem Tee und Eis mit Grünteegeschmack probieren kann. Verpassen Sie also nicht die Gelegenheit, diese Lebensmittel zu probieren.

보성 Boseong
차밭 Teeplantage
전라남도 Jeollanam-do, Süd Jeolla Provinz
넓다 weit sein
녹차 밭 Grünteeplantage
남해 Südmeer
절경 herrliche Aussicht, grandiose Landschaft
이루다 machen
N을/를 따라(서) entlang N, N folgend
내려가다 heruntergehen
가깝다 nah sein, in der Nähe sein
곳 Platz, Ort
해수욕장 Strand

광고 Werbung
촬영 Filmen, Dreh
장소 Ort
가장 am meisten
오래되다 alt sein
규모 Größe
해마다 jedes Jahr
주제 Thema
행사 Veranstaltung, Event
경험하다 erfahren
〈보성 다향제〉 Boseong Dahyangje, Boseong Grünteefestival
축제 Festival
열리다 halten, eröffnet werden
풍년 gute Ernte
기원하다 beten

〈다신제〉 Dasinje Teeritual an die Götter
〈찻잎 따기〉 Teepflücken
〈차 아가씨 선발 대회〉 Wettbewerb zur Tee-Schönheitskönigin
화려하다 prächtig, luxuriös sein
빛 축제 Festival der Lichter
먹거리 Essen
주변 Umgebung
V_R을/ㄹ 만하다 V wert sein
국수 Nudeln
맛보다 probieren
V_R으니 V und
잊다 vergessen
~지 말고 nicht V
꼭 unbedingt

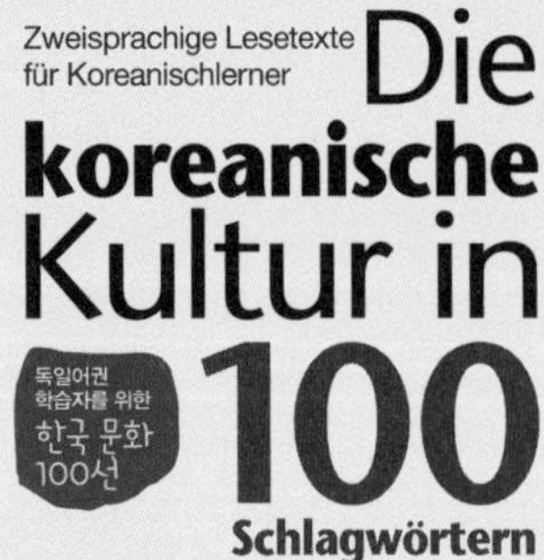

Zweisprachige Lesetexte für Koreanischlerner

Die koreanische Kultur in 100 Schlagwörtern

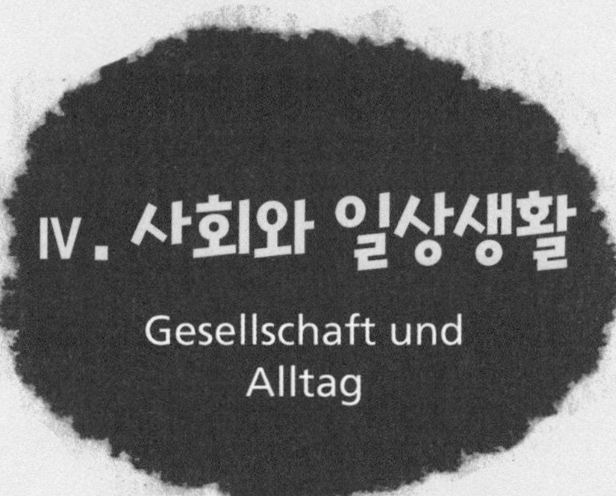
Ⅳ. 사회와 일상생활
Gesellschaft und
Alltag

001

한국어 *

Die koreanische Sprache

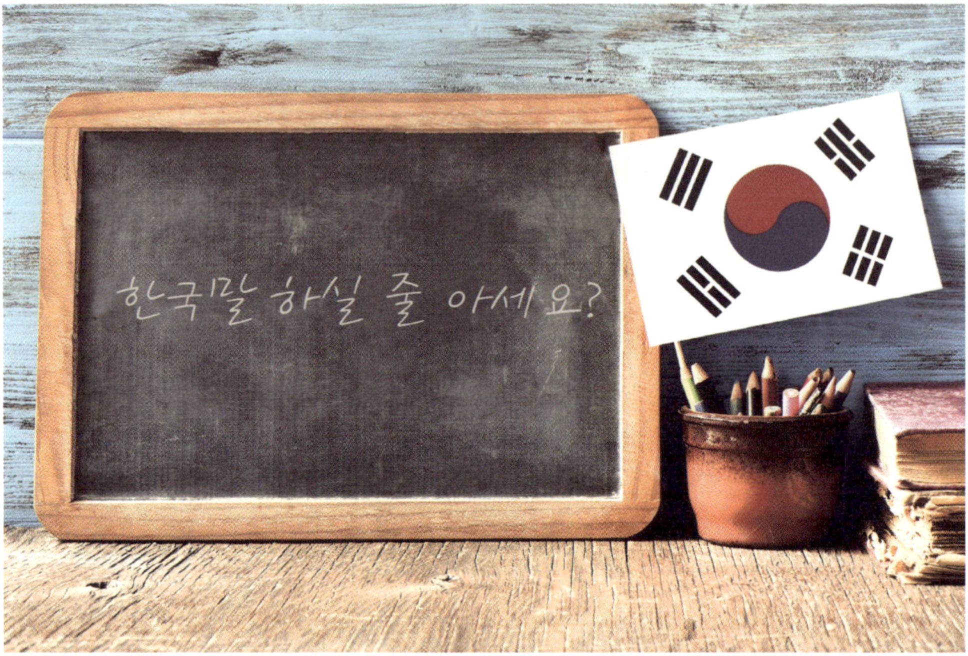

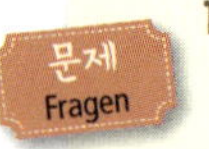

한국어는 한국 사람들, 북한 사람들과 해외 교포들이 모국어로 사용한다. 세계 언어 중에서 열세 번째로 많이 사용되는 언어이며 약 8,000만 명이 사용하는데 요즘은 한류의 영향으로 한국어를 배우는 외국인들이 많이 늘어나고 있다. 한국어는 교착어에 속하기 때문에 조사가 있고 동사의 어미가 활용한다. 문장에서 주어와 목적어의 순서는 자유롭지만, 동사는 항상 끝부분에 있어야 한다. 주어는 생략되기도 한다. 한국어는 소리와 모양을 흉내 내는 말이 매우 풍부하고 나이, 사회적 지위, 가족 관계에 따라 존댓말과 자신을 낮추는 말 등이 발달해 있다.

문제
Fragen

1 왜 한국어를 배우는 외국인들이 늘고 있습니까?
Warum nimmt die Anzahl an Ausländern, die Koreanisch lernen, zu?

2 한국어 문장에서 동사는 어디에 있습니까?
Wo steht das Verb in einem koreanischen Satz?

Die koreanische Sprache wird als Muttersprache von Südkoreanern, Nordkoreanern und im Ausland lebenden Koreanern verwendet. Es ist die 13. am häufigsten verwendete Sprache in der Welt und wird von etwa 80 Millionen Menschen gesprochen. Aufgrund des Einflusses von *Hallyu* (die koreanische Welle) nimmt die Zahl von Ausländern, die Koreanisch lernen, zu. Da Koreanisch eine agglutinierende Sprache ist, gibt es Postpositionen und konjugierte Verben. Obwohl die Stellung von Subjekt und Objekt innerhalb eines Satzes ganz frei ist, muss das Verb immer am Ende stehen. Das Thema des Satzes wird manchmal weggelassen. Koreanisch ist reich an lautmalerischen Wörtern, die Töne und Formen nachahmen, sowie seine Anredeformen, um seinem Gegenüber entsprechend nach Alter, sozialem Status und familiären Beziehungen Respekt auszudrücken, sind sehr gut entwickelt.

어휘와 표현 \ Wörter & Ausdrücke

한국어 Koreanisch
북한 Nordkorea
해외 교포 ethnisch im Ausland lebende Koreaner
모국어 Muttersprache
사용하다 verwenden
세계 Welt
언어 Sprache
중에서 von
한류 *Hallyu* (koreanische Welle)
영향 Einfluss
늘다 zunehmen
교착어 agglutinierende Sprache
조사 Postposition

동사 Verb
어미 Endung
활용하다 benutzen/konjugieren
문장 Satz
주어 Subjekt
목적어 Objekt
순서 Reihenfolge
자유롭다 frei sein
항상 immer, zu jeder Zeit
끝 Ende
생략하다 auslassen
V$_R$기도 하다 manchmal V
소리 Laut, Ton, Geräusch
모양 Form

흉내 내다 nachahmen
말 Wort
매우 sehr
풍부하다 reich sein
사회적 지위 sozialer Status
가족 Familie
관계 Beziehung
N에 따라 laut, gemäß N
존댓말 Höflichkeitswort
자신을 낮추다 sich herabsetzen, senken
발달하다 sich entwickeln, wachsen/entwickelt sein

002

인구 *
Bevölkerung

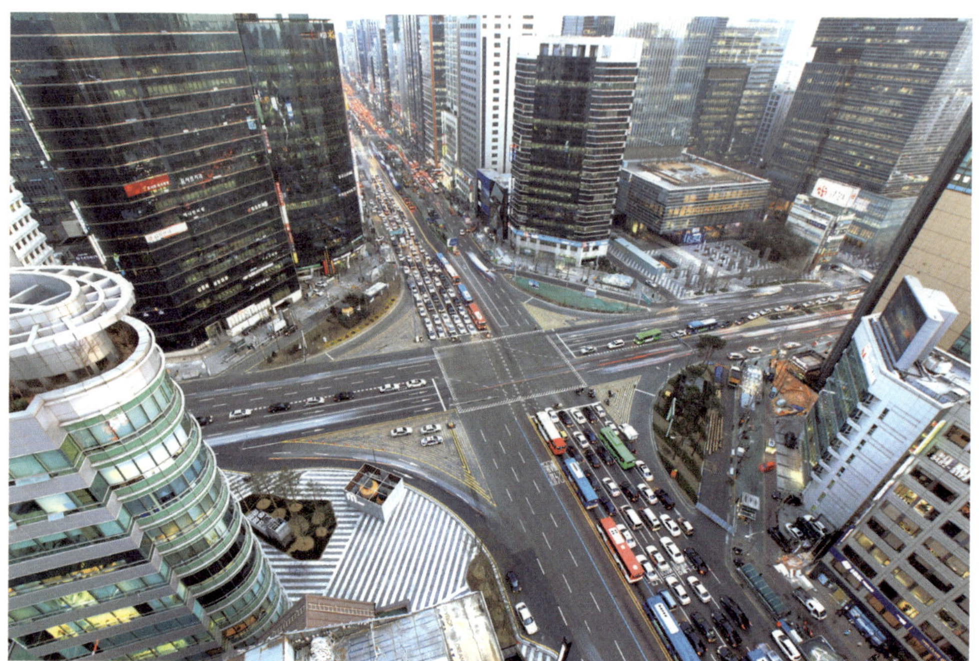

대한민국의 인구는 약 오천만 명이다(2017). 삼천이백만 명이었던 1970년에 비해 인구는 약 1.6배 늘었지만, 인구 성장률은 1970년 이후 0.36%까지 줄었다. 전체 인구의 50%가 서울과 수도권 지역에 거주하고 있어 수도권에 집중되어 있다. 이외에도 한국 동포들은 세계 곳곳에서 살고 있다. 북한 주민은 이천오백만 명이며, 중국과 미국, 일본에도 많은 동포들이 있다. 한국에서 살고 있는 외국인들도 많은데 현재(2017) 약 이백만 명의 외국인이 한국에 거주 중이다. 중국인, 동남아시아인, 미국인이 많은 수를 차지하고 있다. 최근에는 취업 외국인, 결혼이민자, 외국인 유학생이 늘어서 이제 한국에도 다문화 시대가 열렸다.

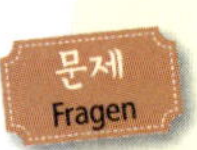

1 대한민국 인구는 몇 명입니까?
Wie groß ist die Bevölkerung in Südkorea?

2 한국에는 어느 나라 외국인들이 제일 많이 삽니까?
Aus welchen Ländern kommen die meisten in Südkorea lebenden Ausländern?

Die Republik Korea hat eine Bevölkerung von rund 50 Millionen Menschen (von 2017). Zwar hat sich die Bevölkerung seit 1970 um das 1,6fache mit 32 Millionen Menschen erhöht, aber die Wachstumsrate der Bevölkerung hat sich seit 1970 auf 0,36% reduziert. 50 Prozent der Gesamtbevölkerung kozentrieren sich auf die Metropolregion um Seoul und andere angrenzende Städte. Darüber hinaus gibt es Koreaner auf der ganzen Welt. Die nordkoreanische Bevölkerung beträgt 25 Millionen Menschen, und es gibt viele Koreaner in China, den Vereinigten Staaten und Japan. Es gibt viele Ausländer, die in Südkorea leben, und derzeit (2017) gibt es etwa zwei Millionen ausländische Einwohner. Nach Nationalität kommen die meisten aus China, Vietnam, den USA. Mit der Zunahme langfristiger Aufenthalte von Ausländern wie chinesische Besucher, ausländische Beschäftigte, Einwanderer aufgrund internationaler Eheschließungen und ausländischen Studierende in Korea hat vor kurzem die Ära einer multikulturellen Gesellschaft in Korea begonnen.

인구 Bevölkerung
대한민국 Republik Korea, Südkorea
약 N ungefähr N
N에 비해 im Vergleich zu N, gegen N
배 Fache
늘다 zunehmen
성장률 Wachstumsrate
이후 nach, seit
줄다 abnehmen, verringern

전체 gesamt, ganz
수도권 지역 Metropolregion
거주하다 leben, wohnen
집중되다 konzentriert sein
동포 Landsleute, Mitbürger
곳곳에서 in der ganzen Welt
북한 Nordkorea
주민 Bewohner, Einwohner
살다 wohnen
외국인 Ausländer
현재 gegenwärtig, jetzt, derzeit

중국인 Chinese
동남아시아인 Südostasiate
미국인 Amerikaner
취업 Beschäftigung
결혼이민자 Einwanderer nach Eheschließung
유학생 ausländischer Studierender
이제 jetzt
다문화 multikulturell
시대 Ära, Zeitalter
열리다 sich öffnen, beginnen

성과 이름 *
Familiennamen und Vornamen

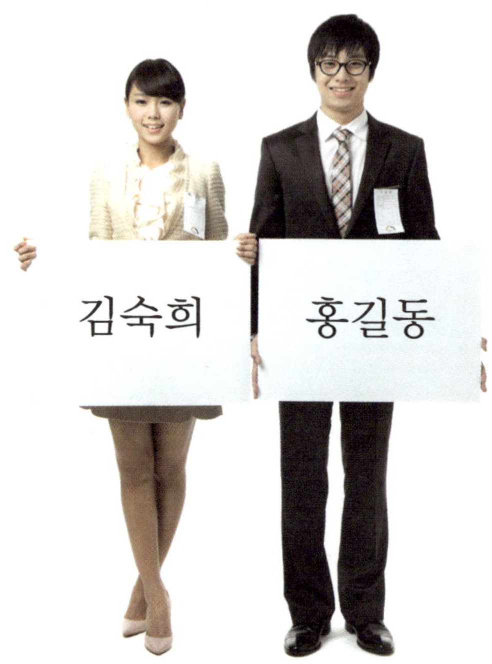

한국 사람들의 이름은 대부분 세 글자로 되어 있다. 첫 글자는 성이고 나머지 두 글자는 이름이다. 성을 먼저 쓰고 그다음에 이름을 쓴다. 이름을 지을 때에는 좋은 의미의 글자를 고른다. 최근에는 이름을 자유롭게 짓는 부모들도 많지만 보통은 집안 어른에게 부탁하거나 작명소를 찾는다. 이름, 생일, 태어난 시간이 아이의 삶에 좋은 영향을 끼친다고 생각한다. 한국인의 성으로는 김이 21%로 제일 많고, 그다음은 이 14%, 그다음은 박, 최, 정, 강 순으로 많다. 한국 여자들은 결혼 후에도 남편 성을 쓰지 않는다. 하지만 아이들은 주로 아버지 성을 쓰고 요즘은 아버지 어머니 성을 함께 쓰는 경우도 있다.

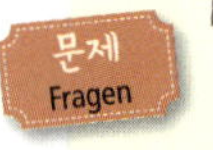
문제
Fragen

1 한국 사람들의 이름은 보통 몇 글자로 되어 있습니까?
Wie viele chinesische Schriftzeichen haben koreanische Namen normalerweise?

2 한국에서 제일 많은 성은 무엇입니까?
Was ist der weit verbreiteste Familienname in Korea?

Ein koreanischer Name besteht in der Regel aus drei chinesischen Schriftzeichen. Das erste Zeichen ist der Familienname und die beiden anderen Zeichen bilden den Vornamen. Zuerst wird der Familienname geschrieben, gefolgt von dem Vornamen. Wenn Koreaner einen Namen geben, wählen sie Zeichen mit guten Bedeutungen. Heutzutage geben viele Eltern einen Namen ohne Zwang, aber die Leute fragen normalerweise den Ältesten der Familie oder besuchen eine Namensagentur. Sie glauben, dass der Name des Kindes sowie das Datum und die Uhrzeit der Geburt, einen positiven Einfluss auf das Leben des Kindes haben. Von allen koreanischen Familiennamen ist Kim mit 21 % am häufigsten, gefolgt von Lee (14 %), Park, Choi, Jeong und Kang. Eine koreanische Frau nimmt nach der Heirat den Familiennamen ihres Mannes nicht an. Obwohl Kinder vor allem den Familiennamen ihres Vaters verwenden, verwenden heutzutage einige Leute die Familiennamen beider Eltern.

성 Familienname, Nachname

이름 Vorname

대부분 der größte Teil, größtenteils

글자 Zeichen

N(으)로 되어 있다 bestehen aus N

첫 erst

나머지 Rest

먼저 zuerst

그다음에 dann, später

이름을 짓다 einen Namen geben

V_R을/ㄹ 때 wenn/als V

좋은 gut

의미 Bedeutung

고르다 wählen

최근에 vor Kurzem

자유롭게 ohne Zwang, frei

부모 Eltern

집안 어른 ältere Person (Mitglied) der Familie

부탁하다 fragen, bitten

V_R거나 V oder

작명소 Namensagentur

찾다 suchen/besuchen

태어나다 geboren werden

V_R는다고 생각하다 denken/ glauben dass V

제일 meisten, zuerst

결혼 Eheschließung, Heirat

후 nach

남편 Ehemann

V_R지 않다 nicht V

하지만 aber, jedoch

함께 zusammen

경우 Fall

호칭 *
Titel und Anredeformen

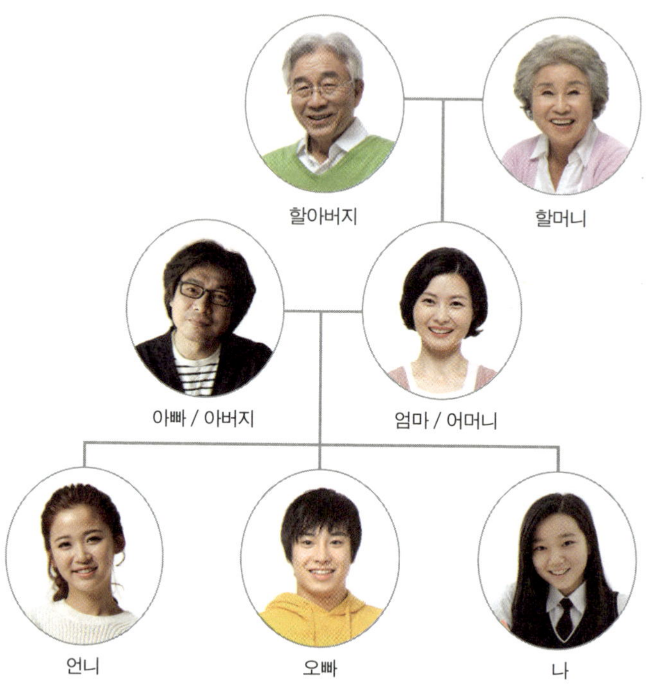

한국 사람들은 같은 나이의 친구가 아니면 서로를 이름으로 부르는 경우가 적다. 대부분 상대방과의 관계에 따른 호칭으로 부른다. 형제 사이에서 동생은 이름으로 부르지만, 자기보다 나이가 많은 형제는 형, 언니, 누나, 오빠라는 호칭을 사용한다. 또한 한국 사회에서는 가족 호칭인 어머니, 아버지, 아저씨, 아줌마, 이모 등은 가족이 아닌 사람에게도 사용한다. 길에서도 모르는 노인을 할아버지 또는 할머니라고 부른다. 직장에서는 상대방의 성 뒤에 직급을 붙여 "김 과장", "박 부장님" 등으로 부른다. 호칭은 한국인들에게도 아주 복잡하지만 인간관계에서 중요한 역할을 한다.

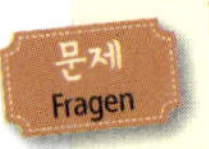

1 자기보다 나이가 많은 여자 형제를 뭐라고 부릅니까?
Wie reden Koreaner eine ältere Schwester auf Koreanisch an?

2 길에서 모르는 노인을 어떻게 부릅니까?
Wie sprechen Koreaner, eine ältere Person auf der Straße an, die sie nicht kennen?

Koreaner nennen sich selten namentlich, wenn sie nicht Freunde im gleichen Alter sind. Sie sprechen sich gegenseitig mit einer Anrede entsprechend der Beziehung zueinander an. Für ältere Geschwister werden Titel wie *Hyeong* (älterer Bruder für einen Mann), *Eonni* (ältere Schwester für eine Frau), *Nuna* (ältere Schwester für einen Mann) und *Oppa* (älterer Bruder für eine Frau) verwendet. Darüber hinaus werden in der koreanischen Gesellschaft die Anredeformen der Familie von Mutter, Vater, Onkel, Tante und *Imo* (Tante, Schwester der Mutter) für Leute benutzt, die keine wirklichen Familienmitglieder sind. Wenn Koreaner eine alte Person auf der Straße treffen, die sie nicht kennen, wenden sie sich an die Person mit der Anrede „Großvater" oder „Großmutter". Bei der Arbeit verwenden sie eine Berufsbezeichnung nach dem Familiennamen des Gegenübers und nennen die Person „Kim *Gwajang*" oder „Park *Bujang-nim*". Die Titel sind auch für Koreaner ziemlich kompliziert, aber sie spielen eine wichtige Rolle in den zwischenmenschlichen Beziehungen.

호칭 Anrede, Name
같은 wie
V$_R$(으)면 wenn V
서로 einander
부르다 rufen, ansprechen
경우 Fall
적다 wenige
상대방 Gegenüber, Gegenpartei
관계 Beziehung
N에 따른 nach, gemäß
N 형제 Geschwister
사이 zwischen
동생 jüngere Geschwister
자기 selbst
N보다 als N
나이가 많은 älter

형 *Hyeong* (älterer Bruder für einen Mann)
언니 *Eonni* (ältere Schwester für eine Frau)
누나 *Nuna* (ältere Schwester für einen Mann)
오빠 *Oppa* (älterer Bruder für eine Frau)
사회 Gesellschaft
아저씨 Onkel
아줌마 Tante
이모 Tante (mütterlicherseits)
등 und so weiter, usw.
길 Straße
모르는 unbekannt
노인 alte Person, Senior
할아버지 Großvater

또는 oder
할머니 Großmutter
직장 Arbeit
성 Familienname
직급 Berufsbezeichnung
붙이다 ergänzen, hinzufügen
과장 *Gwajang* (Manager)
부장 *Bujang* (Senior Manager)
N님 N-*nim* (-*nim* nach einem Namen oder Titel, das die höchste Anredeform anzeigt)
복잡하다 kompliziert sein
인간관계 zwischenmenschliche Beziehung
중요한 wichtig
역할을 하다 eine Rolle spielen

숫자 *
Zahlen

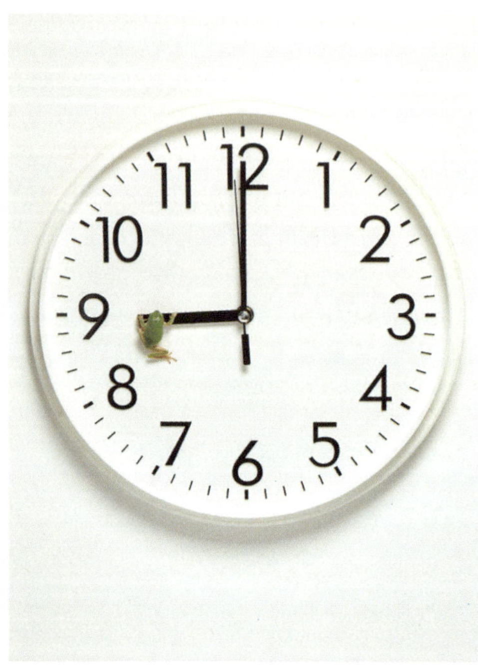

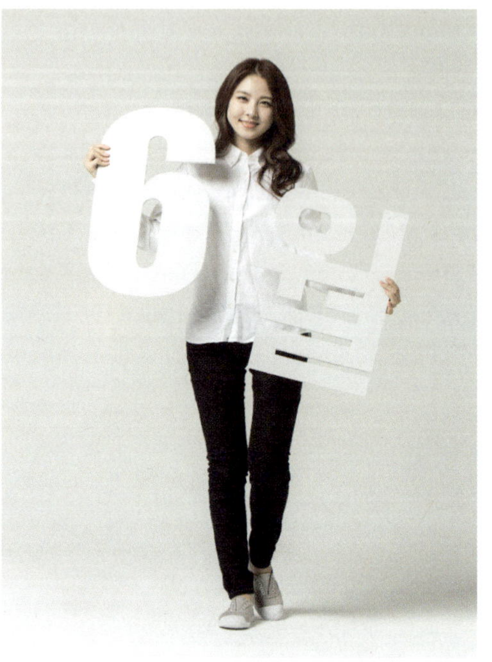

한국의 숫자는 고유어와 한자어가 있다. 고유어는 '하나, 둘, 셋…'이고, 한자어는 '일, 이, 삼…'이다. 보통 양은 고유어를 사용하고 순서는 한자어를 사용한다. 나이를 말할 때 보통 고유어로 '한 살, 두 살, 세 살…'을 사용하지만 서류에는 한자어로 '일 세, 이 세, 삼 세…'를 사용한다. 날짜, 가격, 전화번호는 한자어를 쓴다. 2016년 6월 6일은 '이천십육 년 유 월 육 일'이라고 하고, 38,400원은 '삼만 팔천사백 원'이라고 한다. 또 전화번호 010-9703-4863은 '공일공에 구칠공삼에 사팔육삼'이라고 한다. 그러나 시간을 말할 때는 시는 고유어로, 분은 한자어로 말한다. 8시 36분은 '여덟 시 삼십육 분'이라고 한다. 건물의 층을 말할 때는 '일 층, 이 층, 삼 층'이라고 한다.

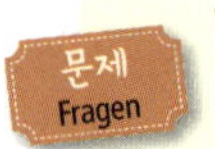

1 다음 시간을 말해 보세요. 11시 30분입니다.
Bitte lesen Sie folgende Uhrzeit auf Koreanisch: Es ist 11:30 Uhr.

2 다음 전화번호를 말해 보세요. 010–2290–3368입니다.
Bitte lesen Sie folgende Telefonnummer auf Koreanisch: 010-2290-3368

Es gibt rein koreanische und sino-koreanische Wörter für koreanische Zahlen. 1, 2, 3 sind ‚*hana, dul, set*‘ in rein koreanisch und ‚*il, i, sam*‘ mit sino-koreanischer Lesung. Im Allgemeinen werden reinkoreanische Wörter für Mengen verwendet und sino-koreanische Wörter für eine Reihenfolge verwendet. Wenn Koreaner das Alter erwähnen, verwenden sie gewöhnlich rein koreanische Wörter wie „*han-sal, du-sal, se-sal*“, aber auf formalen Dokumenten verwenden sie sino-koreanische Wörter wie ‚*il-se, i-se, sam-se*.‘ Für Termine, Preise und Telefonnummern werden sino-koreanische Wörter verwendet. Darum liest man 2016-06-06 als ‚*icheonsibyuk-nyeon yu-wol yuk-il*‘ und KRW 38.400 als ‚*samman palcheon sabaek won*‘ ‚Wenn die Telefonnummer 010-9703-4863 ist, liest man sie als ‚*gong-il-gong-eh gu-chil-gong-sam-eh sa-pal-yuk-sam*,‘ Aber für die Zeit werden rein koreanische Wörter für die Stunde und sino-koreanische Wörter für Minuten verwendet. Darum wird 08:36 Uhr als „*yeodeolb-si samsibyuk-bun*“ gelesen. Wenn man auf das Stockwerk eines Gebäudes verweist, sagt man ‚*il-cheung, i-cheung, sam-cheung*.‘

어휘와 표현 \ Wörter & Ausdrücke

숫자 Zahl	세 Alter	원 Won
고유어 rein koreanisches Wort	날짜 Datum	그러나 aber
한자어 sino-koreanisches Wort	가격 Preis	시/시간 Stunde/Zeit
양 Quantität, Menge	쓰다 verwenden, benutzen	분 Minute
사용하다 verwenden, benutzen	N(이)라고 하다 sagen N	건물 Gebäude
순서 Reihenfolge	만 zehntausend	층 Stock, Etage
나이 Alter	천 tausend	
서류 Dokument	백 hundert	

006

나이 *
Alter

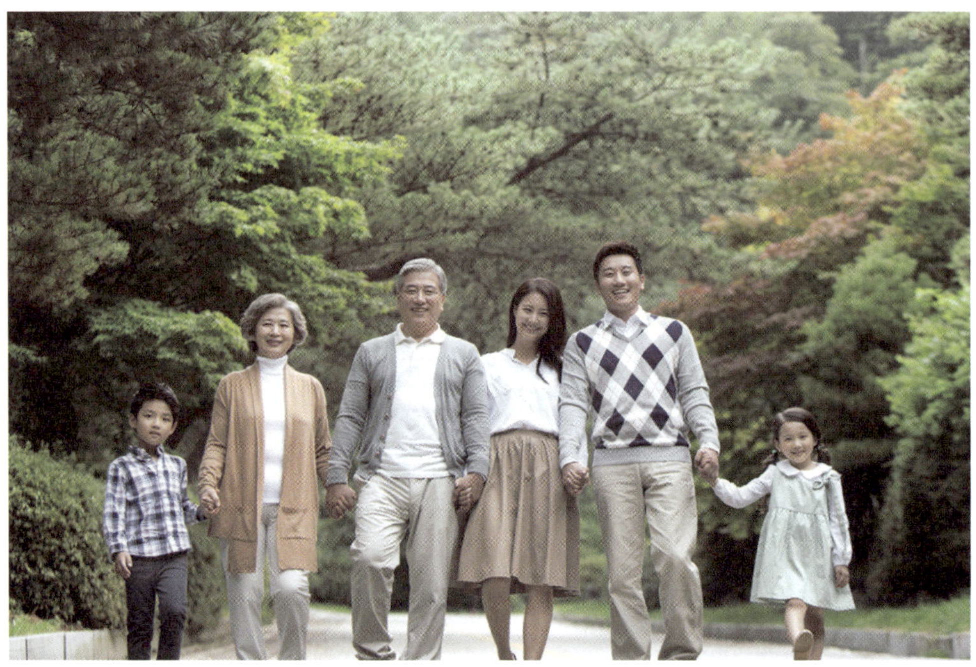

한국 사람들은 처음 만나면 보통 나이를 묻는다. 나이는 한국 사회에서 말투와 위아래 관계를 정하는 데 중요하기 때문이다. 보통 나이를 물을 때는 "몇 살이에요?"라고 묻고 어른들에게는 "연세가 어떻게 되세요?"라는 존댓말을 사용한다. "무슨 띠예요?"라고 간접적으로 물을 때도 있다. 한국에는 한국 나이와 만 나이가 있다. 한국 나이는 일상생활에서 주로 사용하며, 공식적인 문서에는 만 나이를 사용한다. 한국 나이는 태어난 날에 한 살이고 그 다음 해부터는 1월 1일에 한 살을 더 먹는다. 만 나이는 서양에서처럼 생일에 한 살을 더 먹는다.

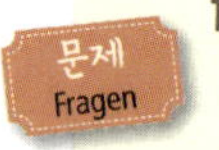

1 한국에는 어떤 나이가 있습니까?
Welche Arten von Altersangaben gibt es in Korea?

2 간접적으로 나이를 물을 때 어떻게 말합니까?
Was sagen Koreaner wenn sie indirekt nach dem Alter einer Person fragen?

Wenn Koreaner jemanden zum ersten Mal treffen, fragen sie im Allgemeinen, wie alt die andere Person ist. Denn das Alter ist sehr wichtig, um die Art und Weise der Sprache und überlegen-untergeordneten Beziehung zu bestimmen. Wenn man eine Person nach dem Alter fragt, sagt man normalerweise: „*Myeotsal-ieyo?*" oder man fragt Ältere respektvoll „*Yeonsega eoteokke doeseyo*?". Manchmal fragen Koreaner indirekt, wie alt jemand ist, indem sie sagen: „Welches Tierkreiszeichen hast du?" Es gibt das koreanische Alter und das Alter nach dem Tag, an dem man geboren ist (*Man-nai*) in Korea. Das koreanische Alter wird hauptsächlich im Alltag verwendet, und das Alter nach dem Tag, an dem man geboren ist, wird für amtliche Dokumente verwendet. Im koreanischen Alter ist man am Tag seiner Geburt ein Jahr alt, und man wird an dem 1. Januar des folgenden Jahres ein Jahr älter. Im Alter nach dem Geburtstag wird man genauso wie in den westlichen Ländern an seinem Geburtstag ein Jahr älter.

어휘와 표현 \ Wörter & Ausdrücke

나이 Alter
처음 zuerst
V$_R$(으)면 wenn V
묻다 fragen
사회 Gesellschaft
말투 Wortwahl/Art und Weise zu sprechen
위아래 관계 Beziehung zwischen ranghoher und rangniedriger Person
정하다 festlegen, bestimmen

V$_R$는 데 um V
중요하다 wichtig sein
때문이다 es ist weil
V$_R$을/ㄹ 때 wenn V
어른들 Ältere
N에게 zu N
연세 *Yeonse*, Alter (honorativ)
존댓말 honorative Sprache
띠 Tierkreiszeichen
간접적으로 indirekt

만 나이 *Man-nai*, Alter nach dem Tag, nachdem man geboren ist
일상생활 Alltag
사용하다 verwenden, benutzen
공식적 offiziell
문서 Dokument
태어나다 geboren werden
날 Tag
그다음 해 das nächste Jahr
더 mehr

007

결혼식 ★★
Hochzeitszeremonie

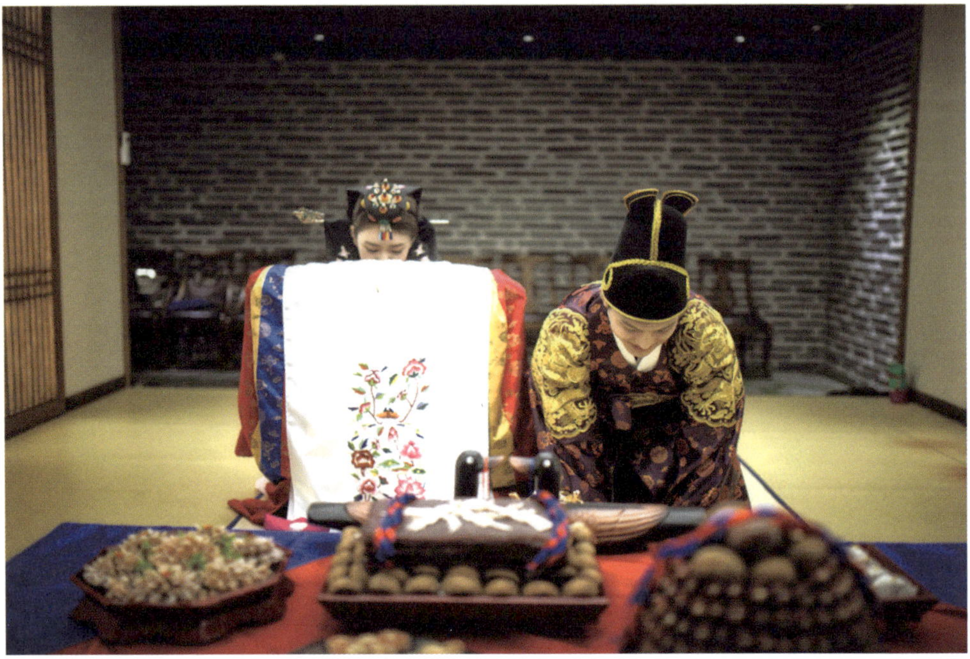

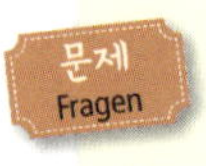

한국에서는 두 사람이 결혼 약속을 하면 양가 부모와 가족들이 만나서 첫인사를 하는데 이를 상견례라 한다. 상견례 이후에 결혼식 날짜를 정한 뒤 청첩장을 보내고 결혼식을 준비하는데 주로 예식장, 호텔 또는 교회나 성당에서 한다. 봄, 가을은 결혼식을 많이 하는 시즌이라서 미리 예식장을 예약해야 한다. 결혼식 전에 신부 집에서 신랑 집으로 혼수와 예단을 보내고, 신랑 집은 신부 집으로 함을 전달한다. 신랑 친구들은 함을 전달할 때 흥겹게 큰소리로 "함 사세요."라고 외치며 동네에 결혼식을 알린다. 결혼식 날에는 일반적으로 신랑신부가 정장 턱시도와 웨딩드레스를 입고 결혼식을 하고, 식이 끝나면 한복으로 갈아입고 '폐백'을 드린다. '폐백'은 가족들에게 큰절을 드리며 인사하는 의식이다. 그리고 피로연을 마친 후 신혼여행을 떠난다. 신혼여행에서 돌아오면 먼저 신부 집에 들르고 친정 어머니가 준비한 '이바지 음식'을 가지고 신랑 집으로 간다.

<table>
<tr><td rowspan="2">문제
Fragen</td><td>

1 한국은 언제가 결혼 시즌입니까?
Wann ist die Jahreszeit für Hochzeiten in Korea?

</td><td>

2 식이 끝난 후 신랑 신부가 가족들에게 큰절하는 의식을 뭐라고 부릅니까?
Wie nennt man das traditionelle Ritual nach der Hochzeitszeremonie, in der die Braut und der Bräutigam sich tief vor ihren Familien verbeugen?

</td></tr>
</table>

Wenn sich in Korea zwei Personen entschlossen haben zu heiraten, treffen sich Eltern und Mitglieder beider Familien zum ersten Mal, was *Sanggyeonnye* (Treffen zwischen Familien der Braut und des Bräutigams) bezeichnet wird. Nach diesem Treffen wird das Datum der Hochzeit bestimmt, Einladungen verschickt und die Hochzeit vorbereitet. Der Veranstaltungsort ist in der Regel ein Hochzeitssaal, ein Hotel oder eine christliche oder eine katholische Kirche. Koreaner müssen den Veranstaltungsort der Hochzeit gut im Voraus im Frühjahr und Herbst reservieren, da diese die beliebtesten Jahreszeiten für Hochzeiten sind. Vor der Hochzeit sendet die Familie der Braut Geschenke an die Familie des Bräutigams und die Familie des Bräutigams schickt eine Truhe mit Hochzeitsgeschenken zum Haus der Braut. Wenn die Freunde des Bräutigams diese Truhe mit Hochzeitsgeschenken liefern, schreien sie fröhlich und laut „*Ham-saseyo*! (Kaufen Sie die Hochzeitsgeschenktruhe!)" und informieren die Nachbarschaft, dass es eine Hochzeit gibt. Am Hochzeitstag sind die Braut und der Bräutigam in der Regel in westlichen Kleidern wie ein Smoking und ein Hochzeitskleid für die Zeremonie gekleidet. Nach der Zeremonie wechseln sie in den traditionellen *Hanbok* für *Pyebaek*. *Pyebaek* ist das Ritual der Respektsbezeugung gegenüber beiden Familien durch eine tiefe Verbeugung. Nach dem Hochzeitsbankett brechen die Braut und der Bräutigam in ihre Flitterwochen auf. Wenn sie von den Flitterwochen zurückkommen, besucht das Paar zuerst die Familie der Braut, nimmt das *Ibaji*-Essen, von der Mutter der Braut zubereitet mit und geht zur Familie des Bräutigams.

결혼식 Hochzeitszeremonie

상견례 *Sanggyeonnye*, Treffen zwischen den Familien von Braut und Bräutigam

청첩장 Hochzeitssaal

예식장 Ort der Trauung

또는 oder

교회 christliche Kirche

성당 katholische Kirche

시즌 Jahreszeit

미리 im Voraus

신부 Braut

신랑 Bräutigam

혼수 예단 Hochzeitsgeschenke

함 *Ham*, Truhe mit Hochzeitsgeschenken

전달하다 liefern, zustellen

흥겹게 ausgelassen, fröhlich

외치다 schreien

동네 Nachbarschaft, Viertel, Dorf

알리다 informieren, bekannt geben

정장 Anzug

턱시도 Smoking

웨딩드레스 Hochzeitskleid

갈아입다 umziehen

폐백 *Pyebaek*, eine Zeremonie um beiden Familien durch eine tiefe Verbeugung Respekt auszudrücken

드리다 geben

큰절 tiefe Verbeugung

의식 Ritual, Zeremonie

피로연 Hochzeitsbankett

마치다 beenden

신혼여행 Flitterwochen

먼저 zuerst

N에 들르다 N besuchen

친정어머니 Mutter der Braut (einer verheirateten Frau)

이바지 음식 *Ibaji Essen*, Essen, das für die Familie des Bräutigams von der Mutter der Braut sorgfältig zubereitet wird

008

교육 제도 ★★
Bildungssystem

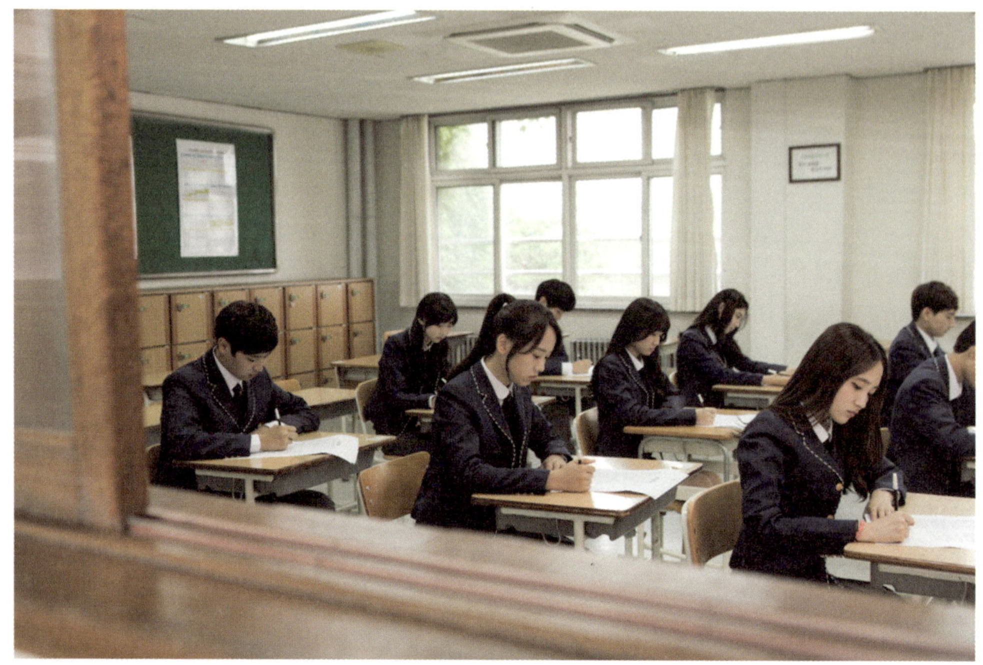

한국의 교육은 초등학교 6년, 중학교 3년, 고등학교 3년, 대학교 4년 제도이다. 의무 교육은 초등학교 7세부터 중학교 15세까지이다. 공립 학교와 사립 학교로 나눠지고, 일반 학교와 특수 목적 고등학교, 자율 고등학교로 나눠진다. 일반 학교는 보통 거주 지역에 따라 추첨을 통해서 학교 배정을 받지만 시험을 통해 특수 목적 고등학교에 입학할 수 있다. 특수 목적 고등학교의 종류에는 예술 고등학교, 과학 고등학교, 외국어 고등학교가 있고 직업 교육 특성화 고등학교 등이 있다. 일반 고등학교를 지원하는 학생들은 명문 학교에 가기 위해 학군이 좋은 곳으로 이사를 하는 경우가 종종 있다. 특히 서울의 강남구와 서초구는 명문 사립 학교가 많아서 강남 8학군이라고 부른다. 한국에서 가장 중요한 시험은 대학 입학 시험이다. 기본적으로 대학 학사는 4년 과정이고 석사는 대학원에서 2~3년, 박사는 3년 과정이다.

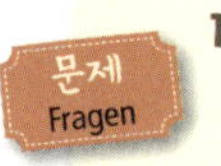

1 한국의 의무 교육은 몇 살까지입니까?
Bis zu welchem Alter gilt die Schulpflicht in Korea?

2 한국 대학 학사는 몇 년입니까?
Wie viele Jahre dauert das Bachelor-Studium an der Hochschule in Korea?

Koreas Bildungssystem besteht aus sechs Jahren Grundschule, drei Jahre Mittelschule, drei Jahren Oberschule und vier Jahren Hochschule. Die Schulpflicht gilt ab dem Alter von 7 Jahren in der Grundschule und dem Alter von 15 Jahren in der Mittelschule. Schulen sind in öffentliche und private Einrichtungen unterteilt. Oberschulen werden in allgemeine, spezielle und private Oberschulen unterteilt. Während allgemeine Oberschulen nach dem Zufallsprinzip nach dem Wohnsitz zugewiesen werden, ist es möglich, mit einem Test eine Oberschule mit Spezialisierung oder eine private Privatschule zu besuchen. Zu den Arten spezialisierter Oberschulen gehören Oberschulen mit Schwerpunkt auf Kunst, Wissenschaft, Fremdsprachen und berufliche und technische. Schüler, die sich bei einer allgemeinen Oberschule bewerben, ziehen oft in ein Viertel in einem guten Schulbezirk. Insbesondere werden Gangnam-gu und Seocho-gu in Seoul mit vielen prestigeträchtigen Privatschulen als 8. Schulbezirk bezeichnet. Der wichtigste Test in Korea ist die Hochschulzugangsprüfung. Ein Bachelor-Abschluss kann grundsätzlich nach einem vierjährigen Studium erworben und ein Master nach zwei bis drei Jahren abgeschlossen werden. Eine Promotion an einer Graduiertenschule dauert 3 Jahre.

교육 Erziehung und Bildung
제도 System
초등학교 Grundschule
중학교 Mittelschule
고등학교 Oberschule
대학교 Universität
의무 vorgeschrieben, obligatorisch
공립 öffentlich
사립 privat
일반 학교 allgemeine Schule
특수 besonders
목적 Zweck
자율 frei

거주 Wohnsitz
지역 Gebiet, Region
N에 따라 nach, gemäß N
추첨 Lotterie, Losentscheid
N을/를 통해서 durch N
배정을 받다 eingeteilt, zugewiesen werden
입학하다 einschulen
예술 Kunst
과학 Wissenschaft
직업 Beruf
특성화 고등학교 auf den Beruf vorbereitenden Oberschule und technische Oberschule

지원하다 sich bewerben
명문 namhaft
학군 Schulbezirk
경우 Fall
종종 oft
특히 besonders
강남 Gangnam
구 Gu (koreannisches administratives Stadtviertel)
학사 Bachelor Abschluss
과정 Programm, Kurs
석사 Master Abschluss
대학원 Graduiertenschule
박사 Doktor, Ph.D.

009

대학 입학 시험 ★★★
Hochschulzugangsprüfung

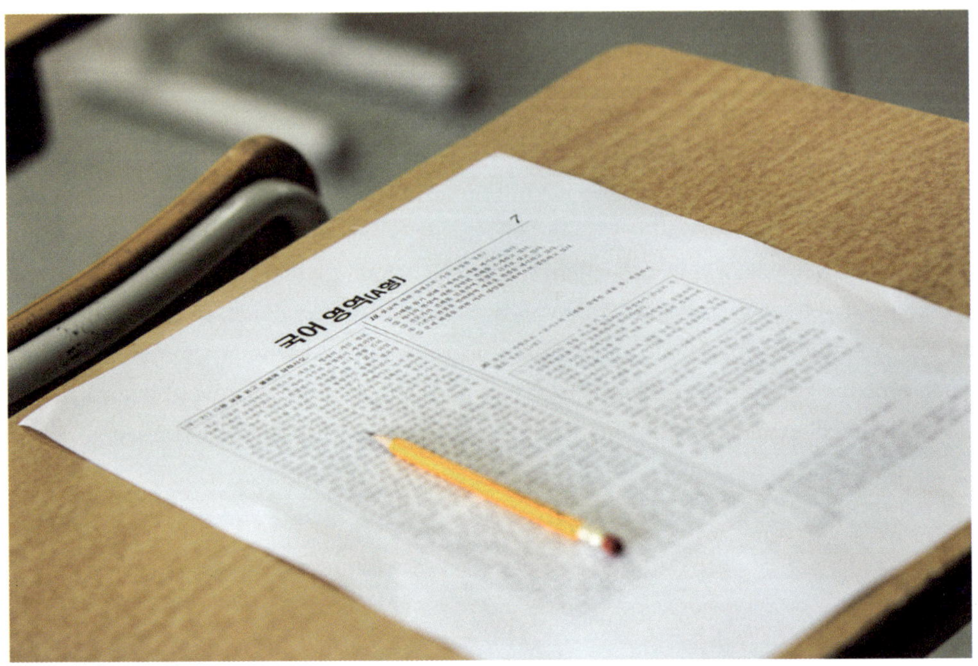

한국의 교육열은 세계적으로 유명하다. 학생들은 어려서부터 학교 교육뿐만 아니라 성적을 높이기 위해서 과외 수업을 받는 것이 일반적이다. 이렇게 치열하게 경쟁하는 이유는 명문 대학에 들어가기 위해서이다. 고등학교 내신 성적과 대학에서 보는 논술 시험 등도 중요하지만 대학 입학을 위해 가장 중요한 것은 '수능'이라고 불리는 대학 수학 능력 시험이다. 수능 시험은 3학년이 끝나는 11월 중순에 보는데 시험 보는 날 분위기는 매우 독특하다. 가족들이 수험생의 합격을 바라며 대학교 교문에 엿을 붙이기도 하고 선후배들이 수험생들을 격려하고 응원한다. 또한 듣기 평가에 방해가 되지 않도록 그 시간에 비행기나 헬리콥터 운항을 제한하고, 수험생의 등교 시간에 방해되지 않도록 회사에서는 출근 시간을 늦추기도 한다. 수험생 가족들은 백일 전부터 교회나 성당, 절을 찾아가서 기도를 하기도 한다.

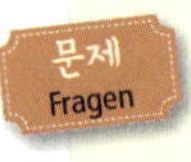

1 한국의 대학 입학 시험을 무엇이라고 부릅니까?
Wie wird die Hochschulzugangsprüfung in Korea bezeichnet?

2 합격을 바라는 마음으로 교문 앞에 붙이는 '이것'의 이름은 무엇입니까?
Was kleben Leute an den Eingang von Schulen um den Studierenden Glück zum Bestehen der Prüfung zu wünschen?

Koreas Bildungsfieber ist weltweit bekannt. Es ist üblich, dass Schüler von einem frühen instead of jungen Alter an nicht nur eine reguläre Schule besuchen, sondern auch privaten Unterricht, um bessere Noten zu bekommen. Der Grund für einen solch erhitzten Wettbewerb ist, auf eine prestigeträchtige Universität zu kommen. Während in der Oberschule schulische Leistungen und Aufsätze von Universitäten wichtig sind, ist die so genannte Hochschulzugangsprüfung genannt *Suneung* die wichtigste, um auf eine Universität zu kommen. Die Prüfung ist am Ende des ersten Halbjahres des dritten Schuljahres an der Oberschule Mitte November und die Atmosphäre an diesem Prüfungstag ist ganz einzigartig. Familien hängen *Yeot*, klebrigen Toffee an die Eingangstüren der Universitätsgebäude, in der Hoffnung, dass der Prüfling aufgenommen wird. Auch ältere oder jüngere Mitschüler aus der gleichen Oberschule jubeln und unterstützen die Prüflinge. Um die Hörübung nicht zu stören, sind Flugzeuge und Hubschrauber während der Prüfungszeit beschränkt. Unternehmen verlegen ihre Arbeitszeiten nach hinten, um Prüflinge nicht dabei zu behindern zu spät für die Prüfung zur Schule zu kommen. Einige Familien von Prüflingen besuchen 100 Tage vor der Prüfung christliche oder katholische Kirchen oder buddhistische Tempel und beten.

대학 입학 시험 Hochschulzugangsprüfung	논술 시험 Aufsatzprüfung	응원을 하다 unterstützen
교육열 Bildungsfieber	수능 *Suneung*, Abitur	평가 Evalution, Bewertung
세계적으로 weltweit	대학 수학 능력 시험 Hochschulzugangsprüfung	방해가 되다 stören
어려서부터 von jungem Alter an	학년 Schuljahr	V$_R$지 않도록 um nicht zu V
교육 Erziehung, Bildung	중순 in der Mitte des Monats	헬리콥터 Hubschrauber
성적 Note	분위기 Atmosphäre	운항 fliegen
높이다 zunehmen	독특하다 einzigartig sein	제한하다 beschränken
과외 수업 privater Unterricht	수험생 Prüfling	등교 zur Schule gehen
일반적이다 normal sein	합격 Zulassung	출근 zur Arbeit gehen
치열하게 hitzig, erregt,heftig	바라다 wünschen	늦추다 auf später verschieben
경쟁하다 wetteifern	교문 Schuleingangstor	교회 christliche Kirche
이유 Grund	엿 *Yeot*, koreanischer Toffee	성당 katholische Kirche
명문 대학 namhafte Universität	선후배 ältere und jüngere Mitschüler	절 buddhistischer Tempel
내신 성적 akademische, schulische Leistung	격려하다 aufmuntern, zujubeln	기도 Gebet

010

병역 의무 ★
Wehrpflicht

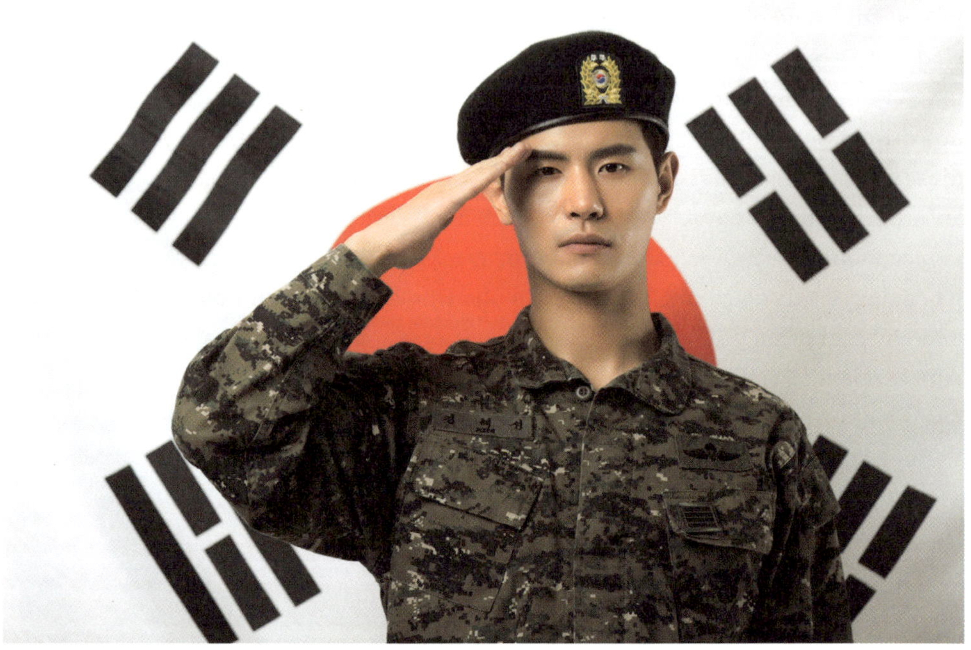

대한민국 국적의 남자들은 만 18세부터 병역 의무가 있다. 학생들은 공부를 마칠 때까지 입대를 연기할 수 있다. 병역 기간은 21개월인데 5주 동안 기본 군사 훈련을 받은 후에 부대에 배치된다. 계급에 따라서 다르지만 10~20만 원 정도의 월급을 받는다. 입대 날에는 부모님, 친구들, 또는 여자 친구가 훈련소까지 같이 갈 수 있다.

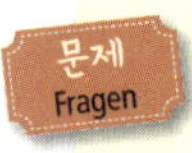

1 대한민국 남자는 몇 살부터 병역 의무가 있습니까?

Ab welchem Alter müssen Koreaner die Wehrpflicht ablegen?

2 병역 기간은 얼마 동안입니까?

Wie lange dauert die Wehrpflicht?

Männer mit der koreanischen Nationalität müssen den Wehrdienst ab dem Alter von 18 Jahren leisten, aber Studierende können den Einzug zum Wehrdienst verschieben bis sie ihr Studium beendet haben. Der Zeitraum des Wehrdienstes beträgt 21 Monate. Nach einer grundlegenden militärischen Ausbildung für fünf Wochen werden die Soldaten einer Kaserne zugewiesen. Sie bekommen eine monatliche Bezahlung von etwa von hunderttausend bis zweihunderttausend Won, wobei sich der Betrag je nach Rang unterscheidet. Am Tag des Eintritts ins Militär können Eltern, Freunde oder Freundinnen die Männer zum Trainingslager begleiten.

병역 Wehrdienst
의무 Pflicht
대한민국 Republik Korea
국적 Nationalität
만 Alter nach dem Tag, an dem man geboren ist
마치다 beenden
V$_R$을/ㄹ 때 wenn, als V
입대 Eintritt in eine Truppeneinheit, zum Militär einrücken

연기하다 verschieben
V$_R$을/ㄹ 수 있다 können V
기간 Zeitpunkt
개월 Monat
주 Woche
동안 während
기본 군사 훈련 grundlegende Militärausbildung
부대 Kaserne
배치되다 stationiert sein

계급 Rang
N에 따라서 nach, gemäß N
다르다 sich unterscheiden N
정도 ungefähr N
월급 monatliche Bezahlung
날 Tag
또는 oder
훈련소 Trainingslager

011

설날 *

Seollal (Neujahr)

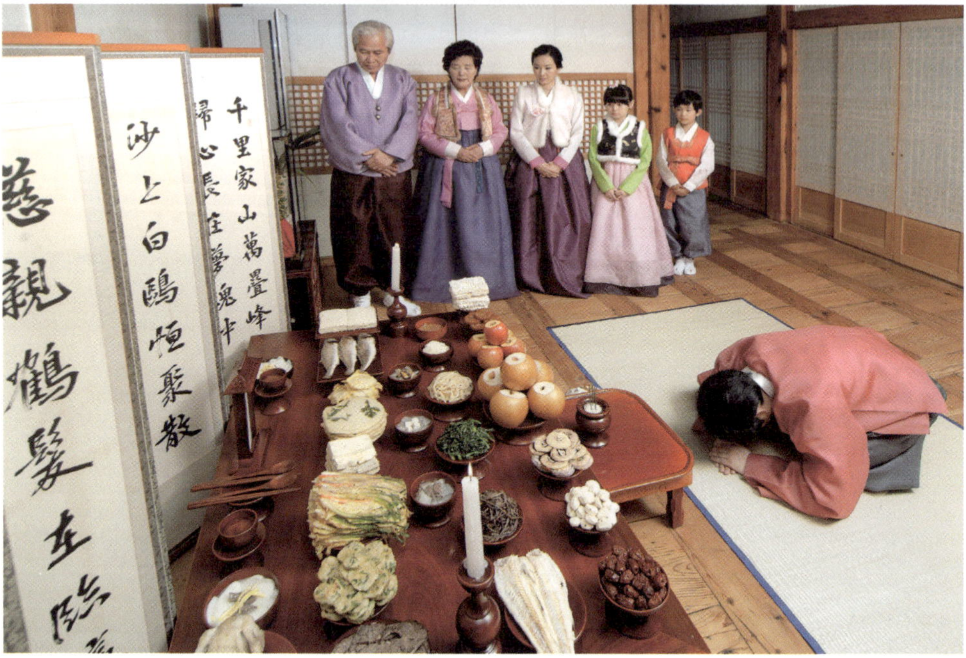

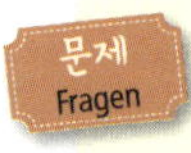

새해의 첫날을 설날이라고 한다. 설날은 추석과 함께 한국에서 가장 중요한 명절이다. 양력 설날과 음력 설날이 있다. 전통적으로 음력 설날이 양력 설날보다 더 중요해서 삼 일을 쉰다. 이날은 가족들이 모두 모여 새해를 맞이하기 때문에 오랫동안 만나지 못한 친척, 친지들을 만날 수 있다. 설날 아침에는 보통 한복을 입고 조상님께 차례를 지낸다. 그리고 나서 집안 어른들과 존경하는 어른들께 세배를 한다. 어른에게 세배를 드릴 때는 "새해 복 많이 받으세요."라고 말한다. 세배를 하면 어른들은 아이들에게 세뱃돈을 준다. 그리고 가족과 함께 떡국을 먹는다. 한국 사람들은 설날에 한 살을 더 먹는다. 설날에 주로 떡국을 먹기 때문에 떡국을 먹으면 한 살을 더 먹는다고 말한다.

1 설날 아침 어른들께 하는 인사를 무엇이라고 합니까?
Am Morgen von Neujahr zollen Koreaner den älteren Familienmitgliedern ihren Respekt. Wie wird das bezeichnet?

2 설날에 무엇을 먹습니까?
Was essen Koreaner an *Seollal*?

Der erste Tag eines neuen Jahres heißt *Seollal*. Dieser Neujahrstag ist zusammen mit *Chuseok* der wichtigste traditionelle Feiertag in Korea. Es gibt den Neujahrstag am 1. Januar nach dem Sonnenkalender und den Neujahrstag nach dem Mondkalender. Traditionell ist der Neujahrstag nach dem Mondkalender wichtiger, so dass die Menschen drei Tage eine Pause haben. Da alle Familienmitglieder sich versammeln, um das neue Jahr an diesem Tag zu begrüßen, können die Leute Verwandte und enge Freunde treffen, die sie seit Langem nicht mehr gesehen haben. Am Morgen von *Seollal* tragen Koreaner normalerweise *Hanbok* und führen ein Ahnenritual aus. Dann verbeugen sie sich, was *Sebae* genannt wird, und zollen den älteren Mitgliedern der Familie und anderen Senioren ihren Respekt mit tiefen Verbeugungen. Wenn Koreaner sich vor den Senioren verbeugen, sagen sie: „*Saehae bok mani badeuseyo* (Alles Gute für das neue Jahr)!" Nach den Verbeugungen machen die Ältesten den Kindern Geldgeschenke. Dann essen sie *Tteokguk* (Suppe mit geschnittenen Reiskuchen) mit der Familie. Koreaner werden am Neujahrstag ein Jahr älter. Da sie vor allem *Tteokguk* an diesem Tag essen, sagen sie, dass sie ein Jahr älter werden, wenn sie *Tteokguk* essen.

설날 *Seollal* (Neujahrstag)

새해 *Saehae*, Neujahr

첫날 erster Tag

가장 am meisten

명절 traditioneller Feiertag

양력 Sonnenkalender

음력 Mondkalender

보다 더 mehr

중요하다 wichtig sein

쉬다 ausruhen, eine Pause machen

가족 Familie

모이다 zusammen versammeln

오랫동안 für eine lange Zeit

V_R지 못하다 nicht können V

친척 Verwandte

친지 enger Freund

한복 *Hanbok*

입다 tragen

조상 Vorfahr, Ahne

–께 zu/an (respektvoll)

차례를 지내다 ein Ahnenritual durchführen

집안 어른 älteres Familienmitglied

존경하다 respektieren

세배를 하다/드리다 sich tief verbeugen

복 Glück

V_R(으)면 wenn V

–에게 an / zu

세뱃돈 Geldgeschenk für eine Verbeugung zu Neujahr

과 함께 mit N

떡국 *Tteokguk* (Suppe mit geschnittenen Reiskuchen)

012

추석 *
Chuseok

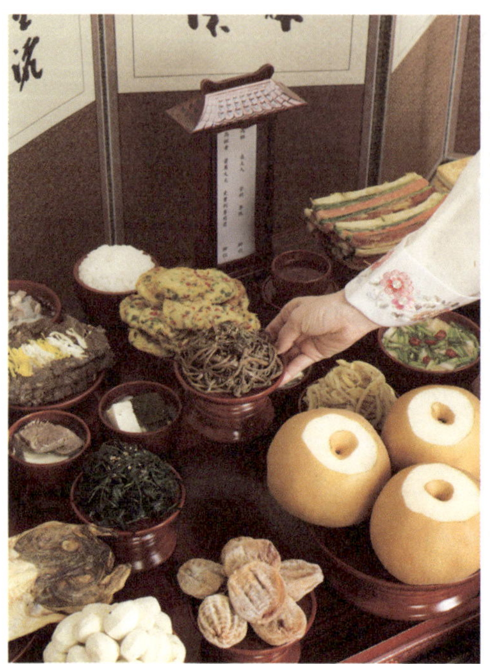

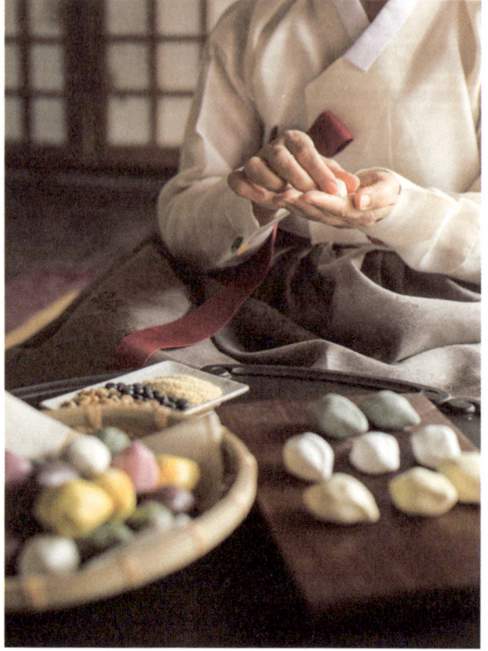

음력 8월 15일은 추석이다. 추석은 온 가족이 모여서 조상님께 한 해의 추수를 감사드리는 전통 명절이다. 전통적으로 추석과 설날에는 한복을 입는다. 그리고 햇곡식과 햇과일로 음식을 만들어 조상님께 차례도 지낸다. 대표적인 추석 음식으로 송편이 있다. 송편은 그 해에 추수한 밤, 깨, 콩, 팥 등을 넣어서 만드는 떡이다. 밤에는 보름달을 보고 소원을 빌기도 한다. 이처럼 추석은 한국인에게 중요한 명절이기 때문에 3일의 휴일 동안 고향에 가는 사람들이 많다. 그래서 고속 도로의 교통이 복잡하고, 미리 예약하지 않으면 대중교통 표를 구하기 어렵다. 그렇지만 선물을 준비해서 고향으로 가는 사람들의 마음은 즐겁고 행복하다.

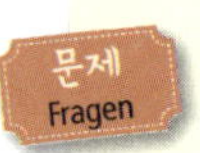

1 추석은 언제입니까?
Wann ist *Chuseok*?

2 추석에 먹는 떡 이름이 무엇입니까?
Wie heißen die Reiskuchen, die Koreaner zu *Chuseok* essen?

Der 15. August nach dem Mondkalender ist *Chuseok*. *Chuseok* ist ein traditioneller Feiertag, an dem alle Familienmitglieder zusammenkommen und den Vorfahren für die Ernte des Jahres danken. Traditionell haben die Menschen zu *Chuseok* und *Seollal* *Hanbok* getragen. An *Chuseok* machen die Leute Essen mit neu geernteten Getreide und Früchten und drücken den Ahnen gegenüber Dankbarkeit aus. Ein typisches Essen von *Chuseok* sind *Songpyeon*. *Songpyeon* sind eine Art Reiskuchen, die mit in dem Jahr geernteten Kastanien, Sesam, Hülsenfrüchten und roten Bohnen gefüllt sind. In der Nacht sieht man sich den Vollmond an und wünscht sich etwas. Da *Chuseok* ein wichtiger traditioneller Feiertag für die Koreaner ist, kehren viele Menschen während der dreitägigen Feiertage in ihre Heimatstadt zurück. Daher gibt es viel Verkehr auf den Autobahnen, und es ist schwierig, eine Fahrkarte für öffentliche Verkehrsmittel zu bekommen, ohne vorher zu reservieren. Aber die Herzen der Menschen, die Geschenke vorbereitet haben und in ihre Heimat zurückkehren sind froh und glücklich.

추석 *Chuseok*
음력 Mondkalender
온 alle
모이다 sich versammeln
조상님 Vorfahre
–께 an/zu (respektvoll)
한 해 ein Jahr
추수 Ernte
감사드리다 danken
전통 Tradition
명절 traditioneller Feiertag
한복 *Hanbok*
햇곡식 neues Getreide
햇과일 neu geerntete Früchte

차례를 지내다 Ahnenzeremonie durchfürhen
송편 *Songpyeon*, Reiskuchen mit verschiedenen Füllungen
추수하다 ernten
밤 Kastanie
깨 Sesam
콩 Bohnen, Hülsenfrüchte
팥 rote Bohnen
등 und so weiter
넣다 stellen, legen
떡 Reiskuchen
보름달 Vollmond
소원을 빌다 wünschen
휴일 Feiertag

고향 Heimat, Heimatstadt
고속 도로 Autobahn
교통 Verkehr
대중교통 öffentlicher Verkehr
표 Fahrkarte
미리 im Voraus, vorher
예약하다 buchen, reservieren
그렇지만 aber
선물 Geschenk
준비하다 vorbereiten
N(으)로 nach N
마음 Herz
즐겁다 froh sein
행복하다 glücklich sein

013

한의학 ★★★
Traditionelle koreanische Medizin

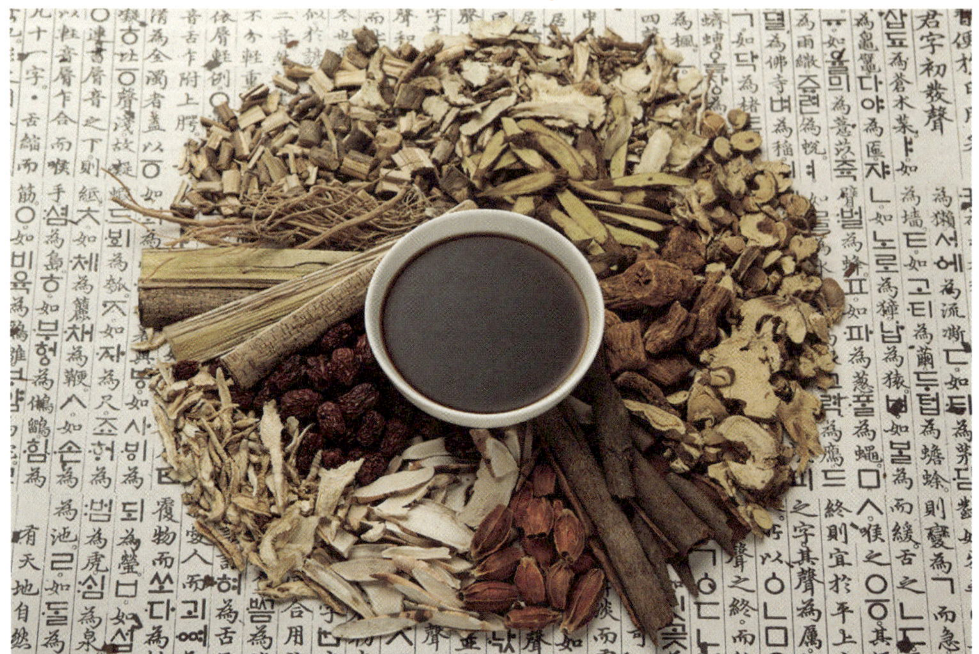

한의학은 한국의 전통 의학이다. 사람의 몸은 작은 우주로 기관들 사이에 흐름이 있다고
보고 병을 치료한다. 한국 사람들은 보통 서양 의학과 한의학을 함께 이용한다. 한의원에
서는 침, 뜸, 부항 등을 이용한 치료를 하고 한약을 처방한다. 서울 경동시장, 경상도 영
천 한약재 시장에 가면 약 400여 종의 한약재를 살 수 있다. 한의학에서 가장 잘 알려진 책
은 《동의보감》이다. 이 책은 한의학의 백과사전이라고 할 수 있다. 조선 시대 한의사 허준
(1537~1615)이 썼는데 그에 관한 드라마가 만들어질 정도로 유명하다. 이 책은 조선 한의
학에 큰 영향을 미쳤을 뿐만 아니라, 18세기에 일본과 중국에도 소개됐고, 다른 여러 나라
에서도 번역이 됐다. 《동의보감》은 2009년에 유네스코 기록 유산에 등재됐다.

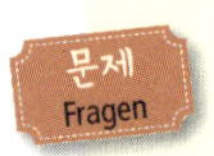

1 한의학의 치료 방법은 무엇입니까?
Welche Heilmethoden hat die traditionelle
koreanische Medizin?

2 유네스코 기록 유산에 등재된 한의학 책은
무엇입니까? 그리고 저자는 누구입니까?
Welches Buch über traditionelle koreanische
Medizin steht auf die Liste des UNESCO
Weltdokumentenerbe? Wer ist der Autor?

Die traditionelle koreanische Medizin ist die traditionelle Medizin Koreas. Demnach werden Krankheiten nach dem Konzept behandelt, dass der menschliche Körper ein kleines Universum ist und es Strömungen zwischen den Organen gibt. Koreaner verwenden in der Regel sowohl westliche als auch koreanische Medizin. Traditionelle koreanische medizinische Kliniken führen Behandlungen mit Akupunktur, Moxibustion und Schröpfen durch und verschreiben pflanzliche Medizin. Wenn man in Seoul den Gyeongdong-Markt oder medizinischen Heilkräutermarkt Yeongcheon in Gyeongsang-do besucht, kann man rund 400 Arten von Heilkräutern kaufen. Das berühmteste Buch über die koreanische östliche Medizin, das auch als Enzyklopädie der koreanischen traditionellen Medizin gilt, ist *Donguibogam*: „Geschätzter Spiegel der Östlichen Medizin" von Heo Jun. Heo Jun (1537 ~ 1615) war ein Arzt während der Joseon-Ära, der so berühmt ist, dass über ihn eine Fernsehserie produziert wurde. Das Buch hat nicht nur einen großen Einfluss auf das Studium der Medizin in der Joseon-Ära ausgeübt, sondern wurde auch im 18. Jahrhundert in Japan und China vorgestellt und in vielen Ländern übersetzt. 2009 wurde *Donguibogam* auf die Liste des UNESCO Weltdokumentenerbe gesetzt.

한의학 traditionelle koreanische Medizin

전통 Tradition

의학 Medizin

몸 Körper

우주 Universum

기관 Organ

흐름 Fluss, Strömung

치료하다 behandeln

서양 의학 westliche Medizin

한의원 traditionelle koreanische Klinik

침 Akupunktur

뜸 Moxibustion

부항 Schröpfen

한약 pflanzliche Medizin

처방하다 verschreiben

경동시장 Gyeongdong Markt

경상도 Gyengsang-do, Gyeongsang Provinz

영천 Yeongcheon

한약재 medizinisches Heilkraut

알려지다 bekannt werden

《동의보감》 *Donguibogam*: Geschätzter Spiegel der Östlichen Medizin

백과사전 Enzyklopädie

조선 시대 Joseon-Ära

한의사 Arzt für traditionelle koreanische Medizin

허준 Heo Jun

V$_R$을/ㄹ 정도로 bis zu V

영향을 미치다 beeinflussen

세기 Jahrhundert

소개되다 vorgestellt werden

번역이 되다 übersetzt werden

기록 유산 Dokumentenerbe

등재되다 gelistet werden

014

노래방 *
Noraebang (Karaoke)

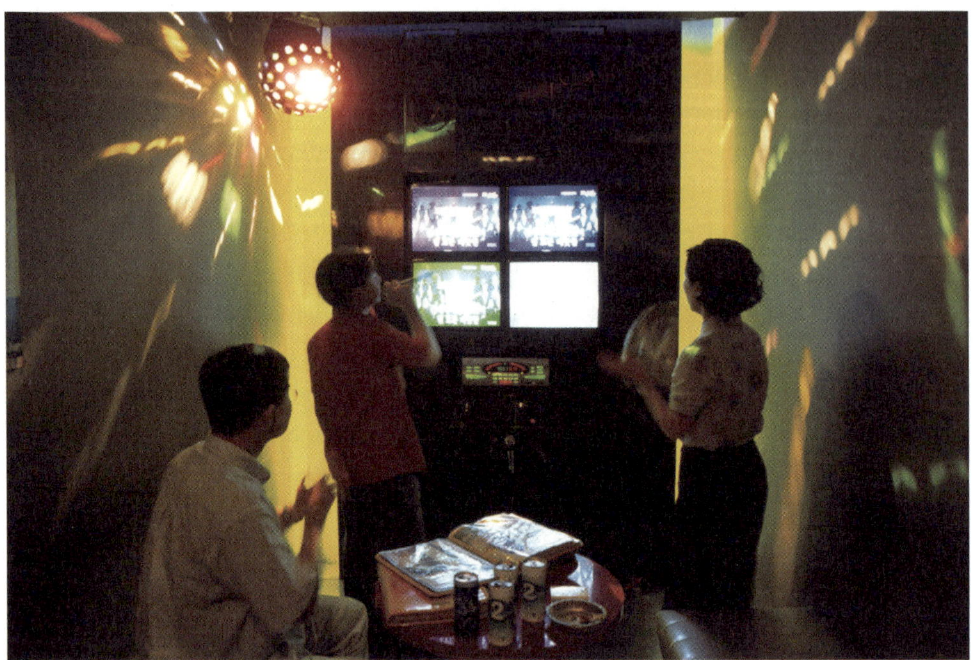

노래방은 돈을 내고 노래를 부를 수 있는 오락 시설이다. 노래방 가격은 보통 시간당 지불하는데 코인 노래방처럼 곡 당 지불하는 경우도 있다. 한국 사람들은 보통 노래하기를 좋아한다. 그래서 노래방이 아주 많고 한 건물 전체가 노래방인 경우도 있다. 코인 노래방과 헤드셋 노래방처럼 종류도 다양하다. 직장인들이 회식 후에 노래방에 가기도 하고 친구들과 생일 파티를 노래방에서 하기도 한다. 음료수도 주문할 수 있다. 이렇게 한국인들은 직장 동료들끼리, 친구들끼리, 가족들끼리 노래를 부르러 노래방에 간다.

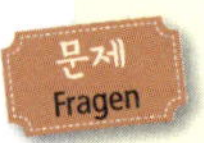
문제
Fragen

1 돈을 내고 노래하는 오락 시설을 뭐라고 부릅니까?
Wie nennt man die Vergnügungseinrichtung, wo man bezahlt und Lieder singt?

2 노래방 가격은 보통 어떻게 지불합니까?
Wie bezahlt man normalerweise die Kosten für ein *Noraebang*?

Ein *Noraebang* ist eine Unterhaltungseinrichtung, wo man bezahlen kann, um ein Lied zu singen. Der Preis für den „Gesangsraum" basiert in der Regel auf einem Bezahlsystem nach Stunden, aber es gibt auch ein Bezahlsystem nach Liedern, wie es beim Münz-*Noraebang* angewendet wird. Koreaner singen gern, deshalb gibt es so viele *Noraebangs*. In bestimmten Fällen ist ein ganzes Gebäude mit Gesangsräumen gefüllt. Die Typen variieren, wie Münz-*Noraebang* und Headset *Noraebang*. Büroangestellte gehen nach der Arbeit und einem gemeinsamen Abendessen zum *Noraebang* und Freunde gehen, um dort Geburtstag zu feiern. Dort kann man auch Getränke bestellen. Daher gehen Koreaner zu einem *Noraebang* mit Kollegen von der Arbeit, mit Freunden und mit der Familie.

노래방 Noraebang, Karaoke	건물 Gebäude	V$_R$기도 하다 können V
돈을 내다 bezahlen (Geld)	전체 ganz, gesamt	음료수 Getränke
오락 Unterhaltung	경우 Fall	주문하다 bestellen
시설 Einrichtung	헤드셋 Headset	V$_R$을/ㄹ 수 있다 können V
가격 Preis	종류 Sorte, Typ	이렇게 so, auf diese Weise
시간당 pro Stunde	다양하다 verschieden sein, variieren	직장 동료 Kollegen von der Arbeit
지불하다 bezahlen		
코인 Münze	직장인 Angestellte	끼리 unter, mit
V$_R$기를 좋아하다 mögen zu V	회식 Abendessen mit Kollegen	V$_R$(으)러 가다 gehen, um zu V

015

찜질방 ★★

Jjimjilbang (Koreanisches Badehaus mit Sauna)

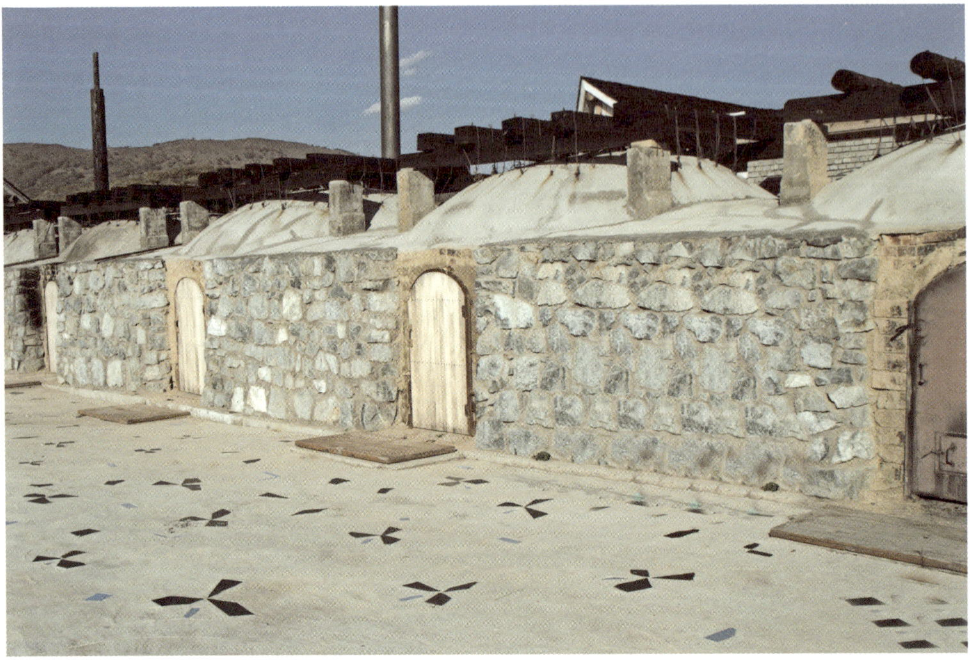

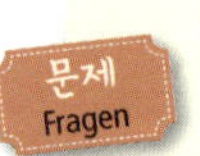

찜질방은 피로를 풀기 위해 가는 한국식 사우나이다. 찜질방에는 다양한 사우나 시설이 있다. 쑥 사우나, 황토 사우나, 참숯 사우나, 소금 사우나처럼 뜨거운 사우나도 있지만, 얼음 사우나처럼 차가운 사우나도 있다. 목욕탕도 다양해서 찻물, 쑥물, 수압을 이용한 마사지 시설 등이 골고루 갖추어진 경우가 많다. 찜질방은 남녀가 같이 이용하는데 목욕탕은 따로 이용한다. 보통 찜질방에서는 티셔츠와 반바지와 수건을 빌려준다. 또한 PC방, 오락실, 영화방, 노래방, 헬스클럽, 식당 등이 있어서 편리하게 이용할 수 있다. 사우나의 열기를 이용해서 구운 계란과 식혜를 먹는 것도 찜질방의 별미이다. 대부분 24시간 영업을 하기 때문에 이곳에서 잠을 잘 수도 있다. 그래서 여행자들도 많이 이용한다.

1 한국식 사우나는 무엇입니까?
Was ist eine Sauna nach koreanischer Art?

2 찜질방을 왜 여행자들이 많이 이용합니까?
Warum benutzen viele Reisende oft *Jjimjilbang*?

Jjimjilbang ist ein koreanisches Badehaus mit Sauna, in dem die Menschen sich von Erschöpfung erholen. Es gibt verschiedene Saunabereiche: Es gibt heiße Saunas wie die Sauna mit Beifuß, mit rotem Lehm, mit Holzkohle und die Salzsauna. Außerdem gibt es eine kalte Sauna, die Eissauna. Auch gibt es viele verschiedene Becken zum Baden, und oft bietet eine gute Einrichtung Wasser mit Tee oder Beifuß oder eine Massageanlage mit Wasserdruck. Der Saunabereich wird sowohl von Männern als auch von Frauen genutzt, aber die Bäder werden getrennt von Männern und Frauen benutzt. Im Allgemeinen kann man als Kunde im *Jjimjilbang* ein T-Shirt, ein paar Shorts und ein Handtuch ausleihen. Das *Jjimjilbang* ist bequem zu benutzen, da es auch ein Internet Café, eine Spielhalle, Filmraum, Raum für Karaoke oder für Fitness, Restaurants und andere Einrichtungen gibt. Zu den Delikatessen im Badehaus gehören ein gebackenes Ei durch die Hitze der Sauna und *Sikhye* (ein süßes Reisgetränk). Die meisten der *Jjimjilbang* sind 24 Stunden geöffnet, so dass man dort schlafen kann. Das ist der Grund, warum Reisende diesen Ort oft benutzen.

찜질방 *Jjimjilbang*, koreanisches Badehaus mit Sauna

피로를 풀다 sich von Erschöpfung erholen

V_R기 위해 um zu V

한국식 koreanisch

사우나 Sauna

쑥 Beifuß

황토 roter Lehm, Löss

참숯 Holzkohle

소금 Salz

N처럼 wie N

뜨겁다 heiß sein

얼음 Eis

차갑다 kalt sein

목욕탕 Bad, Wannenbad

찻물 Teewasser

수압 Wasserdruck

마사지 Massage

시설 Einrichtung

골고루 gleich, ausnahmslos

갖추다 ausgestattet sein mit, eingerichtet sein

남녀 Männer und Frauen

따로 getrennt, separat

티셔츠 T-shirt

반바지 Shorts, kurze Hose

수건 Handtuch

빌려주다 ausleihen

PC방 Raum mit PCs , Internet Café

오락실 Spielhalle,

영화방 Filmsaal

헬스클럽 Fitness Raum

열기 Hitze

굽다 backen

계란 Ei

식혜 *Sikhye*, süßes Reisgetränk

별미 Delikatessen

영업을 하다 öffnen, Gewerbe betreiben

때문에 wie, aufgrund, aus diesem Grund

여행자 Reisender

단풍놀이 ★★
Herbstpicknick

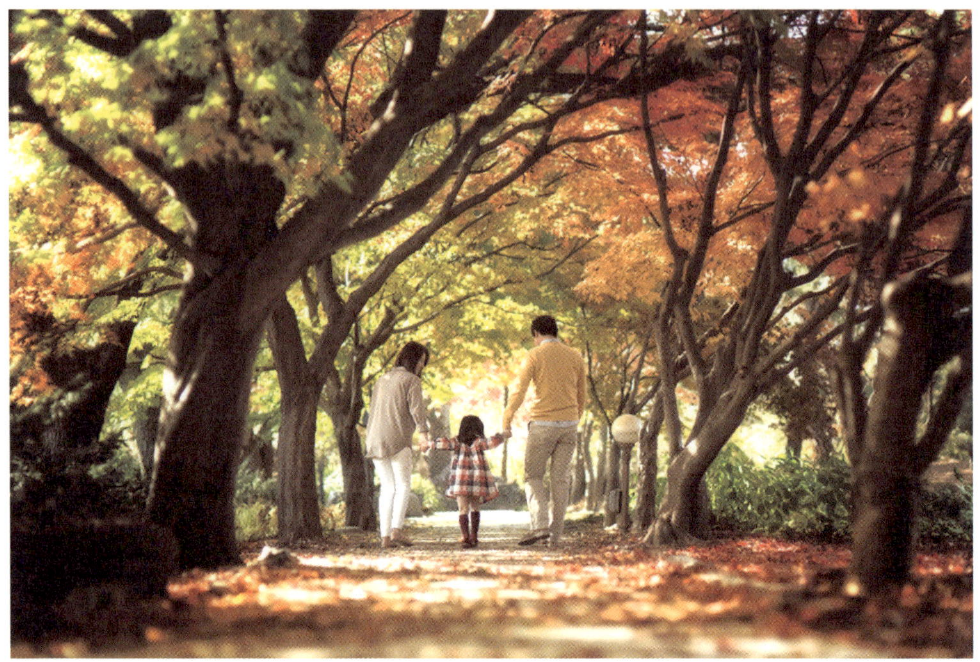

한국의 가을 산은 빨간색, 주황색, 노란색 등으로 물드는 단풍으로 유명하다. 많은 한국인들이 단풍을 구경하러 산에 가는데 이것을 '단풍놀이'라고 한다. 단풍놀이는 가족이나 친구들과 가거나, '단풍 관광버스'나 '단풍 열차'를 타고 단체로 떠나기도 한다. 단풍으로 가장 유명한 산은 계곡, 바위, 절벽이 아름다운 설악산이고, 그다음이 '가을 산'으로 불리는 내장산이다. 서울에서도 단풍놀이를 즐길 수 있는 곳이 많다. 가을이면 거리가 온통 노란 은행잎으로 뒤덮이는 경복궁, 단풍잎으로 유명한 창덕궁 후원, 덕수궁 돌담길, 남산 산책로, 북한산 등도 볼 만하다.

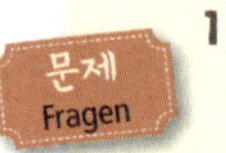

문제
Fragen

1 단풍을 보러 가는 것을 뭐라고 부릅니까?
Wie nennt man die Aktivität, wo man die Laubfärbung gucken geht?

2 단풍으로 유명한 산을 써 보십시오.
Bitte schreiben Sie die Namen berühmter Berge für die Laubfärbung.

Koreanische Berge im Herbst sind berühmt für ihre rot, orange, gelbe etc. Laubfärbung. Viele Koreaner gehen in die Berge, um das Herbstlaub zu sehen, was auch Herbstlaub-Picknick genannt wird. Die Leute können dieses Picknick mit der Familie und Freunden machen oder in einer Gruppe mit einem Touristenbus oder Zug zur Herbstlaubfärbung fahren. Der berühmteste Berg für die Herbstlaubfärbung ist der Berg Seoraksan mit schönen Tälern, Felsen und Klippen, gefolgt vom Berg Naejangsan, der als der Herbstberg bekannt ist. Es gibt viele andere Orte in Seoul, wo man ein Herbstlaub-Picknick genießen kann. Der Gyeongbokgung Palast und die in dessen Nähe mit gelben Gingkoblättern bedeckt liegenden Straßen sind sehenswert. Der Huwon Garden vom Changdeokgung Palast ist berühmt für Ahornblätter, der Spazierweg entlang der Steinmauer vom Deoksugung Palast, der Berg Namsan mit Wanderwegen und der Berg Bukhansan, sie alle sind es wert zu sehen.

단풍놀이 Ausflug zur Herbstlaubfärbung
빨간색 rot (Farbe)
주황색 orange (Farbe)
노란색 gelb (Farbe)
물들다 gefärbt sein
V_R거나 V oder
관광버스 Touristenbus
열차 Zug
단체 Gruppe

계곡 Tal
바위 Felsen
절벽 Klippe
설악산 Seoraksan Berg
불리다 genannt werden
내장산 Naejangsan Berg
즐기다 genießen
온통 ganz, total, völlig
은행잎 Gingkoblätter
뒤덮이다 bedeckt sein

경복궁 Gyeongbokgung Palast
창덕궁 후원 Der Huwon Garden (Geheime Garten)
덕수궁 Deoksugung Palast
돌담길 Spazierweg an Steinmauer
산책로 Wanderweg
북한산 Bukhansan Berg
V_R을/ㄹ 만하다 wert sein zu V

등산 *
Wandern

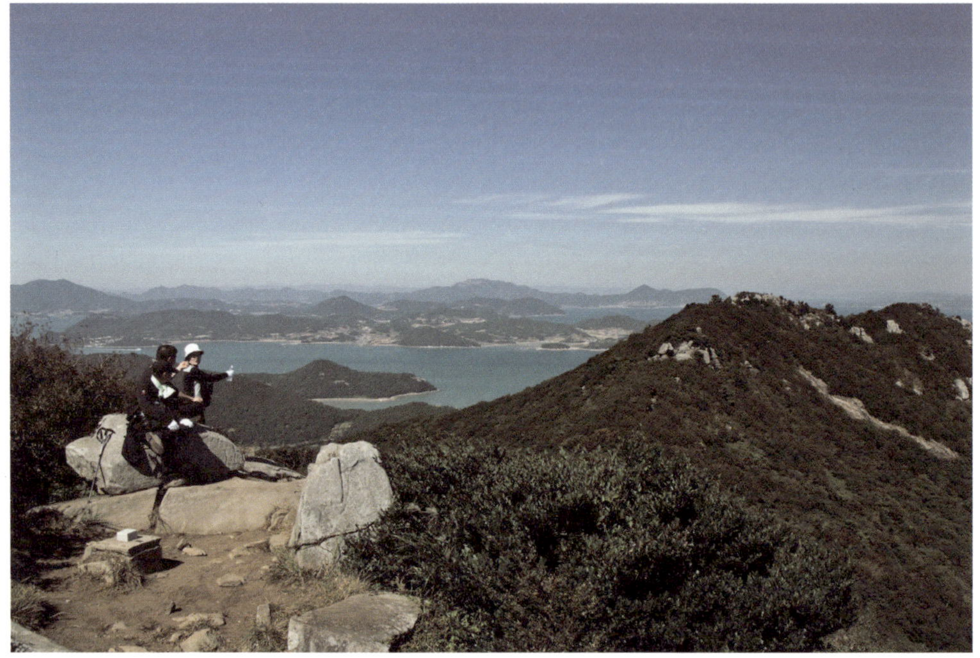

한국에는 산이 많은데 도시 가운데에도 산이 있다. 그래서 가장 쉽게 할 수 있는 한국인들의 여가 활동은 등산이다. 산에 갈 때는 보통 등산복을 입고 배낭을 메는데 등산로가 있어서 등산하기에 편리하다. 특히 북한산 성벽길이나 둘레길을 걸으면 서울의 다양한 경치를 볼 수 있다. 한국의 산은 경사가 가파르고 바위들 사이로 계곡물이 흘러서 경치가 아주 좋다. 정상에 올라 "야호!"하고 소리를 지르면 시원한 기분을 느낄 수 있다. 등산 후에는 산 입구에 있는 식당에 가서 식사를 하거나 음료수를 마신다. 평소에 여가 시간이 많지 않은 한국 사람들에게 등산은 좋은 여가 활동이다.

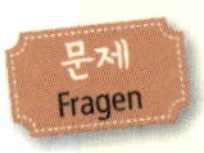

1 한국에서 도시인들이 쉽게 할 수 있는 여가 활동이 무엇입니까?
Welche Freizeitaktivität können koreanische Städter am einfachsten draußen machen?

2 서울의 유명한 등산로가 무엇입니까?
Welche Wanderwege sind in Seoul berühmt?

Es gibt viele Berge in Korea, und einige von ihnen sind mitten in der Stadt. Das ist der Grund, warum Wandern die Freizeitaktivität ist, die Koreaner am leichtesten machen können. Wenn sie Wandern, tragen sie gewöhnlich Kleidung zum Wandern und einen Rucksack. Wandern ist einfach, da es viele Wanderwege gibt. Es ist möglich, die vielfältige Landschaft von Seoul zu sehen, indem man entlang der Festungsmauer oder dem Dullegil am Berg Bukhansan spaziert. Die Landschaft in den koreanischen Bergen ist großartig, da die Hänge steil sind und Wasser in Richtung der Täler fließt. Wenn Leute bis auf den Gipfel klettern und schreien: „Yaho (ich habe es geschafft)", können sie sich erfrischt fühlen. Nach dem Wandern, essen oder trinken Koreaner in der Regel in Restaurants beim Eingang zum Aufstieg des Berges. Für Koreaner, die normalerweise nicht genug Freizeit haben, ist das Wandern eine gute Freizeitbeschäftigung.

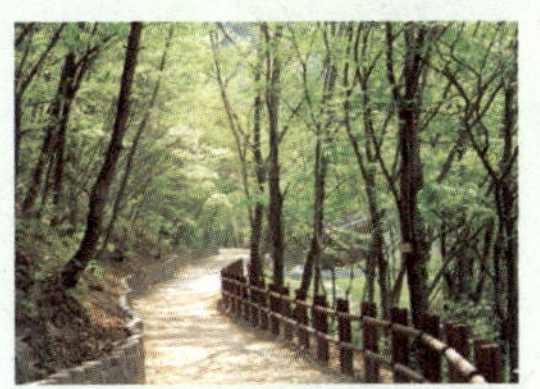

등산 Wandern, Berge klettern
도시 Stadt
가운데 in der Mitte, mitten
가장 am meisten
쉽게 einfach
V$_R$을/ㄹ 수 있다 können V
여가 활동 Freizeitaktivität
등산복 Kleidung zum Klettern
배낭을 메다 einen Rucksack tragen
등산로 Wanderweg
V$_R$아서/어서/여서 weil/da V
편리하다 bequem, angenehm sein

북한산 Bukhansan Berg
성벽길 Weg entlang der Festungsmauer
N(이)나 N oder
둘레길 Dullegil, Dulle Wanderweg
걷다 zu Fuß gehen
다양한 verschiedene
경치 Landschaft
경사 Hang, Gefälle
가파르다 steil
바위 Felsen
사이 unter, zwischen

계곡물 Talwasser
흐르다 fließen
정상 Spitze, Gipfel
오르다 klettern, aufsteigen
야호 Yaho!, geschafft!
소리를 지르다 schreien
V$_R$(으)면 wenn V
입구 Eingang
V$_R$거나 V oder
음료수 Getränk
평소 normalerweise
V$_R$지 않다 nicht V

집들이 *
Einweihungsparty

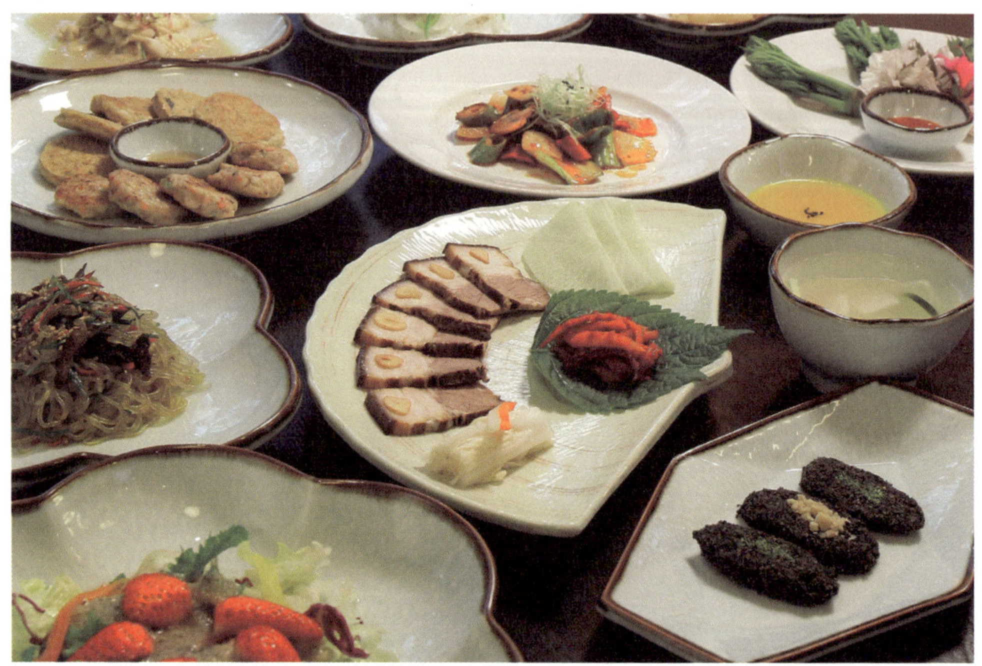

한국에서는 이사를 하면 새집에 들어오는 액운을 막고 행운을 비는 고사를 지낸다. 그리고 가까운 사람들을 새 집에 초대하여 음식을 대접하는데 이를 집들이라고 한다. 집들이 선물은 다양하다. 세제나 비누 선물은 그 집의 행운이 거품처럼 잘 일어나고, 두루마리 휴지는 일들이 술술 잘 풀리라는 뜻이다. 가게에서는 이런 집들이 선물용 상품을 판다. 그리고 이사를 하면 팥 시루떡을 이웃에 돌려서 인사를 한다.

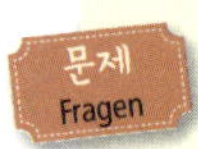

1 한국에서는 어떤 집들이 선물을 합니까?
Wie nennt man die Aktivität, wo man die Laubfärbung gucken geht?

2 이사를 하면 어떤 음식을 이웃에 돌립니까?
Welches Essen geben Koreaner ihren Nachbarn, wenn sie umziehen?

Wenn Koreaner umziehen, gibt es einen *Gosa* Brauch, um Unglück zu verhindern und für viel Glück zu bitten. Sie laden enge Freunde und Nachbarn zum Essen in die neue Wohnung ein, was *Jipdeuli* genannt wird. Geschenke für die Einweihungsparty sind vielfältig. Es werden Waschmittel oder Seife geschenkt, die viel Glück bringen, da bei Seife viel Schaum aufsteigt. Ein anderes Geschenk ist Toilettenpapier, damit alles so reibungslos wie das Abrollen von Toilettenpapier läuft. Geschäfte verkaufen solche Geschenkartikel für Einweihungspartys. Wenn Koreaner in eine neue Wohnung ziehen, geben sie ihren Nachbarn gedämpften Reiskuchen mit roten Bohnen, um sie zu begrüßen.

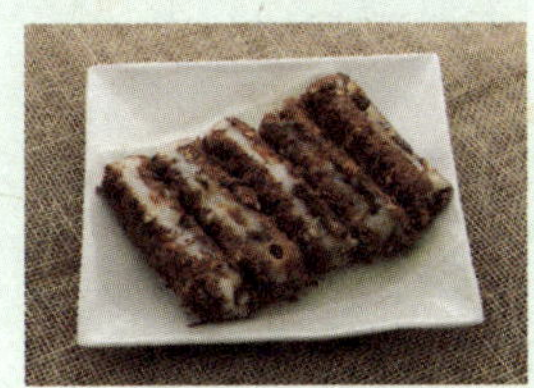

집들이 *Jipdeuli*, Einweihungsparty
이사를 하다 umziehen
V_R(으)면 wenn V
새집 neue Wohnung, neues Haus
액운 Unglück
막다 verhindern, abhalten
행운 Glück
빌다 wünschen, beten
고사를 지내다 ein *Gosa*-Ritual durchführen

선물 Geschenk
다양하다 vielfältig sein
세제 Waschmittel
N(이)나 N N oder N
비누 Seife
거품 Blasen, Schaum
일어나다 aufsteigen
두루마리 Papierrolle
휴지 Toilettenpapier
술술 einfach, glatt

풀리다 abrollen, lösen
V_R(으)라는 뜻이다 bestimmt sein zu V
선물용 상품 Geschenkartikel
팔다 verkaufen
팥 시루떡 gedämpfter Reiskuchen mit roten Bohnen
이웃 Nachbar
돌리다 ausgeben, übergeben
인사하다 begrüßen

비상 시 긴급 전화 ★★
Telefonnummern für Notfälle

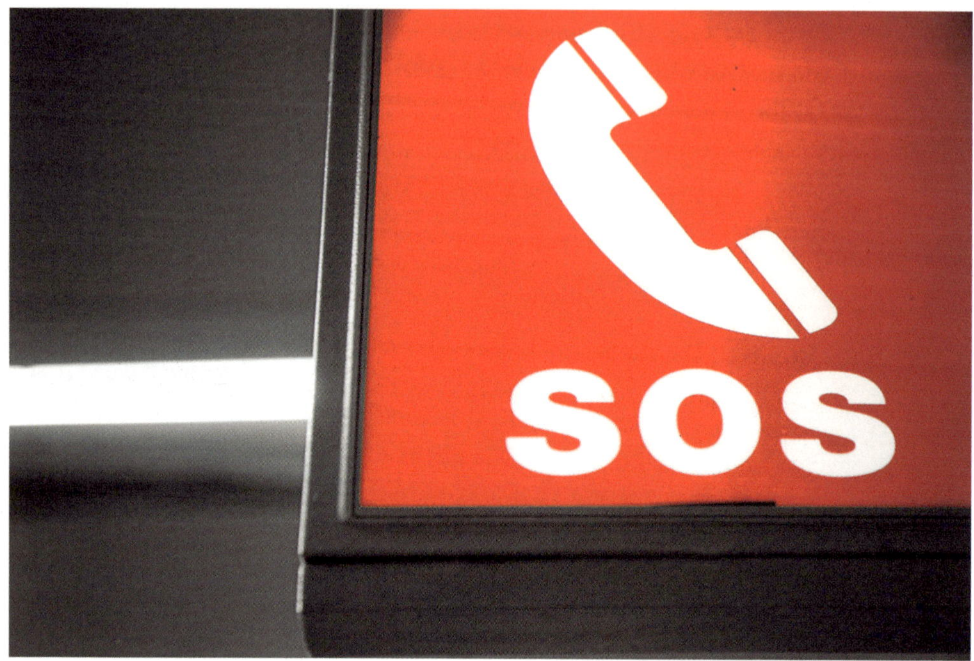

비상 전화번호는 나라마다 다르다. 한국에서는 다음과 같은 전화번호를 알아두면 편리하다. 화재, 재난, 응급 구조는 119, 도둑이나 소매치기와 같은 범죄 신고는 112, 미아 찾기나 가출 신고는 182, 테러 신고는 111로 전화하면 된다. 여성과 아동 보호를 위한 전화는 1366, 아동 학대의 경우는 129이다. 이주 여성 상담이나 통역 지원은 1577-1366에 전화하면 된다. 일기 예보는 131, 교통 정보는 1331에 전화하면 정보를 얻을 수 있다. 한국에서 여행할 때 1330으로 전화하면 관광 정보를 받을 수 있다.

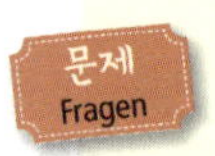

1 한국에서 응급 구조는 몇 번입니까?
Wie ist die Telefonnummer für Notfälle in Korea?

2 범죄 신고는 몇 번입니까?
Was ist die Telefonnummer, um eine Straftat anzuzeigen?

Jedes Land hat verschiedene Notrufnummern. In Korea ist es praktisch, sich an folgende Telefonnummern zu erinnern. Man kann 119 für Feuer, Katastrophen und Notfälle anrufen. Die 112 ist für Meldungen von Verbrechen wie Einbruch oder Taschendiebstahl. Um vermisste Kinder zu finden oder umgehende Personen zu melden ist die 182, und um Terrorismus zu melden die 111 wichtig. Die 1366 ist zum Schutz von Frauen und Kindern, die 129 für das Melden von Kindesmissbrauch, 1577-1366 für Beratungs- oder Übersetzungsunterstützung für Migrantinnen, 131 für Wettervorhersagen, und 1331 für Verkehrsinformationen. Wenn man in Korea reist, kann man die 1330 anrufen, um touristische Informationen zu bekommen.

비상 시 Notfall	소매치기 Taschendiebstahl	학대 Missbrauch
긴급 전화 Notrufnummer	범죄 Verbrechen	경우 Fall
다르다 anders, verschieden sein	신고 berichten, anzeigen	이주 여성 Migrantin
N와/과 같은 wie N	미아 vermisstes Kind	상담 Beratung
알아 두다 merken, behalten	찾기 finden	통역 Dolmetschen
편리하다 praktisch sein	가출 Entführung	지원 Unterstützung, Hilfe
화재 Feuer	테러 Terrorismus	일기 예보 Wettervorhersage
재난 Katastrophe	여성 Frau	교통 Verkehr
응급 구조 Rettung im Notfall	아동 Kind	정보 Information
도둑 Einbruch	보호 Schutz	관광 Tourismmus, Besichtigung

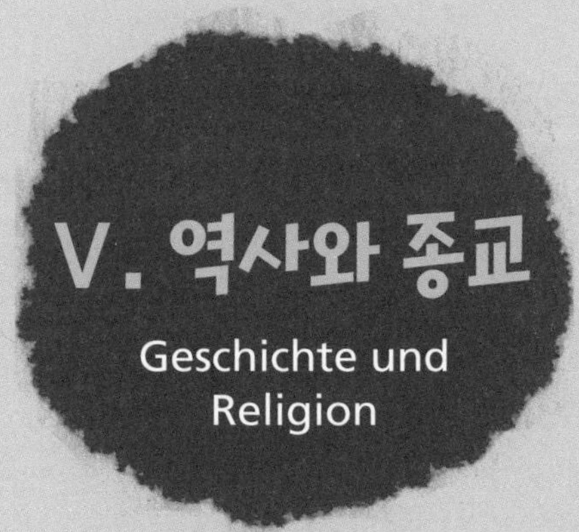

V. 역사와 종교
Geschichte und
Religion

단군 신화 ★★
Der Dangun Mythos

한반도의 역사는 5,000년 전부터 시작되었다. 건국 신화에 의하면, 하늘 신 환인은 환웅이라는 아들이 있었다. 환웅은 인간 세상에서 살기를 바랐다. 그래서 3,000명의 신하와 태백산으로 내려왔다. 그 산에는 호랑이와 곰이 살았는데 환웅을 찾아와서 "사람이 되고 싶습니다."라고 말했다. 환웅은 호랑이와 곰에게 사람이 되고 싶으면, 100일 동안 굴속에서 마늘과 쑥을 먹으면서 지내라고 했다. 호랑이는 참지 못하고 굴에서 나왔지만, 곰은 어려움을 이겨내고 여자가 됐다. 이 여자와 환웅 사이에서 단군이 태어났다. 단군은 기원전 2333년에 고조선(기원전 2333~기원전 108)을 세우고 한민족의 시조가 됐다. 건국 기념일인 개천절은 10월 3일이다. 이날은 공휴일이다.

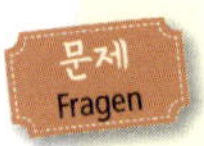

1 한민족의 시조는 누구입니까?
Wer ist der Vorfahre des koreanischen Volkes?

2 한국 건국 기념일을 뭐라고 부릅니까?
Wie wird der Gründungstag von Korea genannt?

Die Geschichte der koreanischen Halbinsel begann vor 5000 Jahren. Dem nationalen Gründungsmythos nach hatte Hwanin, der Gott des Himmels, einen Sohn namens Hwanwung. Hwanwung sehnte sich danach, auf der Erde bei den Menschen zu leben. Deshalb stieg er mit 3.000 Anhängern auf den Berg Taebaeksan hinab. Auf dem Berg lebte ein Tiger und eine Bärin. Sie kamen zu Hwanwung und sagten: „Wir wollen Menschen werden." Hwanwung sagte dem Tiger und dem Bären, dass sie 100 Tage in einer Höhle verbringen mussten und nur Knoblauch und Beifuß zum Essen bekämen. Während der Tiger es nichtaushalten konnte und die Höhle verließ, nahm der Bär die Herausforderung an und wurde eine Frau. Dangun wurde als Sohn dieser Frau und Hwanwung geboren. Dangun gründete Gojoseon (2333-108 v. Chr.) 2333 v. Chr., und wurde der Vorläufer des koreanischen Volkes. *Gaecheonjeol*, der nationale Gründungstag ist am 3. Oktober, ein Nationalfeiertag.

단군 Dangun	신하 Untergebene, Anhänger	이겨내다 überwinden
신화 Mythos	태백산 Taebaeksan Berg	태어나다 geboren werden
한반도 koreanische Halbinsel	호랑이 Tiger	기원전 v. Chr.
역사 Geschichte	곰 Bär	고조선 Gojoseon, Alt-Joseon
건국 Gründung eines Landes	되다 werden	세우다 gründen
N에 의하면 nach, gemäß, laut N	굴 Höhle	한민족 koreanisches Volk
하늘 신 König des Himmels	마늘 Knoblauch	시조 Vorfahr, Ahne
환인 Hwanin	쑥 Beifuß	기념일 Jubiläum, Jahrestag
환웅 Hwanwung	V$_R$(으)면서 während V	개천절 *Gaecheonjeol*, nationaler Gründungstag
인간 menschlich	참다 bewahren, erhalten	
세상 Welt	V$_R$지 못하다 nicht können V	공휴일 nationaler Feiertag
V$_R$기를 바라다 sich sehnen nach V	어려움 Schwierigkeit, Herausforderung	

원효대사 ★★★
Der große Meister Wonhyo

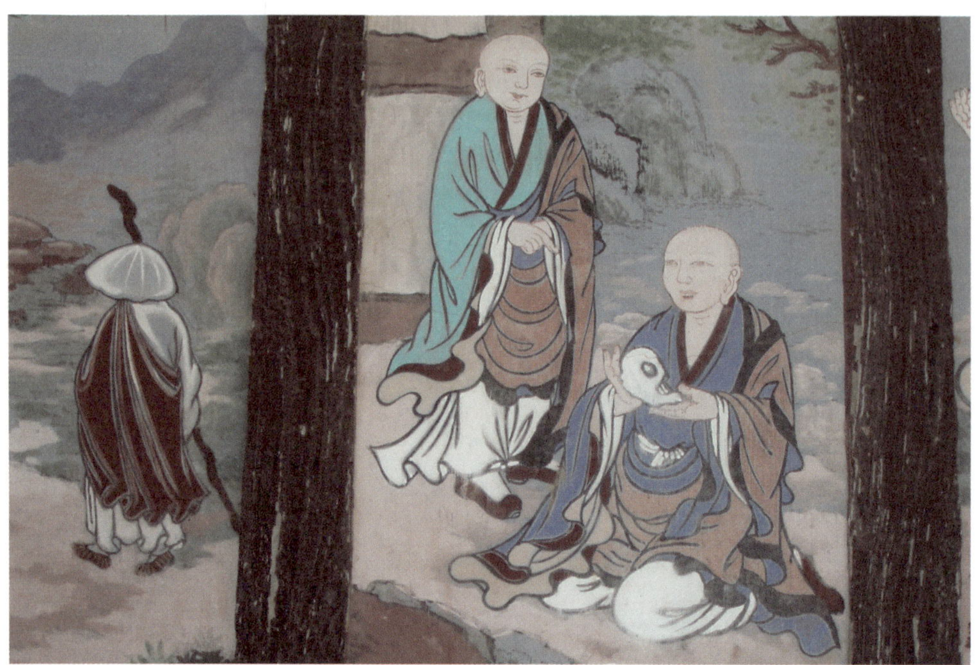

원효대사(617~686)는 신라 시대 스님으로 한국 불교계에서 가장 존경받는 스님이다. 그는 〈해골물 일화〉로 유명하다. 원효대사는 당나라로 유학 가다가 하룻밤을 동굴에서 지내게 되는데 자다가 목이 말라서 바가지에 담긴 물을 마시고 잠이 들었다. 그런데 그다음 날 아침에 그는 자신이 마신 물이 해골에 있었던 것을 보고 큰 깨달음을 얻었다. '모든 것이 내 마음에 달려 있다.'라는 진리를 깨달은 것이다. 그래서 당나라 유학을 포기하고 신라로 돌아온 후 불교 대중화에 힘썼다. 왕족과 권력층에 제한되어 있던 불교를 일반 백성들에게 가르친 것이다. 그는 백성들에게 어려운 교리를 몰라도 부처님의 이름인 '나무아미타불'을 부르는 것만으로도 극락세계에 갈 수 있다는 희망을 주었다. 뿐만 아니라 원효대사는 중요한 불교 서적을 많이 남겨서 중국과 일본 불교에도 영향을 끼쳤다. 그 결과 지금까지도 원효 사상은 해외 유명 대학에서 연구되고 있다.

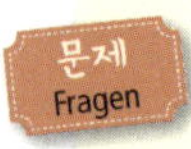

1 신라 시대의 스님으로 한국에서 가장 존경받는 스님은 누구입니까?
Wer ist der buddhistische Mönch der Silla-Ära, der am meisten in Korea bewundert wird?

2 원효대사에 대한 유명한 일화는 무엇입니까?
Welche berühmte Geschichte gibt es über den großen Meister Wonhyo?

Der große Meister Wonhyo (617-686 n. Chr.) war ein buddhistischer Mönch der Silla-Ära, und er gehörte zu den angesehensten Mönchen im buddhistischen Kreis in Korea. Er ist berühmt für die „Geschichte des Wassers in einem Schädel". Als Wonhyo auf dem Weg nach China zu Zeiten der Tang-Dynastie war, um zu studieren, verbrachte er eine Nacht in einer Höhle. Er wachte aus dem Schlaf auf, weil er durstig war, fand Wasser in einer großen Schüssel, trank es und schlief wieder ein. Aber am nächsten Morgen sah er, dass das Wasser, das er getrunken hatte, in einem menschlichen Schädel war, so dass er eine große Erleuchtung hatte. Wonhyo erkannte die Wahrheit, dass „alles vom Geist abhängt." Daraufhin gab er seinen Plan auf, in China zu studieren und kam nach Silla zurück und arbeitete, um den Buddhismus zu verbreiten. Bis dahin war der Buddhismus auf das Königtum und die mächtige Elite beschränkt, aber Wonhyo begann, den Buddhismus der breiten Öffentlichkeit beizubringen. Er gab den Leuten Hoffnung, dass sie ins Paradies gehen könnten, indem sie einfach den Namen Buddha ‚*Namu Amitabul*' sangen, ohne dass man schwierige Lehren kennen müsse. Darüber hinaus schrieb der große Meister Wonhyo viele wichtige buddhistische Schriften und beeinflusste den Buddhismus in China und in Japan. Als Ergebnis wird Wonhyos Anschauung in renommierten Universitäten in Übersee sogar jetzt untersucht.

원효대사 großer Meister Wonhyo

신라 시대 Silla-Ära

스님 buddhistischer Mönch, Seunim

불교계 buddhistische Kreis

존경받다 bewundert, respektiert werden

〈해골물 일화〉 „Geschichte des Wassers in einem Schädel"

당나라 Tang (Dynastie)

유학 Auslandsstudium

동굴 Höhle

목이 마르다 durstig sein

바가지 Schüssel

담기다 beinhalten, gefüllt sein

해골 (menschlicher) Schädel

깨달음을 얻다 Erleuchtung erlangen

N에 달려 있다 abhängig sein von N

진리 Wahrheit

깨닫다 sich bewusst sein, erkennen

포기하다 aufgeben

불교 Buddhismus

대중화 Popularisierung, popularisieren

힘쓰다 verfolgen, sich anstrengen

왕족 Royalität

권력층 mächtige Elite

제한되다 begrenzt sein

일반 allgemein

백성 Volk, Leute

교리 Doktrin, Lehre

부처 Buddha

나무아미타불 *Namu Amitabul* (buddhistisches Mantra)

극락 Himmel, Paradies

희망 Hoffnung

뿐만 아니라 zusätzlich zu

서적 Schreiben, Buch

영향을 끼치다 Einfluss ausüben

사상 Ideologie, Auffassung

해외 Ausland

연구되다 studiert werden

003

세종대왕 ★★★

König Sejong der Große

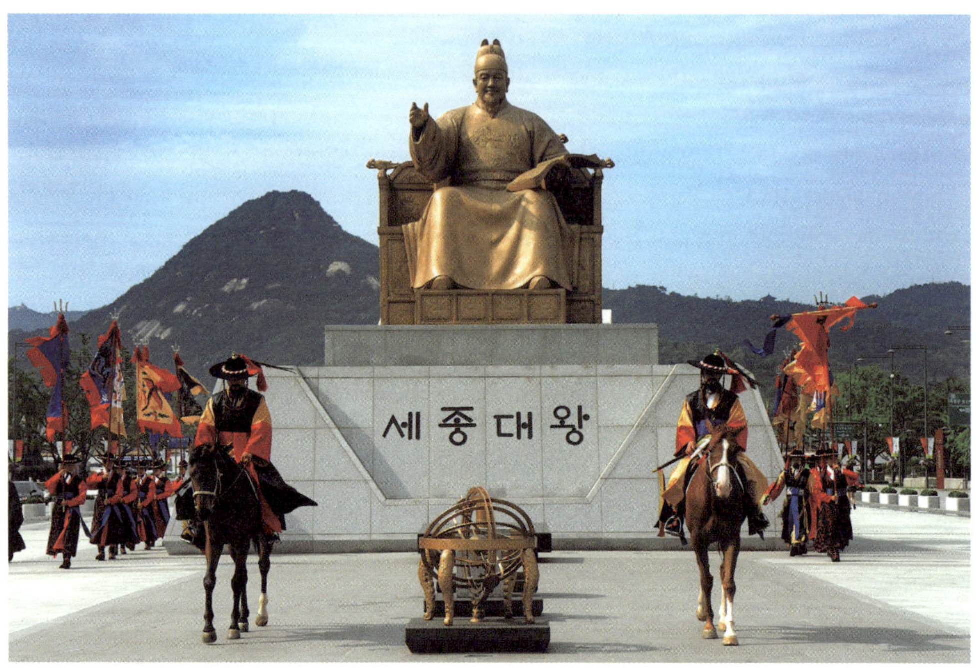

세종대왕(1397~1450)은 조선 시대 네 번째 왕으로 한국인들이 가장 존경하는 역사적 인물이다. 셋째 아들로 태어나서 22세에 왕이 되었다. 어려서부터 독서와 공부를 좋아하고 형제들과 사이가 좋았고 부모에게도 효자였다. 세종대왕은 왕이 된 후, 신분을 가리지 않고 유능한 사람들을 많이 뽑았다. 그리고 과학, 경제, 국방, 예술, 문화 등 모든 분야에도 업적을 남겼다. 또한 여러 제도를 정비하였고 국방에도 힘쓴 결과 현재 한반도 국경선이 이때 완성되었다. 음악에도 뛰어나서 악보를 체계화하고 새로운 악기도 만들었다. 또한 과학에도 관심이 많아서 백성들을 위해 측우기, 해시계를 발명하게 했다. 한글을 만든 것도 세종대왕이다. 만 원짜리 지폐에 세종대왕의 초상화가 있고 광화문에 동상이 있다. 새로 생긴 행정 도시 이름도 세종대왕의 이름을 따서 지은 세종시이다.

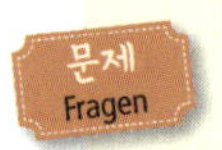

1 누가 한글을 만들었습니까?
Wer erschuf *Hangeul*?

2 얼마짜리 지폐에 세종대왕 초상화가 있습니까?
Auf welchem koreanischen Geldschein gibt es ein Porträt von König Sejong dem Großen?

König Sejong der Große (1397-1450) war der vierte König der Joseon-Ära und er gehört zu den historischen Figuren, die am meisten vom koreanischen Volk bewundert werden. Er wurde als dritter Sohn geboren und wurde im Alter von 22 Jahren König. Seit früher Kindheit liebte er es zu lesen und zu lernen. Er kam mit seinen Geschwistern gut aus, und er war seinen Eltern gegenüber gehorsam. Nachdem er den Thron bestiegen hatte, wählte König Sejong der Große viele kompetente Menschen und unterschied dabei nicht nach Status. Er brachte Errungenschaften auf allen Gebieten, darunter Wissenschaft, Wirtschaft, nationale Verteidigung, Kunst und Kultur. Darüber hinaus organisierte er mehrere Einrichtungen und arbeitete hart für die nationale Verteidigung. Als Ergebnis wurden die aktuellen nationalen Grenzen der koreanischen Halbinsel in diesem Zeitraum gezogen. Er war auch in der Musik ausgezeichnet, systematisierte musikalische Partituren und ließ neue Musikinstrumente schaffen. Er war auch sehr interessiert an der Wissenschaft und ließ Regenmesser und Sonnenuhr für die Menschen erfinden. Es ist auch König Sejong der Große, der *Hangeul* entwickelt hat. Auf dem 10.000 KRW Geldschein gibt es das Porträt von König Sejong dem Großen, und seine Statue steht am Gwanghwamun. Die neu gegründete Verwaltungsstadt in Korea heißt Sejong-si, nach König Sejong dem Großen.

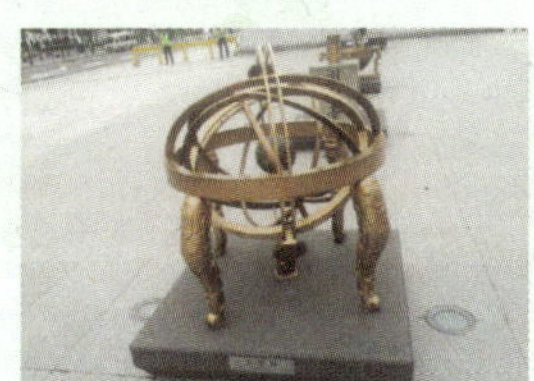 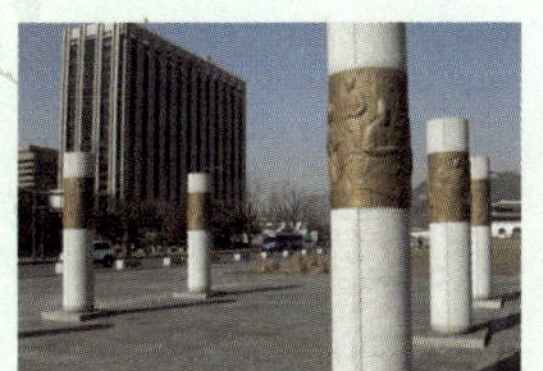

세종대왕 König Sejong der Große	유능하다 kompeten, fähig sein	악보 Partitur
조선 시대 Joseon-Ära	뽑다 wählen, auswählen	체계화하다 systematisieren
왕 König	과학 Wissenschaft	악기 Instrument
존경하다 respektieren, schätzen	경제 Wirtschaft	관심 Interesse
역사적 historisch	국방 nationale Verteidigung	백성 Volk, Öffentlichkeit
인물 Figur, Person	분야 Bereich, Feld	측우기 Regenmessgerät
태어나다 geboren werden	업적 Errungenschaft	해시계 Sonnenuhr
어려서부터 von Kind an, in jungen Jahren	제도 System, Institution, Einrichtung	발명하다 erfinden
독서 Lesen	정비하다 behalten, organisieren	지폐 Geldschein
사이가 좋다 sich gut verstehen mit	한반도 koreanische Halbinsel	초상화 Porträt
효자 gehorsamer Sohn	국경선 nationale Grenze	광화문 Gwanghwamun
신분 Status	완성되다 vervollständigt werden	동상 Statue
가리다 abgeschreckt/ausgewählt sein	뛰어나다 herausragen, überragen	행정 administrativ, Administration
		세종시 Sejong-si

이순신 장군과 거북선 ★★
Admiral Yi Sun-sin und Geobukseon

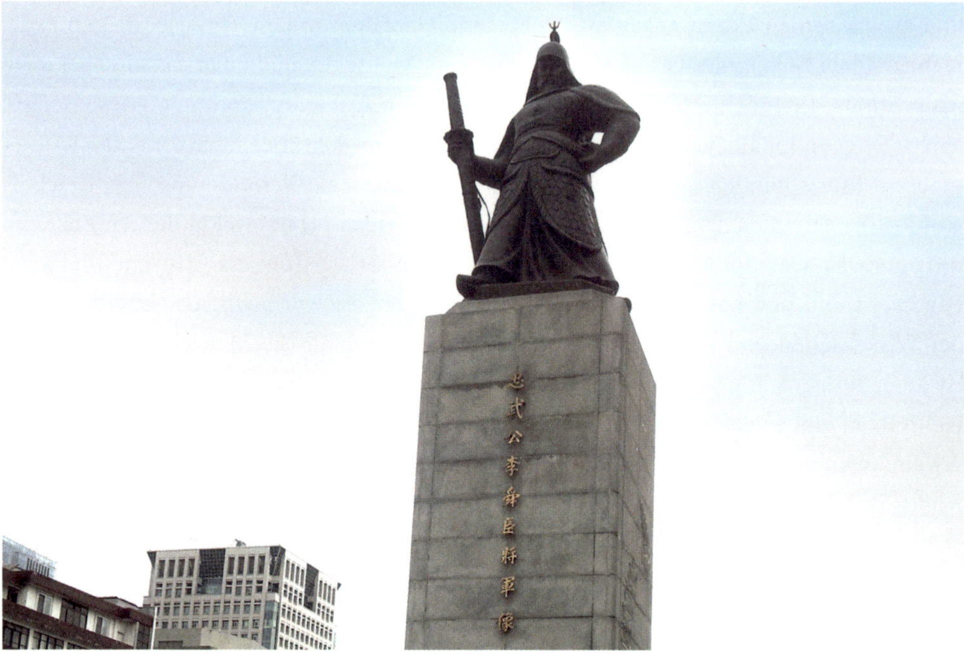

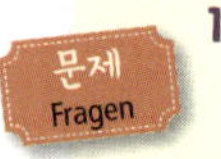

세종대왕과 함께 이순신(1545~1598) 장군은 한국인들에게 역사적으로 가장 존경받는 인물이다. 그는 거북선을 개발해서 임진왜란(1592~1598) 때 일본과의 해전에서 나라를 구한 영웅으로 추앙받고 있다. 세계 최초의 철갑선으로 알려진 이 거북선은 용의 머리를 달고 입과 꼬리에서 총을 쏘게 만들었다. 그리고 배 위에는 칼과 창을 꽂아서 적이 올라올 수 없게 했다. 부하들을 통솔하는 지도력, 탁월한 전략과 능수능란한 전술로 이순신 장군은 일본군과 전투마다 이겼다. 무인이면서도 《난중일기》와 시조 등 많은 글을 남긴 그는 오늘날에도 드라마, 소설, 뮤지컬, 영화, 만화 등을 통해 칭송되고 있다. 서울 광화문에는 이순신 장군과 거북선 동상이 있다. 백 원짜리 동전에도 이순신 장군의 초상이 새겨져 있다.

1 일본과의 해전에서 승리한 조선 시대 장군의 이름은 무엇입니까?
Wie hieß der Admiral, der die Seeschlachten gegen Japan in der Joseon-Ära gewann?

2 이순신 장군이 개발한 배의 이름은 무엇입니까?
Wie heißt das Schiff, das von Admiral Yi Sun-sin entwickelt wurde?

Zusammen mit König Sejong dem Großen gehört Admiral Yi Sun-sin (1545-1598) zu den historischen Figuren, die am meisten vom koreanischen Volk bewundert werden. Er wird als der Held verehrt, der *Geobukseon* (das Schildkrötenschiff) entwickelte und das Land bei maritimen Schlachten gegen Japan während der japanischen Invasion von Korea (1592-1598) rettete. Bekannt als das erste gepanzerte Schlachtschiff der Welt, wurde das Schildkrötenschiff gebaut, um einen Drachenkopf zu haben, und sein Mund und sein Schwanz konnten eine Kanone abfeuern. Das Schiffsdeck wurde mit Speeren und Klingen besetzt, um den Feind vom Einsteigen abzuschrecken. Admiral Yi gewann jeden Kampf gegen die japanische Marine mit seiner Führung, herausragenden Strategien und meisterhaften Taktik. Obwohl er ein Militäroffizier war, verfasste er viele Schriften, darunter *Ein Kriegstagebuch* und „*Sijo*" Gedichte. Heute wird er durch verschiedene Medien wie Fernsehserien, Romane, Musik, Film und Karikatur gelobt. Beim Gwanghwamun in Seoul gibt es eine Statue von Admiral Yi und *Geobukseon*. Sein Porträt ist auf der koreanischen 100-Won-Münze eingraviert.

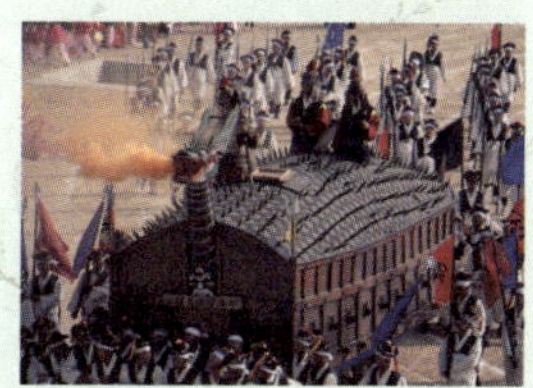

이순신 Yi Sun-sin

장군 General

거북선 *Geobukseon* (Schildkrötenschiff)

역사적으로 historisch

존경받다 bewundert, respektiert werden

인물 Figur, Person

개발하다 entwickeln

임진왜란 japanische Invasion von Korea 1592

해전 Seeschlacht

구하다 retten

영웅 Held

추앙받다 verehrt werden

세계 Welt

최초 erst, zuerst

철갑선 bewaffnetes Schiff

용 Drache

달다 anbringen, befestigen

꼬리 Schwanz

총을 쏘다 eine Kanone/Pistole schießen

칼 Messer, Schwert

창을 꽂다 einen Speer stecken in etwas

적 Feind

부하 Ungergebene, Anhänger

통솔하다 führen

지도력 Führung

탁월하다 außergewöhnlich sein

전략 Strategie

능수능란하다 meisterhaft, ein Experte sein

전술 taktisch

전투 Schlacht, Kampf

이기다 gewinnen

무인 Krieger, Ritter

《난중일기》 *Ein Kriegstagebuch*

시조 *Sijo*, traditionelle koreanische Dichtung

소설 Erzählung, Roman

칭송되다 gepriesen werden

광화문 Gwanghwamun

동상 Statue

동전 Münze

초상 Porträt

새겨지다 eingraviert, eingemeißelt sein

신사임당 ★★
Shin Saimdang

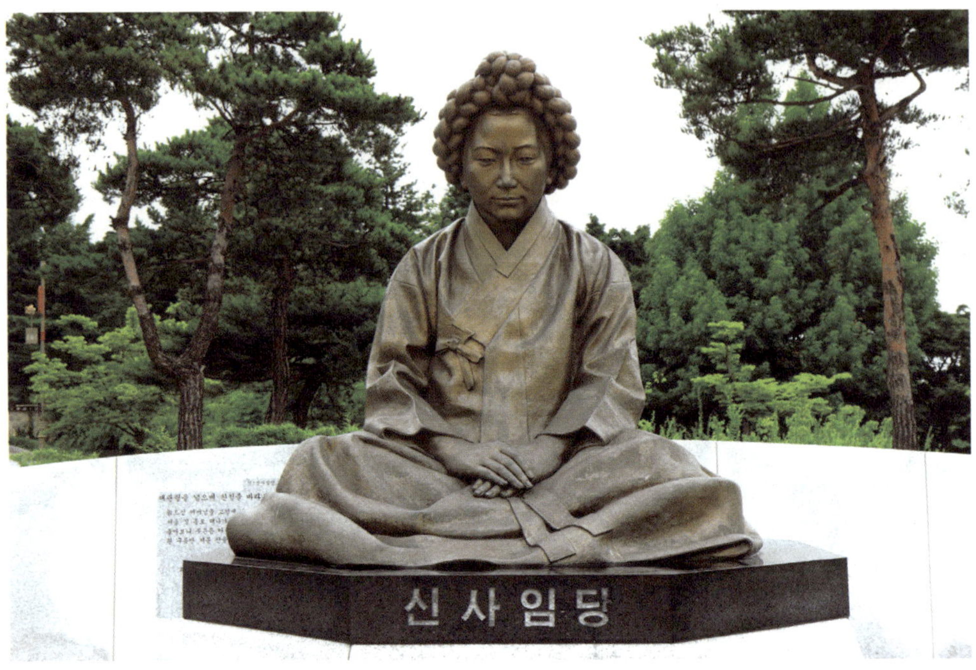

신사임당(1504~1551)은 16세기 화가, 작가, 시인이다. 또한 한국의 대학자이고 정치가인 율곡 이이(1537~1584)의 어머니이다. 그녀는 자수 솜씨가 뛰어났고 시와 그림에도 재주가 많았다. 특히 산수화와 포도, 풀, 벌레 그림을 잘 그렸다. 또한 훌륭한 문장가였고 고전과 역사 지식에도 해박했다. 유교의 영향으로 조선 시대의 여자들은 마음껏 자신의 재능을 펼칠 수 없었다. 그러나 신사임당은 현모양처라는 전통 여성상에만 묶여 있지 않고 진보적이고 강한 자의식을 가진 여성이었다. 그녀의 작품은 신사임당의 생가인 강원도 강릉 오죽헌에서도 볼 수 있다. 신사임당은 5만 원짜리 지폐의 인물이다.

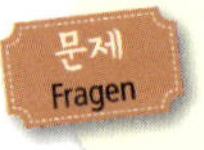

문제
Fragen

1 신사임당은 누구입니까?
Wer war Shin Saimdang?

2 신사임당의 생가는 어디입니까?
Wo ist Shin Saimdangs Geburtshaus?

Shin Saimdang (1504-1551) war eine Malerin, Schriftstellerin und Dichterin aus dem 16. Jahrhundert. Sie war auch die Mutter von Yulgok Yi I (1537-1584), ein großer Joseon-Gelehrter und Politiker. Saimdang konnte hervorragend Sticken und hatte ein großes Talent für Poesie und Malerei. Sie war besonders gut in der Landschaftsmalerei und in Gemälden von Trauben, Gras und Insekten. Sie war auch eine ausgezeichnete Schriftstellerin und sehr gut in Klassik und Geschichte gebildet. Wegen des Einflusses des Konfuzianismus konnten Frauen in der Joseon-Ära ihren Talent nicht so freien Lauf lassen, wie es ihnen gefiel. Jedoch war Shin Saimdang nicht an das traditionelle Bild der Frau gebunden, das eine weise Mutter und eine gute Frau ist. Sie war eine Frau mit einem liberalen und starken Selbstbewusstsein. Ihre Werke können an ihrem Geburtsort, dem Ojukheon Haus in Gangneung, Gangwon-do gesehen werden. Shin Saimdang ist eine Figur, die man jetzt auf dem koreanischen 50.000-Won-Geldschein sehen kann.

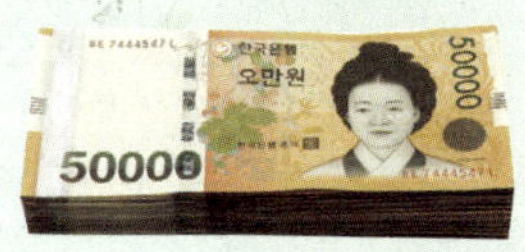

신사임당 Shin Saimdang
세기 Jahrhundert
화가 Maler
작가 Schriftsteller
시인 Dichter
대학자 großer Gelehrter, Wissenschaftler
정치가 Politiker
율곡 이이 Yulgok Yi I
자수 Stickerei
솜씨 Kompetenz, Fertigkeit
뛰어나다 herausragend sein, übertreffen
시 Dichtung, Lyrik
재주 Talent

산수화 Landschaft
풀 Grass
벌레 Insekt
훌륭하다 herausragend sein
문장가 Schriftsteller, Schreiber
고전 klassisch
역사 Geschichte
지식 Wissen
해박하다 gelehrt, bewandert, kenntnisreich sein
영향 Einfluss
마음껏 so viel wie man möchte
재능 Talent
펼치다 frei lassen, zeigen

현모양처 eine weise Mutter und eine gute Ehefrau
전통 traditionell
여성상 Frauenbild
묶여 있다 gebunden sein
진보적 liberal, progressiv
강하다 stark sein
자의식 Gespür des Selbst
작품 Kunstwerk
생가 Geburtshaus, Elternhaus
강원도 Gangwon-do/Provinz
강릉시 Gangneung-si
오죽헌 Ojukheon Haus
지폐 Geldschein
인물 Figur

이황 ★★★
Yi Hwang

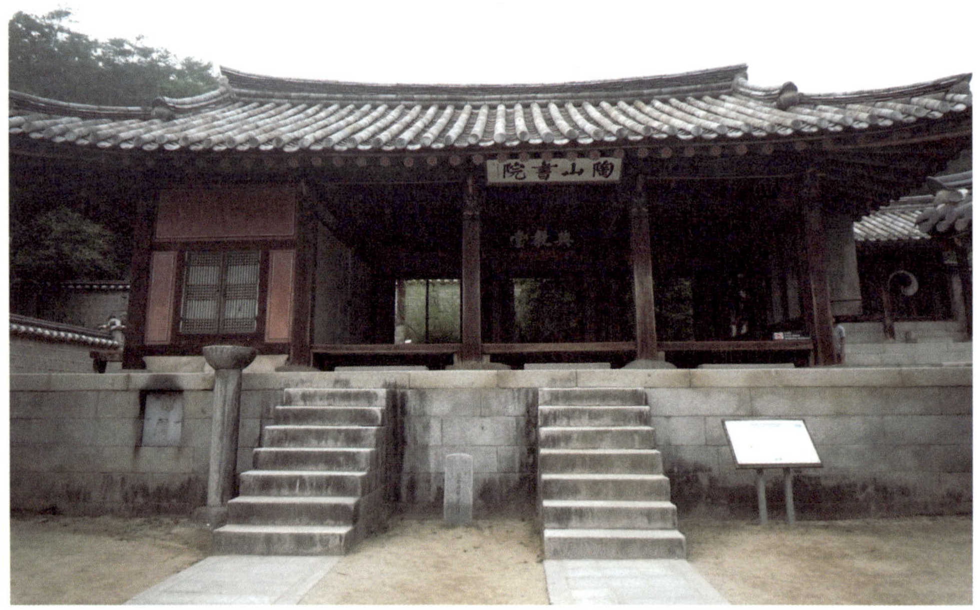

이황(1501~1570)은 조선 시대 성리학을 대표하는 학자이다. 관직에 욕심이 없던 그는 왕의 부름에도 불구하고 고향인 안동에 서당을 짓고 학문을 하면서 책을 쓰고 제자들을 가르쳤다. 조선 시대에는 나이와 서열이 중요했는데 유교의 대가였던 58세의 이황은 자신보다 25세나 젊은 학자의 비판을 받아들이고, 8년 동안 편지로 토론했다. 이 일화는 그의 겸허한 학자적 자세와 지혜로운 성품을 보여 준다. 지식과 행동의 일치를 주장하고, 인간과 자연을 존중한 이황의 '경' 사상은 한국 정신 문화의 귀중한 유산이다. 조선 시대부터 지금까지 그의 도덕 철학은 한국인들에게 큰 가르침을 준다. 이황이 세운 도산 서당과 그를 모신 도산 서원은 지금도 한국 성리학의 중요한 곳이다. 천 원짜리 지폐에 이황의 초상이 그려져 있다.

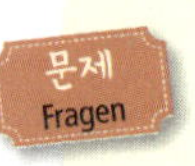

1 조선 시대 성리학을 대표하는 학자는 누구입니까?
Wer ist der Gelehrte, der den Neokonfuzianismus in der Joseon-Ära repräsentiert?

2 이황을 모신 서원 이름은 무엇입니까?
Wie heißt die konfuzianistische Akademie, die Yi Hwang gedenkt?

Yi Hwang (1501-1570) ist der Gelehrte, der für den Neo-Konfuzianismus der Joseon-Ära steht. Ohne Ehrgeiz für ein öffentliches Amt baute Yi eine private Akademie, die „Seodang", in seiner Heimatstadt Andong, studierte, schrieb Bücher und lehrte Schüler. Während der Joseon-Ära waren Alter und Stellung wichtig, aber der 58-jährige Yi Hwang, der große Meister des Konfuzianismus, akzeptierte die Kritik von einem Gelehrten, der 25 Jahren jünger als er war und diskutierte mit ihm postalisch acht Jahren lang. Dieses Ereignis zeigt seine bescheidene wissenschaftliche Haltung und seinen weisen Charakter. Yis ‚*Gyeong* (Ehrfurcht, Einseitigkeit)' Auffassung ist ein wertvolles Erbe der koreanischen moralischen Kultur, die Aufrechterhaltung der Vereinbarung von Wissen und Handeln, die sowohl den Menschen als auch die Natur respektiert. Von der Joseon-Ära bis jetzt hat seine Moralphilosophie den Koreanern eine große Lehre gegeben. Die von Yi gebaute *Dosan Seodang* und die konfuzianistische Akademie *Dosanseowon* sind heute wichtige Orte für den koreanischen Neokonfuzianismus. Yi Hwangs Porträt ist auf dem koreanischen 1.000-Won-Geldschein.

이황 Yi Hwang	서열 Position, Stellung	존중하다 respektieren, schätzen
조선 시대 Joseon-Ära	유교 Konfuzianismus	경 *Gyeong* (Verehrung, Zielstrebigkeit)
성리학 Neo-Konfuzianismmus	대가 *großer Meister*	사상 Auffassung, Anschauung
학자 Gelehrter	비판 Kritik	정신문화 moralische, geistige, spirituelle Kultur
관직 Amt	토론하다 diskutieren, debatieren	귀중하다 wertvoll sein
욕심 Ehrgeiz	일화 Ereignis, Vorfall	유산 Erbe
왕 König	겸허하다 bescheiden	도덕 Moral
부름 Ruf	자세 Haltung	철학 Philosophie
불구하고 trotz	지혜롭다 weise sein	가르침 Unterrichten
안동 Andong	성품 Character, Wesen	도산 Dosan
서당 *Seodang*, Schulhaus, Vortragshalle	지식 Wissen	서원 *Seowon*, private konfuzianistische Akademie
짓다 bauen	행동 Handeln	지폐 Geldschein
학문 Lernen, Studieren	일치 Einverständnis	초상 Portrait
제자 Schüler	주장하다 behaupten	
	인간 menschlich	

007

한국의 종교 ★★
Koreas Religionen

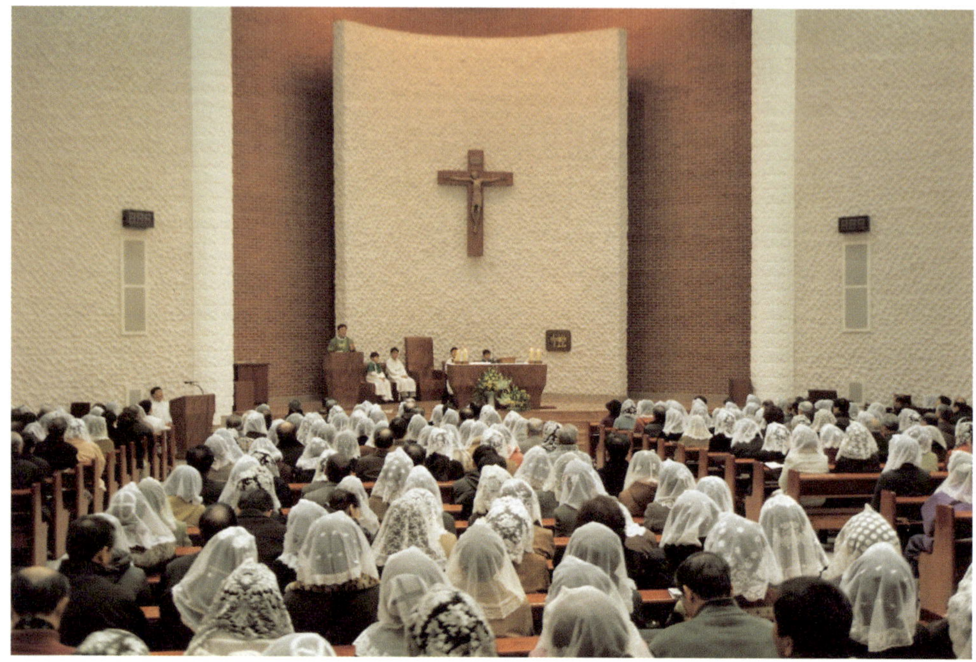

한국에는 종교의 자유가 있다. 토속 신앙은 무속 신앙이고 그후 불교와 성리학, 천주교, 개신교 등을 받아들였다. 현재 한국 사람들의 반 이상이 종교를 갖고 있는데, 불교 신자가 가장 많고 그 다음이 개신교 신자이고 그 다음이 천주교 신자이다. 현재 가장 많은 신자가 있는 불교는 삼국 시대(기원전 57~668)에 들어와 통일 신라 시대(668~892)와 고려 시대(918~1392)에 꽃을 피웠다. 한국의 절들은 이 시대에 많이 세워졌는데 특히 해인사의 팔만대장경은 한국인들의 깊은 불교 신앙을 보여 준다. 신유교인 성리학은 고려 말기에 들어와서 조선 시대(1392~1910)의 정치와 윤리의 기본이 되었다. 성리학으로 인한 유교적 가치관은 지금도 한국 사회에 영향을 주고 있다. 천주교는 18세기 말에 이승훈이 북경에서 영세를 받고 돌아와 전파하면서 알려지기 시작했다. 19세기 말에는 개신교가 들어와서 크게 발전했다.

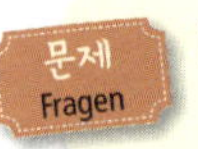
문제
Fragen

1 한국의 토속 신앙은 무엇입니까?
Was ist der Volksglauben von Korea?

2 불교는 언제 한국에 들어왔습니까?
Wann kam der Buddhismus nach Korea?

In Korea gibt es Religionsfreiheit. Koreas Volksglaube war der Schamanismus, aber das Land nahm später den Buddhismus, den Neokonfuzianismus, den römischen Katholizismus und den Protestantismus an. Heute haben mehr als die Hälfte der Koreaner eine Religion: Buddhisten sind die größte Gruppe, gefolgt von Protestanten und dann den Katholiken. Der Buddhismus, der derzeit die größte Anzahl von Gläubigen hat, wurde während der Zeit der drei Königreiche (57 v. Chr.-668 n. Chr.) eingeführt und blühte während der Zeit des vereinigten Silla (668-892) und Goryeo (918-1392). Viele koreanische buddhistische Tempel wurden während dieser Zeit gebaut. Insbesondere die Tripitaka Koreana (*Palman Daejanggyeong*) am Haeinsa Tempel zeigt den starken buddhistischen Glauben der Koreaner. *Seongnihak* oder Neo-Konfuzianismus wurde während der späten Goryeo-Periode eingeführt und die Grundlage von Politik und Ethik in der Joseon-Ära (1392-1910). Die konfuzianischen Werte aus dem Neokonfuzianismus haben noch Einfluss auf die koreanische Gesellschaft. Der Katholizismus begann sich zu verbreiten, als Yi Seung-hun aus Peking zurückkehrt und getauft die Religion propagierte. Am Ende des 19. Jahrhunderts wurde der Protestantismus eingeführt und dehnte sich groß aus.

종교 Religion
자유 Freiheit
토속 신앙 Voklsglauben
무속 신앙 Schamanismus
불교 Buddhismus
성리학 *Seongnihak*, Neo-Konfuzianismus
천주교 Katholizismus, die römisch katholische Kirche
개신교 Protestantismus, die protestantische Kirche
갖다 haben
신자 Gläubiger

삼국 시대 die Zeit der drei Königreiche
통일신라 vereinigtes Silla
고려 Goryeo
꽃을 피우다 prosperieren, blühen
절 buddhistischer Tempel
세워지다 gebaug sein
특히 insbesondere
해인사 Haeinsa Tempel
팔만대장경 Tripitaka Koreana (*Palman Daejanggyeong*)
깊다 stark sein, tief sein
조선 Joseon

정치 Politik
윤리 Ethik
기본 Basis, Grundlage
유교적 가치관 konfuzianistische Werte
영향을 주다 beeinflussen
세기 말 am Ende des Jahrhunderts
알려지다 bekannt verbreitet sein
크게 groß
발전하다 sich entwickeln, verbreiten

008

고인돌 ★★
Dolmen

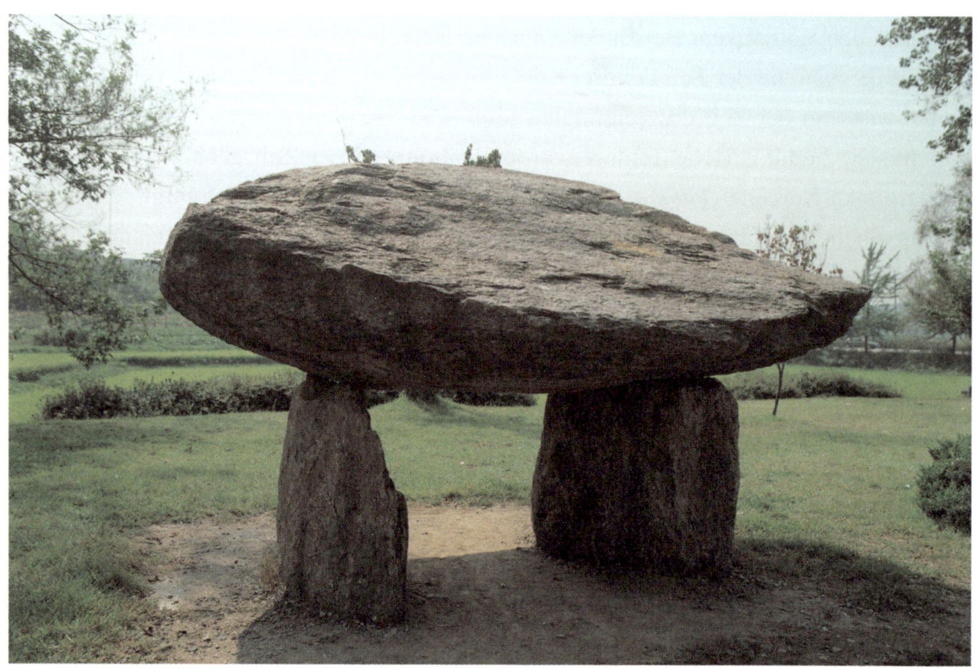

'고인돌'은 주로 지배층의 무덤이나 제단으로 사용되었다. 아시아, 유럽, 북아프리카를 통해 총 6만 개 정도가 있다. 그중 절반 이상이 한국에 있다. 한반도에서는 고인돌이 기원전 10세기에서 기원전 2세기 사이에 만들어진 것으로 추정된다. 한국 고인돌은 형태가 다양해서 고인돌의 변천사를 연구하는 데 중요한 자료로 평가된다. 전라도 고창, 화순 지역과 강화도에 많으며, 고인돌은 2000년에 세계유산으로 등재되었다. 고인돌뿐만 아니라 경상도, 전라도에는 공룡 발자국도 발견되어서 한반도에서 다양한 선사 시대 유적을 감상할 수 있다.

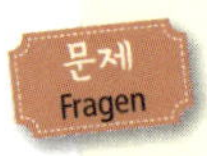

문제
Fragen

1 한반도에서는 고인돌이 언제 만들어졌습니까?
Wann wurden Dolmen auf der koreanischen Halbinsel errichtet?

2 한반도에서 고인돌이 많이 발견된 곳은 어디입니까?
Wo wurden viele der koreanischen Dolmen entdeckt?

Ein Dolmen diente vor allem als Grab oder Altar der herrschenden Klasse. Insgesamt gibt es in Asien, Europa und Nordafrika rund 60.000 Dolmen, von denen mehr als die Hälfte in Korea sind. Es wird geschätzt, dass die Dolmen auf der koreanischen Halbinsel zwischen dem 10. und dem 2. Jahrhundert v. Chr. errichtet wurden. Koreanische Dolmen haben verschiedene Formen und werden daher als wichtige Materialien beim Studium der Geschichte der Veränderung der Dolmen gesehen. Viele von ihnen befinden sich in den Gochang- und Hwasun-Gebieten in Jeolla-do und auf der Insel Ganghwado, und sie wurden im Jahr 2000 zum UNESCO-Weltkulturerbe erklärt. Zusätzlich zu den Dolmen wurden Dinosaurierfußabdrücke in Gyeongsang-do und Jeolla-do entdeckt. Es ist möglich, die Überreste aus prähistorischen Zeiten auf der koreanischen Halbinsel zu sehen und zu genießen.

고인돌 Dolmen	이상 oder mehr	지역 Gebiet, Region
지배층 die herrschende Klasse	한반도 die koreanische Halbinsel	강화도 Gangwhado Insel
무덤 Grab	기원전 v. Chr.	세계유산 Welterbe
제단 Altar	만들어지다 gemacht sein	등재되다 gelistet sein
사용되다 verwendet, benutzt werden, dienen	추정되다 geschätzt werden	공룡 Dinosaurier
아시아 Asien	형태 Form	발자국 Fußabdruck
유럽 Europa	변천사 Geschichte des Wandels	발견되다 entdeckt, gefunden werden
북아프리카 Nordafrika	연구하다 forschen	선사 시대 prähistorischen Zeit
총 insgesamt	중요하다 wichtig sein	유적 Relikt, Überbleibsel
정도 ungefähr, rund	자료 Material, Daten	감상하다 wertschätzen, genießen
그중 von denen	전라도 Jeolla-do/Provinz	
절반 die Hälfte	고창 Gochang	
	화순 Hwasun	

009

무속 신앙 ★★★
Schamanismus

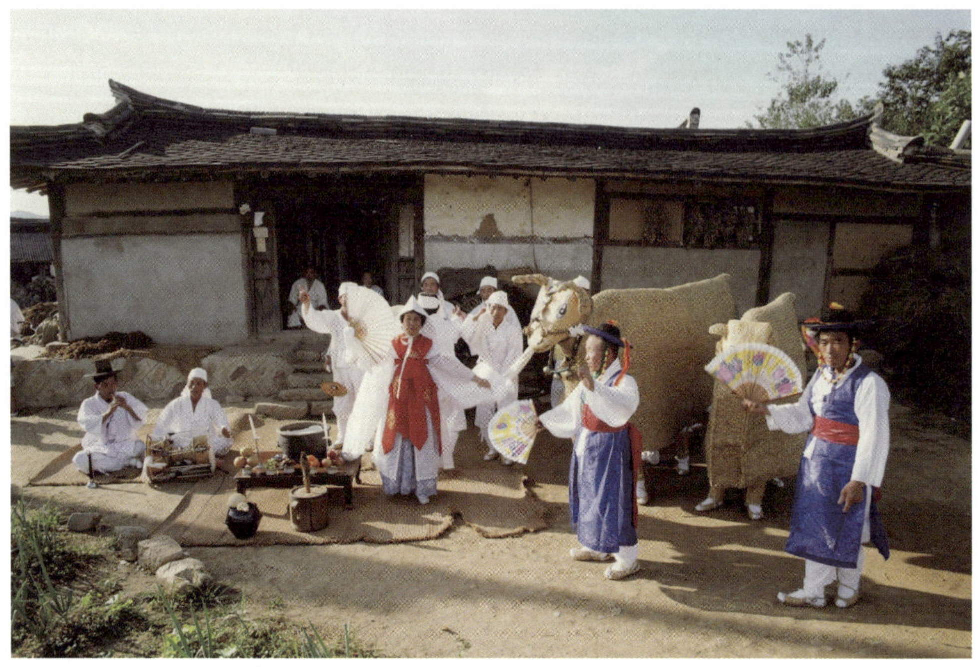

무속 신앙은 한국의 토속 신앙이다. 무속 신앙에서 신령과 인간의 중재자를 무당이라고 부른다. 무당은 미래를 예언하거나 병자를 치유하는 능력이 있다고 알려져 있다. 무당은 두 종류가 있다. 강신무는 무병이 생긴 후에 내림굿을 통해서 무당이 되고, 세습무는 집안 대대로 무속 음악과 굿을 배워서 무당이 된다. 무당이 신들과 교섭하는 의식을 굿이라고 한다. 이때 나쁜 기운을 떨쳐 버리고 복을 비는데 옛날에는 굿이 마을의 큰 잔치이기도 했다. 요즘도 새로운 사업을 시작하거나 이사를 가면 재수굿을 하거나 행운을 비는 고사 풍습을 볼 수 있다. 굿에는 여러 가지 종류가 있다. 그중에서도 어부의 안전이나 풍어를 기원하는 서해안 대동굿, 풍년을 비는 강릉 단오제와 동해안 별신굿 등이 유명하다. 며칠 동안 계속되는 굿도 있다. 굿은 춤, 노래, 음악을 포함한 종합 예술로 인정받는다.

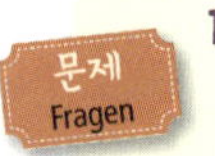

1 무속신앙에서는 신과 인간의 중재자를 뭐라고 부릅니까?
Wie nennt man im Schamanismus den Mittler zwischen den Geistern und den Menschen?

2 무당이 신들과 교섭하는 의식이 무엇입니까?
Wie heißt das Ritual, in dem eine Schamanin mit den Geistern spricht?

Schamanismus ist der Volksglaube Koreas. Im Schamanismus ist der Mittler zwischen Geistern und Menschen die *Mudang* (Schamanin). Eine *Mudang* ist bekannt dafür, die Zukunft vorhersagen oder Kranke heilen zu können. Es gibt zwei Arten von *Mudang*: ‚*Gangsinmu*‘ wird ein Schamanin, nachdem sie zuerst eine geistige Krankheit entwickelt hat und dann eine ‚*Naerimgut*‘ Zeremonie erhalten hat, um sie zu heilen. ‚*Seseummu*‘ wird eine Schamanin, nachdem sie das schamanistische Handwerk und die Musik in der Familie seit Generationen erlernt hat. Das Ritual, in dem eine Schamanin mit Göttern spricht, heißt ‚*Gut*‘. Bei dieser Gelegenheit schütteln die Menschen schlechte Geister ab und beten um Glück. Früher war gut ein großes Fest eines Dorfes. Heute können wir noch den Brauch von *Jaesugut* oder ‚*Gosa*‘ (das Beten für viel Glück) sehen, wenn Leute ein neues Geschäft eröffnen oder in ein neues Haus, eine Wohnung ziehen. Es gibt viele Arten von *Gut*. Unter ihnen ist *Daedonggut* von der Westküste, das für einen großen Fang wünscht. Das Gangneung Danoje Festival ist für das Beten für ein reiches Jahr, und *Byeolsingut* gibt es an der Ostküste. Einige Arten von *gut* dauern über mehrere Tage. *Gut* wird als kombinierte Kunstform erkannt, da Tanz, Lied und Musik alle darin vermischt sind.

어휘와 표현 \ Wörter & Ausdrücke

무속 Schamanismus

신앙 Glaube

토속 Volk

신령 Geist

인간 Mensch

중재자 Mittler

무당 *Mudang*, Schamane

미래 Zukunft

예언하다 vorhersagen

병자 Kranke

치유하다 heilen

능력 Fähigkeit

강신무 *Gangsinmu*, Schamane durch *Naerimgut*

무병 geistige Krankheit

내림굿 *Naeriumgut*, eine Zeremonie um den Geist zu empfangen

세습무 *Seseummu*, Schamane durch Erbe

집안 Familie

대대로 über Generationen

신 Gott, Geist

교섭하다 kommunizieren, sprechen

의식 Zeremonie, Ritual

굿 *Gut*, koreanisches schamanistisches Ritual

나쁜 기운 schlechte Energie/Geist

떨쳐 버리다 abschütteln

복 Glück

빌다 beten

옛날 früher

마을 Dorf

새롭다 neu sein

사업 Geschäft, Projekt

재수굿 *Jaesugut*, shamanistisches Ritual für Glück

고사 *Gosa*, koreanisches Ritual, bei dem für Glück gebetet wird

풍습 Sitte, Brauch

어부 Fischer

안전 Sicherheit

풍어 großer Fang

기원하다 beten, wünschen

서해안 Westküste

대동굿 *Daedonggut*

풍년 gute Ernte, reiches Jahr

단오제 Danoje Festival

동해안 Ostküste

별신굿 *Byeolsingut*

계속되다 fortfahren, dauern

종합 예술 kombinierte Kunst

인정받다 anerkannt werden

010

점과 사주 ★★
Wahrsagerei und *Saju*

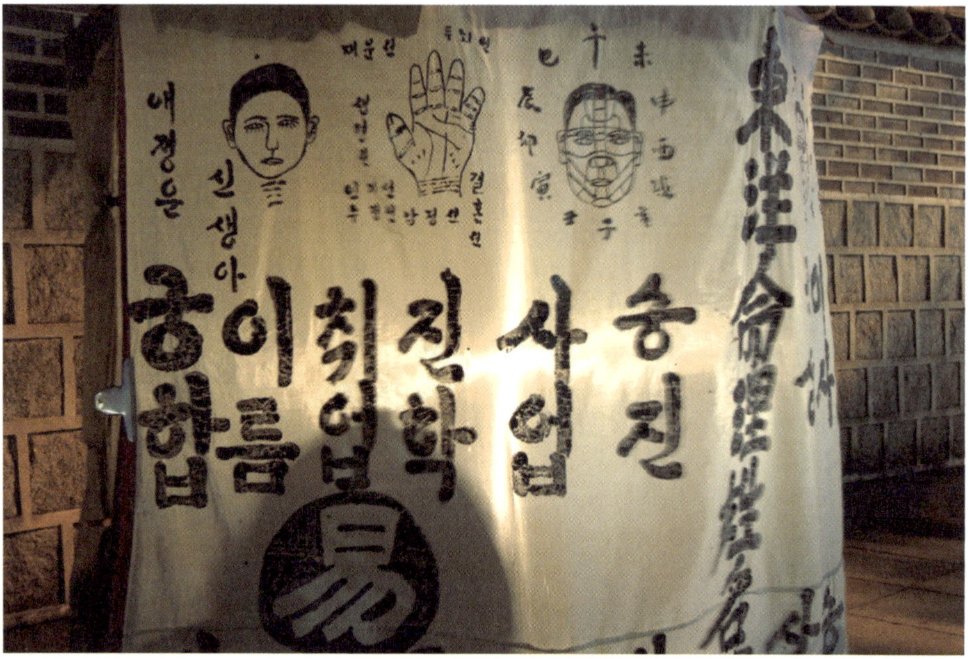

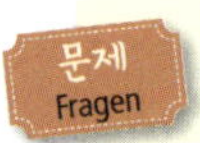

한국에서는 미래를 알기 위해서 점집에 가는 것을 자주 볼 수 있다. 특히 입시, 결혼, 취직, 사업, 이사를 결정할 때 점과 사주를 보기도 한다. 무속인이나 주역을 공부한 역술인에게 상담을 받기 위해서는 사주를 알아야 한다. 사주는 자신의 태어난 해, 달, 날, 시간을 말한다. 역술인들은 옛날부터 유명한 점성촌인 미아리에 모여 있었는데 요즘은 강남 패션의 중심지인 압구정 로데오거리 주변에도 있다. 또한 대학가 주변에도 사주 카페가 있어서 젊은이들이 결혼, 취업 등에 관해 상담하기도 한다. 연말연시에는 새해의 운수를 알기 위해서 점집을 찾기도 한다.

<table>
<tr><td>문제
Fragen</td><td>1 사주는 무엇을 말합니까?
Was bedeutet Saju?</td><td>2 옛날부터 유명한 점성촌은 서울 어디에 있습니까?
Wo in Seoul ist das seit jeher berühmte Viertel für Wahrsagerei?</td></tr>
</table>

In Korea kann man oft sehen, dass Leute zu Wahrsagern gehen, um die Zukunft vorherzusagen. Insbesondere lassen sich Menschen ihre Zukunft mit *Saju* vor ihrer Hochschulzugangsprüfung, Ehe, Beschäftigungsmöglichkeiten, Geschäft vorhersagen. Um sich von einem Schamanen oder einem Wahrsager, der I-Ching studiert hat, beraten zu lassen, muss man seine *Saju* (vier Säulen) kennen. *Saju* repräsentiert das Jahr, den Monat, den Tag und die Uhrzeit der Geburt. Der Wahrsager gibt es viele in der seit jeher berühmten Stadt für Wahrsagerei, Miari. Aber heutzutage gibt es Wahrsager auch in der Nähe der Rodeo-Straße von Apgujeong, Gangnams Zentrum für Mode. Es gibt auch Cafés für saju in der Nähe von Universitäten, wo junge Erwachsene Rat zu Ehe oder Arbeitsplätze suchen. Während der Ferien am Ende und Anfang des Jahres besuchen manche Leute manchmal Wahrsager, um sich das Glück des neuen Jahres vorhersagen zu lassen.

점 Wahrsagerei	주역 I-Ching (das Buch der Wandlungen)	로데오거리 Rodeo-Straße
사주 *Saju* (vier Säulen des Schicksals)	역술인 Wahrsager	대학가 Universitätsgegend
미래 Zukunft	상담 Beratung, Rat	사주 카페 *Saju* Café
위해서 für	태어나다 geboren sein	젊은이 junge Leute, Erwachsene
점집 Wahrsager	옛날부터 seit jeher, seit langer Zeit	N에 관해 betreffend/über N
입시 Hochschulzugangsprüfung	점성촌 Stadt der Wahrsagerei	V$_R$기도 하다 manchmal V, kann V sein
취직 Beschäftigung, Einstellung	미아리 Miari	연말연시 Feiertage am Jahreswechsel
사업 Geschäft, Business	강남 Gangnam	새해 Neujahr
이사 Umzug	패션 Mode, Fashion	운수 Schicksal, Glück
무속인 Schamane	중심지 Zentrum, Mitte	

011

선 ★★★
Seon

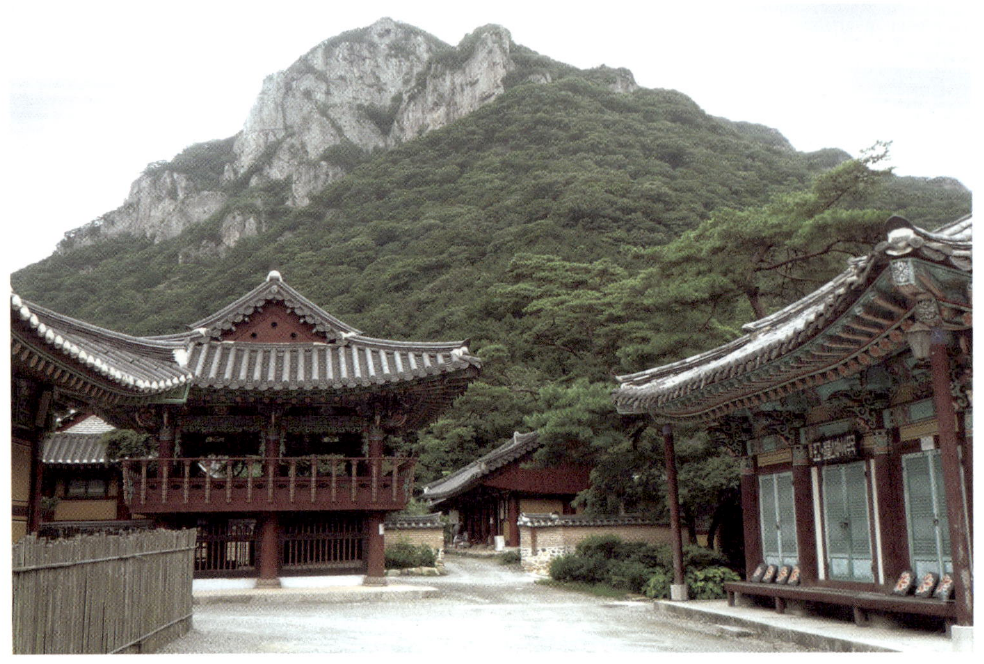

한국 불교는 대부분이 '선' 불교이다. '선'은 명상으로 마음을 집중하는 수행 방법이다. 한국의 대표적 불교 종단인 조계종은 '선'을 수행의 기본으로 삼고 불경 공부를 한다. 서울 인사동 근처에 있는 조계사가 조계종의 본거지이다. 몸과 마음이 조용해야 '선'을 닦을 수 있다. 그래서 보통 마음이 흩어지지 않게 고요히 앉아서 명상을 한다. 스님들은 보통 여름과 겨울 각각 세 달 동안 명상만을 한다. 이런 명상 속에서 진리를 볼 수 있는 지혜로운 눈을 가질 수 있고 인간이 무엇인지를 깨닫고, 참다운 자기로 살 수 있게 된다. 이런 '선' 수행이 복잡한 사회 속에서 자기를 잃고 이기적이 되어 가는 현대인의 관심을 끌고 있다. 많은 절에 '선원'이 있는데 누구나 이곳에 머물면서 명상을 해 볼 수 있다.

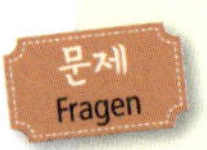

1 명상으로 마음을 집중하는 불교 수행 방법은 무엇입니까?
Wie heißt die Methode der buddhistischen Askese, die sich mittels Meditation auf den Geist konzentriert?

2 인사동 근처에 있는 절 이름은 무엇입니까?
Wie heißt der Tempel in der Nähe von Insa-dong?

Der koreanische Buddhismus ist größtenteils *Seon*-Buddhismus. *Seon* ist eine Methode der Askese, die sich darauf konzentriert, den Geist durch Meditation zu fokussieren. *Jogyejong* (Jogye Orden), ein repräsentativer Orden des koreanischen Buddhismus, nimmt *Seon* als die Grundlage der Askese beim Studium der buddhistischen Schriften. Der Jogyesa-Tempel in der Nähe von Insadong, Seoul, ist der Hauptsitz des Jogye-Ordens. *Seon* kann nur trainiert werden, wenn der Körper und der Geist ruhig sind. Das ist der Grund, warum Leute in der Regel beim Meditieren leise sitzen, so dass der Geist nicht gestört werden kann. Buddhistische Mönche meditieren gewöhnlich für drei Monate im Sommer und im Winter. Inmitten einer solchen Meditation ist es möglich, weise Augen zu haben, zu erkennen, was der Mensch ist, und als das wahre Selbst zu leben. Eine solche Seon Askese zieht die Aufmerksamkeit der Menschen auf sich, weil sie sich selbst verlieren und in dieser komplexen Gesellschaft selbstsüchtig werden. Viele Tempel haben ein *Seonwon* (*Seon* Zentrum), und jeder kann sich dort aufhalten, um das Meditieren zu uben.

선 *Seon*	조계사 Jogyesa Tempel	인간 Mensch, menschlich
불교 Buddhismus	본거지 Standort, Hauptsitz	깨닫다 erleuchtet sein, erkennen
대부분 meistens	몸 Körper	참다운 real, wahr
명상 Meditation	닦다 kultivieren, entwickeln	사회 Gesellschaft
집중하다 sich konzentrieren auf	흩어지다 gestört werden, verstreut sein	잃다 verlieren
수행 Askese	고요히 ruhig, leise	이기적 egoistisch, selbstsüchtig
방법 Methode, Art und Weise	스님 *Seunim*, buddhistischer Mönch	현대인 moderne Leute
종단 (religiöser) Orden	각각 jeweils	관심을 끌다 Aufmerksamkeit erzeugen
조계종 *Jogyejong*, Jogye Orden	진리 Wahrheit	선원 *Seonwon*, *Seon* Zentrum
기본 Grundlage, Basis	지혜롭다 weise sein	누구나 jeder, alle
삼다 nehmen	가지다 haben	머물다 bleiben
불경 buddhistische Texte		
인사동 Insadong		

012

절 ★★
Buddhistische Tempel

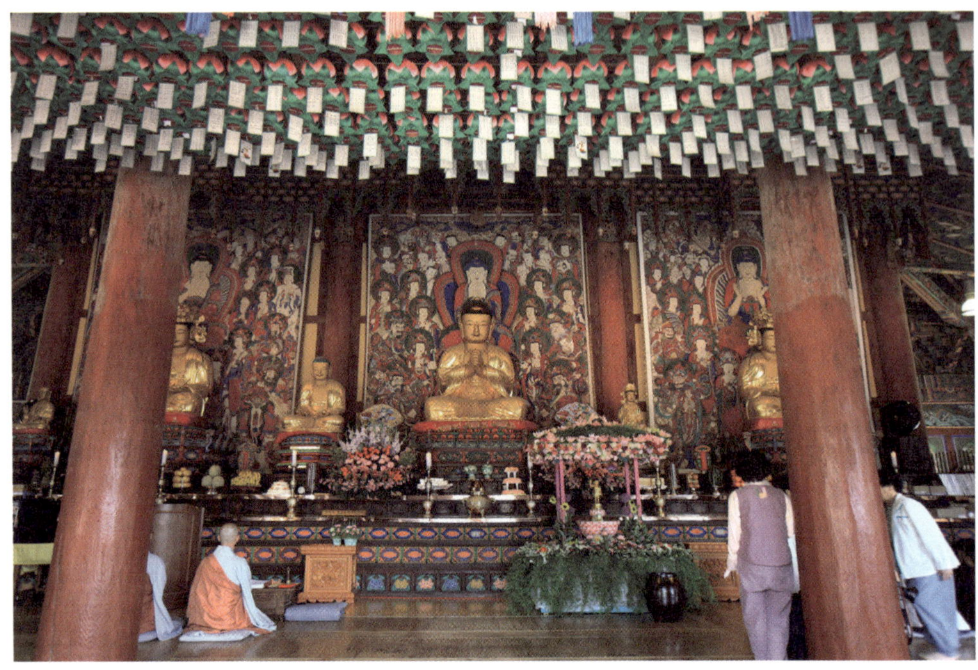

절은 부처님을 모신 곳이다. 불교가 국교였던 삼국 시대(기원전 57~668)부터 고려 시대 (918~1392)까지 약 천 년 동안 수없이 많은 절이 있었다. 그러나 조선 시대(1392~1910)에는 불교가 탄압을 받아서 산에 있던 절들만 남게 됐다. 그래서 역사 깊은 절들은 보통 산에 있다. 한국 불교를 대표하는 절은 가야산의 해인사, 영취산의 통도사, 조계산의 송광사이다. 해인사에는 팔만대장경이 있고, 통도사에는 부처님 사리가 있다. 그리고 송광사에는 유명한 스님들의 유물이 보관되어 있는 박물관이 있다. 절에는 일반적으로 전통 건축 양식이 잘 보존되어 있어 주변의 자연 풍경과 어울려서 아름답다. 울창한 숲길과 시원한 계곡을 지나면 조용하고 평온한 절이 나온다. 그래서 불교 신자들뿐만 아니라 많은 여행자들도 도시 생활에서 벗어나 스트레스를 풀고 명상을 하기 위해 절을 자주 찾는다.

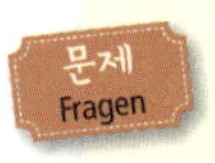

1 부처님을 모신 곳을 뭐라고 부릅니까?
Wie nennt man den Ort, wo Buddha aufbewahrt ist?

2 한국 불교를 대표하는 절 세 곳을 써 보세요.
Bitte schreiben Sie die Namen der drei buddhistischen Tempel, die den koreanischen Buddhismus repräsentieren.

Ein buddhistischer Tempel ist dort, wo Buddha verehrt wird. Für etwa tausend Jahre zwischen der Zeit der drei Königreiche (57 v. Chr.-668) und der Goryeo-Ära (918-1392), als der Buddhismus die Staatsreligion war, gab es unzählige buddhistische Tempel. Doch während der Joseon-Ära (1392-1910) wurde der Buddhismus unterdrückt, und nur die Tempel in den Bergen blieben. Deshalb sind Tempel mit der längsten Geschichte meist in den Bergen. Die buddhistischen Tempel, die den koreanischen Buddhismus repräsentieren, sind der Haeinsa Tempel am Gayasan Berg, der Tongdosa Tempel am Yeongchuisan Berg, und Songgwangsa Tempel am Jogyesan Berg. Bei Haeinsa gibt es die Tripitaka Koreana (*Palman Daejanggyeong*), beim Tongdosa gibt es Buddhas Sarira, und beim Songgwangsa gibt es ein Museum, in dem die Reliquien der berühmten buddhistischen Mönche verehrt werden. In einem Tempel ist der traditionelle Architekturstil gut erhalten, der schön und gut in Harmonie mit der umliegenden Natur ist. Wenn man dicht bewaldete Wege und kühle Täler passiert, kann man in einen ruhigen und friedlichen Tempel laufen. Das ist der Grund, warum nicht nur Gläubige, sondern auch oft viele Reisende buddhistische Tempel besuchen, um sich von dem Stadtleben zu befreien, Stress abzubauen und zu meditieren.

절 buddhistischer Temple
부처님 Buddha
모시다 vergöttern, verehren
곳 Ort
불교 Buddhismus
국교 Staatsreligion
삼국 시대 Zeit der drei Königreiche
고려 Goryeo
천 년 tausend Jahre
수없이 unzählbar
조선 Joseon
탄압 Unterdrückung
역사 깊다 mit langer Geschichte, historisch
가야산 Gayasan Berg
해인사 Haeinsa Tempel

영취산 Yeongchuisan Berg
통도사 Tongdosa Tempel
조계산 Jogyesan Berg
송광사 Songgwangsa Tempel
팔만대장경 Tripitaka Koreana (*Palman Daejanggyeong*)
사리 Sarira
스님 *Seunim*, buddhistischer Mönch
유물 Reliquien
보관되다 aufbewahrt werden
일반적으로 im Allgemeinen
건축 Architektur
양식 Stil
보존되다 bewahrt werden
주변 Umgebung

자연 Natur
풍경 Landschaft
어울리다 in Harmonie sein mit
울창하다 dicht, üppig sein
숲길 Waldweg
시원하다 kühl sein
계곡 Tal
조용하다 ruhig, leise sein
평온하다 friedlich sein
신자 Gläubige
N뿐만 아니라 nicht nur N
벗어나다 weggehen
스트레스를 풀다 Stress abbauen
명상 Meditation
V기 위해 für V, um zu V

013

불국사와 석굴암 ★★★
Bulguksa Tempel und Seokguram Grotte

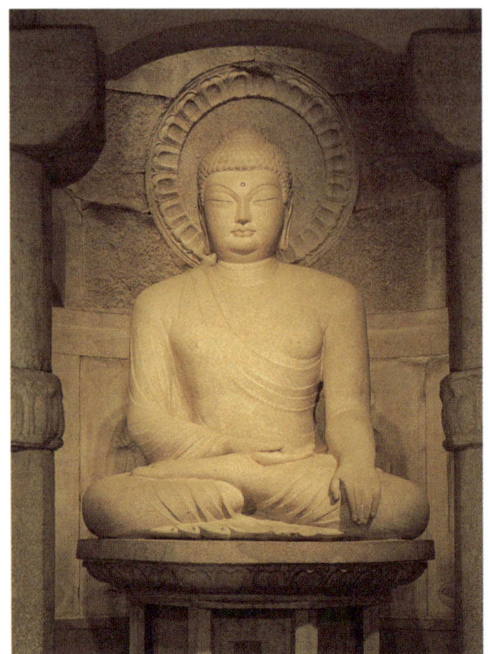

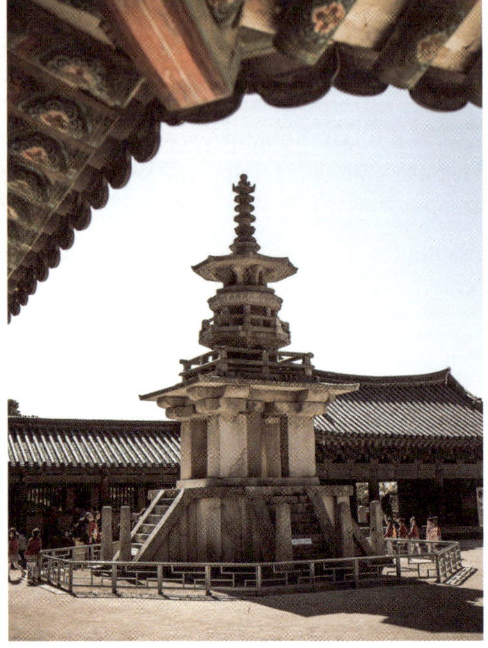

불국사는 신라 시대(기원전 57~935)의 수도인 경주에 지어진 사찰이다. 이 절에는 불교 문화를 대표하는 문화재가 7개나 있다. '불국'의 의미는 부처님의 나라라는 뜻으로 신라를 극락의 세계로 만들려고 했던 신라인들의 깊은 불교 신앙을 보여 준다. 이 절에는 단순하고 남성적인 석가탑과 화려하고 여성적인 다보탑이 마주 보고 있다. 불국사에서 4km쯤 떨어진 곳에 인조 동굴인 석굴암이 있다. 석굴암 내부에는 불교 세계를 대표하는 많은 불상들이 모셔져 있다. 그중에서도 석가여래 불상은 불교 예술의 극치라고 평가받는다. 불국사와 함께 석굴암은 불교의 사상을 잘 표현한 아름다운 건축물로 인정받아 세계유산으로 등재되었다.

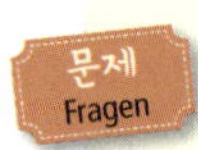

1 불국사는 언제 지어졌습니까?
Wann wurde der Bulguksa Tempel gebaut?

2 석가여래불상이 모셔진 인조 동굴의 이름은 무엇입니까?
Wie heißt die künstliche Grotte, wo eine Statue des Sakamuni Buddhas verehrt wird?

Der Bulguksa-Tempel ist ein buddhistischer Tempel in Gyeongju, wo die Hauptstadt der Silla-Ära (57 v. Chr-935 n. Chr.) war. In diesem Tempel gibt es sieben Kulturschätze, die die buddhistische Kultur repräsentieren. Die Bedeutung von *Bulguk* ist „ein Land des Buddha", das den tiefen buddhistischen Glauben der Menschen zu Silla-Zeiten zeigt, die Silla zu einer Welt des Paradieses machen wollten. In diesem Tempel gibt es eine einfache und maskuline Seokgatap Pagode und eine glamouröse und feminine Dabotap Pagode. Etwa 4 km vom Bulguksa entfernt liegt die künstliche Grotte von Seokguram. Innerhalb Seokgurams sind viele Buddha-Statuen verankert, die die buddhistische Welt repräsentieren. Unter ihnen wird die Statue vom Sakyamuni Buddha als der Höhepunkt buddhistischer Kunst gesehen. Bulguksa und Seokguram wurden als schöne Architektur anerkannt, die die buddhistische Anschauung gut ausdrücken und daher als UNESCO-Weltkulturerbe gelistet sind.

불국사 Bulguksa Tempel	극락 Paradies	인조 동굴 künstliche Grotte
석굴암 Seokguram Grotte	신라인들 Leute von Silla	내부 innen, innerhalb
신라 시대 Silla-Ära	신앙 Glaube	불상 buddhistische Statue
수도 Hauptstadt	절 buddhistisher Tempel	모셔지다 verehrt werden
경주 Gyeongju	단순하다 einfach sein	석가여래 Sakyamuni
지어지다 gebaut werden	남성적 maskulin	극치 Höhepunkt
사찰 buddhistischer Tempel	석가탑 Seokgatap	평가받다 bewertet werden
불교 Buddhismus	화려하다 glamorös	사상 Auffassung, Anschauung
문화재 Kulturgut	여성적 feminin	건축물 Gebäude
불국 *Bulguk*, Buddhas Land	다보탑 Dabotap	인정받다 anerkannt werden
부처님 Buddha	마주 보다 einander ansehen	세계 유산 Welterbe
뜻 Bedeutung	떨어지다 entfernt sein von	등재되다 gelistet werden

014

팔만대장경 ★★★
Tripitaka Koreana *(Palman Daejanggyeong)*

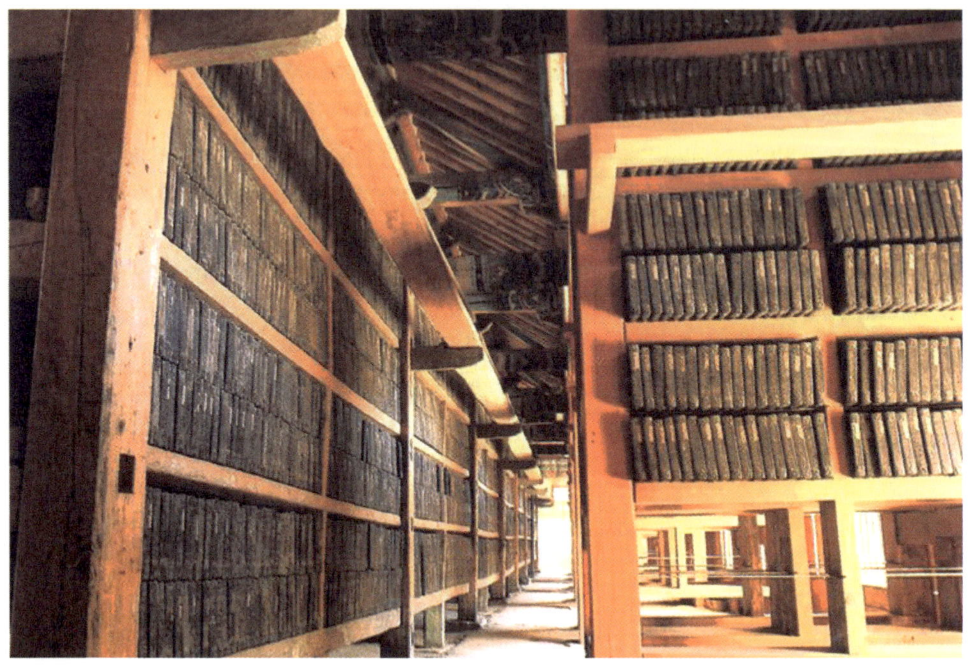

팔만대장경은 국보 제32호로 불교 경전이 81,258장의 목판에 새겨져 있다. 고려 시대 (918~1392) 몽골의 침입을 받았을 때 불교 신앙으로 나라를 구하기 위해 1237년부터 1248년까지 12년 동안 만들어졌다. 이 대장경은 어려운 상황 속에서 부처님에게 도움을 청한 고려인들의 깊은 신앙심을 보여 준다. 그 당시 동아시아에 알려진 불교의 경전, 계율, 논서, 불교 역사 등을 대장경에 모두 담았다. 이 팔만대장경은 세계에서 가장 오래된 인쇄 목판이다. 이 목판은 해인사의 가장 높은 곳에 위치한 장경각에 보존돼 있고 현재도 이 목판으로 인쇄를 할 수 있다. 목조 건물인 장경각은 800년 동안 이 대장경판을 그대로 보존할 수 있도록 지어진 신비로운 건물이다. 그래서 팔만대장경은 유네스코 세계 기록 유산으로, 장경각은 세계유산으로 기록됐다.

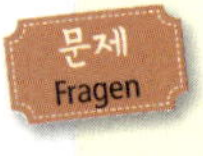

1 고려인들은 팔만대장경을 왜 만들었습니까?
Warum haben die Leute von Goryeo die Tripitaka Koreana *(Palman Daejanggyeong)* gemacht?

2 팔만대장경은 어디에 보존돼 있습니까?
Wo wird die Tripitaka Koreana *(Palman Daejanggyeong)* aufbewahrt?

Die Tripitaka Koreana (*Palman Daejanggyeong*) ist Koreas Nationalschatz Nr. 32. Buddhistische Schriften sind in diesen 81.258 Holzdruckblöcken eingraviert. Sie wurde für 12 Jahre zwischen 1237 und 1248 angefertigt, als Goryeo (918-1392) von dern Mongolen überfallen wurde, um das Land vom buddhistischen Glauben zu retten. Die Tripitaka zeigt den tiefen Glauben der Goryeo-Leute, die Buddhas Hilfe unter schwierigen Umständen suchten. Alles, was damals in Ostasien bekannt war, einschließlich buddhistischer Schriften, Vorschriften, Abhandlungen und buddhistischer Geschichte, sind in der Tripitaka enthalten. Die Tripitaka Koreana ist der älteste Holzdruckblock der Welt, und sie ist in Janggyeonggak untergebracht, das sich am höchsten Platz im Haeinsa Tempel befindet. Es ist immer noch möglich, Skripte aus den Holzblöcken zu drucken. Janggyeonggak ist ein hölzernes Gebäude, ein mystisches, das so gebaut wurde, dass die Tripitaka seit 800 Jahren intakt geblieben sind. Deshalb wurde die Tripitaka Koreana im UNESCO Dokumentenerbe der Welt eingetragen und Janggyeonggak wurde als Weltkulturerbe aufgeführt.

팔만대장경 Tripitaka Koreana (*Palman Daejanggyeong*)	상황 Situation, Umstände	위치하다 gelegen sein
국보 Nationalschatz	도움을 청하다 um Hilfe bitten	장경각 Janggyeonggak
불교 경전 buddhistische Schriften	고려인들 Goryeo Leute	현재 gegenwärtig, jetzt
목판 Holzdruckblock	신앙심 Glaube	인쇄하다 drucken
새겨지다 eingemeißelt, eingeschrieben sein	그 당시 zu der Zeit, dann	목조 건물 Holzgebäude
고려 시대 Goryeo-Ära	알려지다 bekannt werden	그대로 intakt
몽골 Mongolei	계율 religiöse Regel	V$_R$을/ㄹ 수 있도록 um zu V können
침입 Invasion, Eindringen	논서 Abhandlung	신비롭다 geheimnisvoll sein
구하다 retten, befreien	역사 Geschichte	세계 기록 유산 Dokumentenwelterbe
	담다 beinhalten	기록되다 gelistet sein
	인쇄 drucken	

015

템플 스테이 ★★
Temple Stay

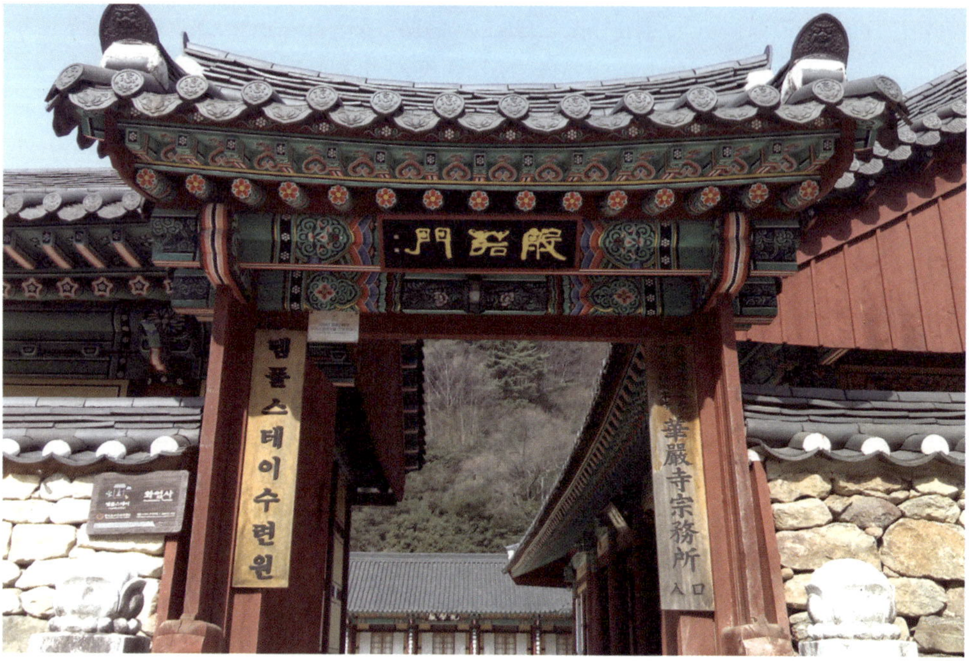

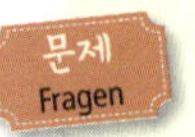

불교에 관심이 있거나 조용한 산사에서 쉬고 싶은 사람은 절에 머물면서 불교 문화를 체험할 수 있다. 이를 '템플 스테이' 혹은 산사 체험이라고 한다. 하루나 2박 3일 등 짧게 머물 수도 있고, 더 오랫동안 지낼 수도 있다. 외국인들을 위해서 영어가 가능한 절도 약 20여 곳이 있다. 그래서 한국어를 모르는 외국인들도 템플 스테이를 할 수 있다. 스님들은 보통 하루에 세 번 예불을 드린다. 새벽 4시쯤 해가 뜰 때와 점심 식사와 저녁 식사 전에 예불을 드리는데 절에서 머물면 이 예불에도 참여할 수 있다. 그리고 스님들과 함께 침묵 속에서 명상을 해 볼 수도 있고, 부처님께 드리는 108배와 한국 다례를 배울 수도 있다. 절에서는 육식을 안 하기 때문에 채식으로 된 사찰 음식도 맛볼 수 있다.

1 템플 스테이는 무엇입니까?
Was ist ein „Temple Stay“?

2 템플 스테이에서 체험할 수 있는 것은 무엇입니까?
Was kann man bei einem „Temple Stay“ erfahren?

Menschen, die sich für den Buddhismus interessieren oder sich in einem ruhigen Tempel in den Bergen ausruhen möchten, können in einem Tempel bleiben und die buddhistische Kultur erleben. Dies wird als „Tempel Stay" oder als Erfahrung im Tempel erlebt. Man kann einen kurzen Aufenthalt für einen Tag, zwei Nächte und drei Tage, oder man kann einen längeren Aufenthalt haben. Für Ausländer gibt es mehr als 20 buddhistische Tempel, wo Englisch verfügbar ist, so dass diejenigen, die nicht Koreanisch sprechen, auch einen Aufenthalt im Tempel machen können. Buddhistische Mönche haben in der Regel drei Andachten pro Tag. Sie haben eine buddhistische Andacht um ca. 4 Uhr bei Sonnenaufgang, vor dem Mittagessen und vor dem Abendessen. Man kann diesen Andachten beiwohnen, wenn man in einem Tempel bleibt. Man kann auch versuchen, mit buddhistischen Mönchen in der Stille zu meditieren, und man kann die 108 Verbeugungen für Buddha und die koreanische Tee-Zeremonie lernen. Da es bei einem buddhistischen Tempel kein Fleisch gibt, kann man koreanisches vegetarisches Tempelessen probieren.

템플 스테이 Temple Stay, Tempelaufenthalt
불교 Buddhismus
관심 Interesse
조용하다 ruhig, leise
산사 Bergtempel
절 buddhistischer Tempel
머물다 bleiben
체험하다 erfahren
2박 3일 2 Nächte und 3 Tage
짧게 kurz

오랫동안 für längere Zeit
위해서 für
가능하다 möglich
스님 *Seunim*, buddhistischer Mönch
예불을 드리다 ein buddhistisches Gebet sprechen
새벽 früher Morgen, Morgendämmerung
해가 뜨다 Sonnenaufgang
참여하다 teilnehmen an

침묵 Stille Schweigen
명상 Meditation
108배 108 Verbeugungen
다례 Teezeremonie
육식 Fleisch essen
때문에 aufgrund von
채식 vegetarisches Essen
사찰 음식 koreanisches Tempelessen, buddhistisches Essen

016

서원 ★★★
Seowon (Konfuzianistische Akademie)

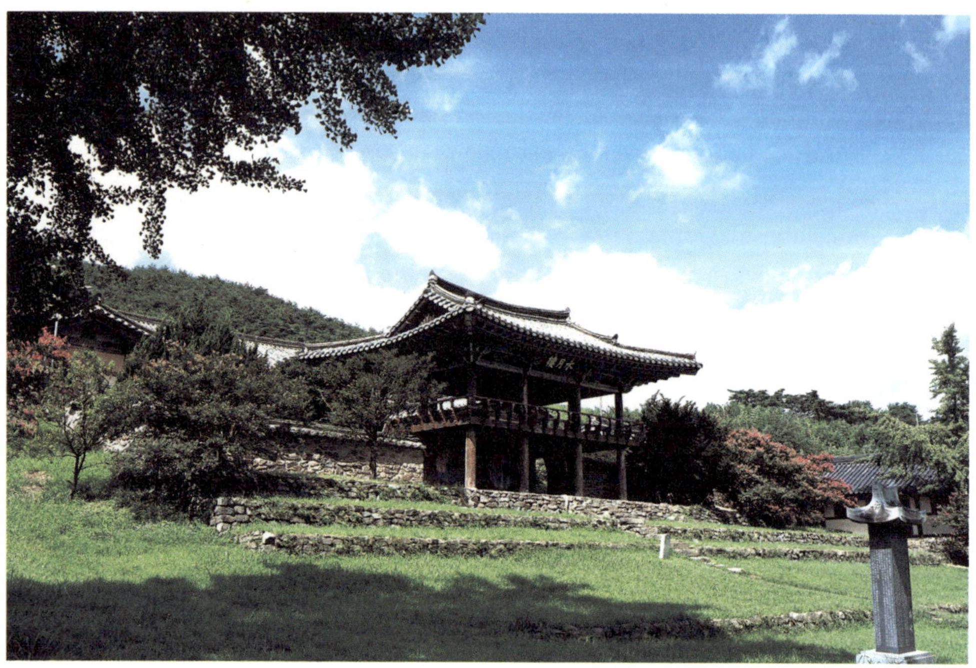

서원은 조선 시대(1392~1910)의 유교 사립 학교이다. 신유교학파인 성리학자들은 인간의 본성을 연구하면서, 16세기부터 서원을 세우고 제자들을 가르쳤다. 그리고 옛 스승들의 제사도 서원에서 지냈다. 조선 시대에는 서원이 1,000여 곳이 넘었지만 현재는 47개만 남아 있다. 지금도 이곳에서 성리학자들을 기리는 제사를 지낸다. 경주의 옥산 서원은 조선 성리학의 선구자 이언적(1491~1553)을 모시고, 안동의 도산 서원은 성리학의 대가인 이황(1501~1570)을 모신다. 소박하고 자연과 잘 어울리는 서원의 건축 공간은 성리학의 가치관, 세계관, 자연관을 잘 보여 주고 있어서 문화와 교육 유산으로 보존되고 있다.

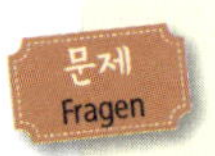

1 한국에서 유명한 서원은 어디입니까?
Was sind die berühmten konfuzianistischen Akademien *Seowon* in Korea?

2 이황을 모신 서원은 어디에 있습니까?
Wo ist das *Seowon*, das Yi Hwang gedenkt?

Seowon ist eine private konfuzianistische Akademie aus der Joseon-Ära (1392-1910). Gelehrte der neo-konfuzianistischen Schule *Seongnihak* studierten die menschliche Natur, und sie begannen, konfuzianistische Akademien im 16. Jahrhundert zu bauen, um Schüler zu unterrichten. Sie haben auch eine Andacht zum Gedenken an vergangene Meister vom *Seowon*. Die Anzahl der *Seowon* betrug über 1000 während der Joseon-Ära, aber nur 47 sind heute übrig geblieben. Diese Orte führen immer noch Andachten durch, um den neo-konfuzianistischen Gelehrten heute Tribut zu zollen. Oksanseowon, eine konfuzianistische Akademie in Gyeongju, gedenkt Yi Eon-jeok (1491-1553), dem Pionier des Neokonfuzianismus Joseons. *Dosanseowon*, eine konfuzanistische Akademie in Andong gedenkt Yi Hwang (1501-1570), dem großen Meister des Neokonfuzianismus. Der architektonische Raum von einem *Seowon*, ist einfach und in Harmonie mit der Natur und zeigt die Werte, die Weltanschauung und die Haltung zur Natur des Neukonfuzianismus. Daher wird es als kulturelles und pädagogisches Kulturerbe bewahrt.

서원 *Seowon*, private konfuzianistische Akademie

조선 시대 Joseon-Ära

유교 Konfuzianismus

사립 학교 private Akademie/ Schule

신유교학파 Schule des Neokonfuzianismus

성리학자 Gelehrter des Neokonfuzianismus

인간 Mensch

본성 Natur

연구하다 lernen, forschen

세우다 bauen, errichten

제자 Schüler

스승 Meister

제사 Andacht, Ahnenzeremonie

기리다 Tribut zollen

경주 Gyeongju

옥산 서원 Oksanseowon, konfuzianistische Akademie

선구자 Pionier

이언적 Yi Eon-jeok

모시다 verehren

안동 Andong

도산 서원 Dosanseowon, konfuzianistische Akademie

대가 großer Meister

이황 Yi Hwang

소박하다 einfach sein

건축 Architektur

공간 Raum

가치관 Werte

세계관 Weltsicht

자연관 Sicht der Natur

교육 유산 kulturelles und pädagogisches Erbe

보존되다 aufbewahrt werden

017

장례식, 제사, 차례 ★★

Beerdigung, Jesa und *Charye* Rituale

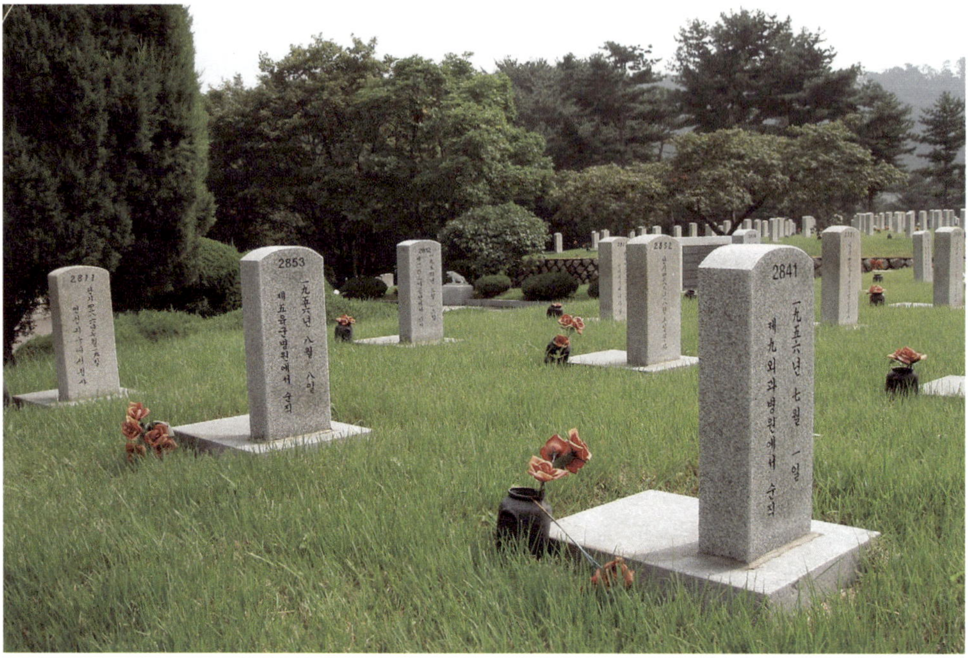

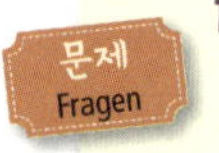

예전에는 사람이 죽으면 장례식을 집에서 했지만 요즘은 주로 병원에서 한다. 장례식장에 도착하면 영정 사진 앞에 향을 피우거나 흰색 꽃을 놓고 절을 한다. 그다음에 가족에게 "얼마나 슬프시겠습니까!"와 같은 위로의 말을 한다. 그리고 부조금을 내고 방문객들을 위해 준비한 음식을 먹는다. 이후에 각자의 종교에 따라 절이나 성당, 교회에서 추모식을 하기도 한다. 장례식이 끝나면 장사를 치르는데 전통적인 방식은 불교식 화장과 유교식 매장이다. 매장 방식을 따라 만든 무덤을 산소라고 부르는데 산소는 주로 산에 있다. 예전에는 묫자리가 좋으면 자손 대대로 복을 받는다고 해서, 풍수지리설에 따라 묫자리를 골랐다. 해마다 돌아가신 날에 가족들이 모여서 제사를 지낸다. 한식날과 추석에는 묘에 가서 차례를 지낸다.

문제 Fragen	**1** 한국의 대표적인 장례 방식은 무엇입니까? Was ist typisch für eine koreanische Beerdigung?	**2** 한국의 산소는 주로 어디에 있습니까? Wo sind koreanische Gräber normalerweise?

Wenn früher jemand starb, wurde die Beerdigung zu Hause gehalten. Heute ist es in der Regel in einem Krankenhaus. Wenn die Leute in der Totenhalle ankommen, verbrennen sie entweder ein Räucherstäbchen oder legen eine weiße Blume vor das Begräbnisporträt und machen eine Verbeugung. Dann richten sie ein Wort des Beileids an die Familie wie „Wie traurig du sein mußt!" und geben dann Geld und essen für Besucher vorbereitetes Essen. Danach kann je nach Religion der Person eine Gedenkfeier in einem buddhistischen Tempel, einer römisch-katholischen Kirche oder einer evangelischen Kirche stattfinden. Nach der Beerdigung kommt ein Begräbnis oder eine Einäscherung. Traditionelle Methoden sind im buddhistischen-Stil die Einäscherung und im konfuzianistischen Stil die Beerdigung. Ein Grab, das nach dieser Art der Bestattung gemacht wird, heißt *Sanso*, und dieses Grab ist gewöhnlich in den Bergen. In der Vergangenheit glaubten die Leute, dass ein guter Ort der Ruhe, Nachkommen für Generationen segnen würde, also wählten sie die Grabstelle nach Feng Shui Prinzipien. Jedes Jahr versammeln sich Familienmitglieder und machen *Jesa*, eine Zeremonie zum Andenken am Todestag. Am *Hansik*-Tag und *Chuseok* besuchen die Menschen das Grab und führen zum Gedenken der Verstorbenen eine *Charye*-Zeremonie durch.

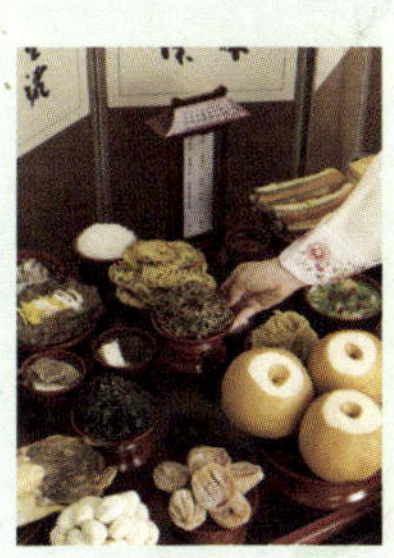

장례식 Beerdigung
제사 *Jesa*, Zeremonie zum Gedenken der Toten
차례 *Charye* Zeremonie zum Gedenken der Toten
예전 in der Vergangenheit
영정 Porträt zur Beerdigung
향 Räucherstäbchen
피우다 brennen
V거나 V oder
놓다 platzieren
절 Verbeugung
위로 Kondolenz, Beileid
부조금 Beileidsgeld

방문객 Besucher
각자 jeder
종교 Religion
절 buddhistischer Tempel
성당 römisch-katholische Kirche
교회 protestantische Kirche
추모식 Gedenkfeier
장사 Begräbnis
전통적 traditionell
방식 Methode, Art und Weise
불교식 buddhistisch
화장 Einäscherung
유교식 konfuzianistisch
매장 Begräbnis

산소 *Sanso*, Grab
묫자리 Grab
자손 대대로 für Generationen
복 Segen
V는/ㄴ다고 하다 wird geglaubt, dass V
풍수지리설 Feng Shui Prinzipien
고르다 auswählen
해마다 jedes Jahr
돌아가시다 sterben
모이다 sich versammeln
한식날 *Hansik*-Tag
추석 *Chuseok*
묘 Grab

018

천주교와 개신교 ★★
Römischer Katholizismus und Protestantismus

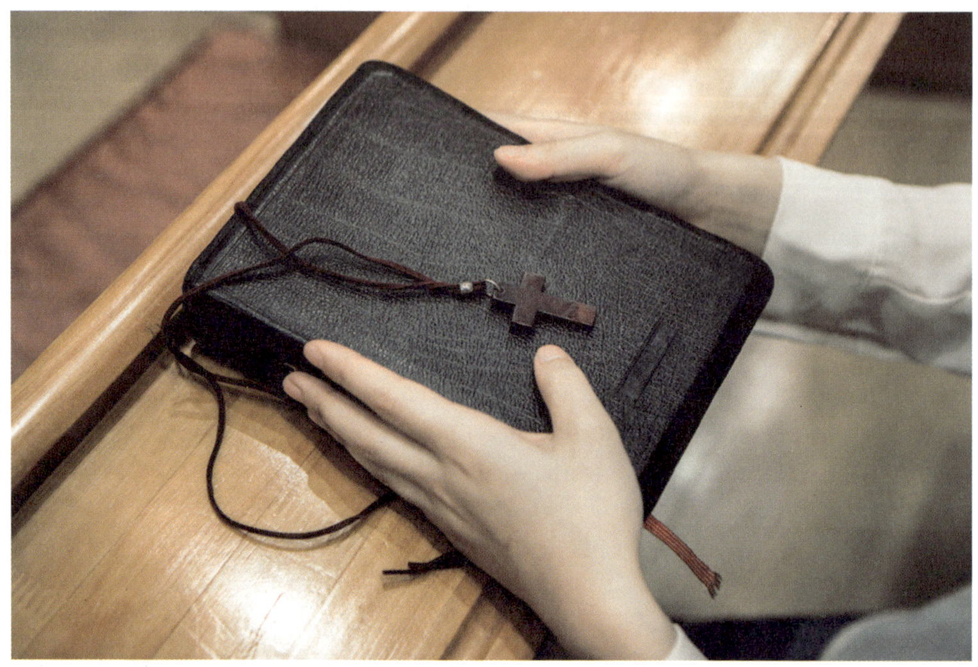

한국은 아시아에서 두 번째로 기독교인이 많은 나라이다. 세계에서 가장 큰 10대 교회 중 6개가 한국에 있다. 외국인들은 한국에 있는 성당과 교회의 숫자와 크기에 놀란다. 한국 천주교는 외국인이 아닌 한국인들에 의해 선교가 이루어졌다. 18세기 말에 이승훈 (1756~1801)이 중국에서 세례를 받고 돌아온 후 한국인들에게 전파하기 시작했다. 당시에는 기독교가 금지되었기 때문에 여러 번 박해를 받았다. 하지만 천주교 신자들이 늘어나면서 한국에도 많은 성지가 생겼는데, 그 중에서도 19세기 말에 세워진 서울 명동 대성당은 순교자들을 모신 곳으로 한국 천주교의 상징이라 할 수 있다. 개신교는 천주교보다 조금 더 늦은 1879년에 시작되어 한국 인구의 20%가 개신교 신자가 될 정도로 빨리 발달했다. 기독교는 한국의 민주화 과정에서 중요한 역할을 했다.

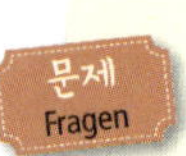

1 한국은 언제 기독교가 들어왔습니까?
Wann kam das Christentum nach Korea?

2 19세기 말에 세워진 성당으로 한국 천주교의 상징은 어디입니까?
Wann wurde die Kirche im späten 19. Jahrhundert gebaut, die Symbol der koreanischen römisch-katholischen Kirche ist?

Korea ist das Land, das die zweitgrößte christliche Bevölkerung in Asien hat. Unter den 10 größten Kirchen der Welt sind sechs in Korea. Ausländer sind über die Anzahl und die Größe der römisch-katholischen und evangelischen Kirchen in Korea überrascht. Die missionarische Arbeit für den römischen Katholizismus in Korea wurde nicht von Ausländern, sondern von Koreanern getan. Am Ende des 18. Jahrhunderts begann Yi Seung-hun (1756-1801) die Religion zu verbreiten und kehrte aus China zurück, nachdem er getauft worden war. Zu dieser Zeit war das Christentum verboten, so dass Christen viele Male verfolgt wurden. Doch als die Zahl der römischen Katholiken zunahm, erschienen viele heilige Orte in Korea. Unter ihnen ist die Myeongdong Kathedrale in Seoul, die im späten 19. Jahrhundert erbaut wurde, zu Recht das Symbol der römisch-katholischen Kirche Koreas, die den Märtyrern gedenkt. Die evangelische Kirche begann ein wenig später als die römisch-katholische Kirche im Jahre 1879, aber sie entwickelte sich so schnell, dass 20 % der koreanischen Bevölkerung sich als Protestanten bekennen. Das Christentum hat im Prozess der Demokratiebewegung in Korea eine wichtige Rolle gespielt.

천주교 römischer Katholizismus
개신교 Protestantismus
아시아 Asien
두 번째 zweite
기독교인 Christ
교회 protestantische Kirche
성당 Kirche
숫자 Zahl
크기 Größe
놀라다 überrascht sein
N에 의해 von N

선교 Missionieren
이루어지다 sich erfüllen
세기 말 Ende des Jahrhunderts
이승훈 Yi Seung-hun
세례를 받다 getauft werden
전파하다 sich verbreiten
당시에 zu der Zeit
기독교 Christentum
금지되다 verboten werden
때문에 weil, aufgrund von
박해 Verfolgung

성지 heiliger Ort
명동 대성당 Myeongdong Kathedrale
순교자 Märtyrer
모시다 verehren
V_R을/ㄹ 정도로 so dass V
민주화 Demokratisierung
과정 Prozess
역할을 하다 eine Rolle spielen

019

판문점 ★★★
Panmunjeom

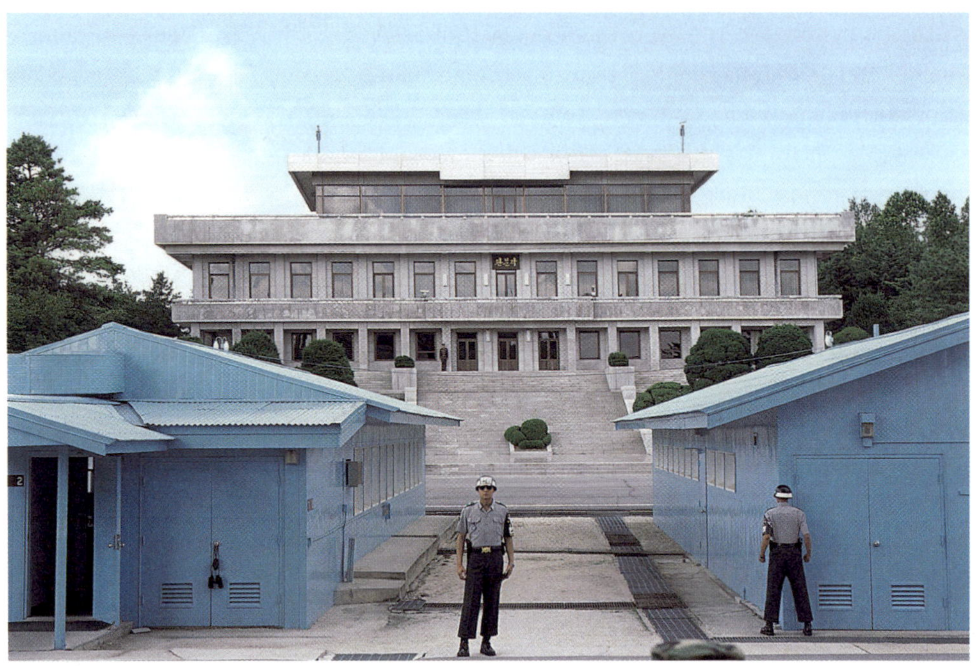

판문점은 서울에서 60km 떨어진 경기도 파주시에 있으며, 1953년 7월 27일 한국 전쟁의 휴전 협정이 체결된 곳이다. 한국 전쟁은 1950년 6월 25일에 일어나서 3년 동안 지속되었던 전쟁이다. 휴전 협정 이후에 판문점은 유엔군과 북한군의 공동경비구역(JSA)이 되었다. 판문점 비무장지대(DMZ)는 현재 남과 북이 대화할 수 있는 유일한 장소이다. 판문점 관광은 미리 신청을 해야 하는데, 공동경비구역에 있는 유엔 사령부 기지, '자유의 집', 본회담장, 군사 분계선, 제3초소 전망대, '돌아오지 않는 다리' 등을 방문할 수 있다. 도라 전망대에서는 북한이 아주 가깝게 보인다. 망원경으로 보면 개성시와 송악산 등을 볼 수 있다. 반세기 동안 일반인의 출입이 금지된 비무장지대에는 신라 시대 경순왕(897~978) 묘와 고려 시대 무덤 벽화 등 역사 유적들이 잘 보존되어 있다. 그리고 깨끗한 자연환경을 유지하고 있어서 생태적 가치도 크다.

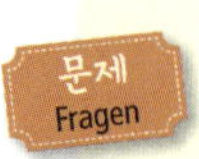

1 한국 전쟁 휴전 협정이 체결된 곳은 어디입니까?
Wo wurde das Waffenstillstandsabkommen geschlossen?

2 판문점은 어디에 있습니까?
Wo liegt Panmunjeom?

Panmunjeom befindet sich in Paju-si, Gyeonggi-do, 60 km von Seoul entfernt, und dort wurde das Waffenstillstandsabkommen des Koreakrieges am 27. Juli 1953 abgeschlossen. Der Koreakrieg brach am 25. Juni 1950 aus und dauerte drei Jahre. Nach dem Waffenstillstandsabkommen wurde Panmunjeom zum gemeinsamen Sicherheitsbereich (JSA) der UN-Kräfte und der nordkoreanischen Armee. Die entmilitarisierte Zone (DMZ) von Panmunjeom ist der einzige Ort, an dem Nord und Süd Gespräche führen können. Eine Panmunjeom-Tour erfordert eine vorherige Anmeldung, und es erlaubt Besuchern, die Kommandatur der Vereinten Nationen im JSA, „Freiheit Haus", Konferenzraum, militärische Abgrenzungslinie, das 3. Observatorium und „die Brücke ohne Wiederkehr" zu besuchen. Das Dora Observatorium in Nordkorea sieht ganz nah aus. Durch ein Teleskop ist es möglich, Gaeseong, Songaksan Berg und viele andere zu sehen. Bei der DMZ, die seit einem halben Jahrhundert die Grenzen der Öffentlichkeit überschritten hat, gibt es gut erhaltene historische Überreste, darunter das Grab von König Gyeongsun (897- 978) der Silla-Ära und Grabmalereien aus der Goryeo-Ära. Da es eine natürliche saubere Umwelt beibehalten hat, hat die DMZ auch einen hohen ökologischen Wert.

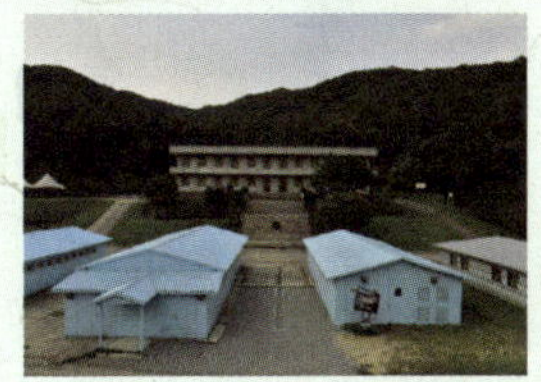

판문점 Panmunjeom
떨어지다 entfernt sein
경기도 Gyeonggi-do/Provinz
파주 Paju
전쟁 Krieg
휴전 Waffenstillstand
협정 Abkommen
체결되다 abgeschlossen werden
일어나다 stattfinden
지속되다 fortfahren
유엔군 UN-Kräfte
북한군 nordkoreanische Soldaten
공동경비구역(JSA) Joint Security Area (JSA), gemeinsame Sicherheitszone
비무장지대(DMZ) demilitarisierte Zone (DMZ)

유일하다 nur
미리 im Voraus
신청하다 sich bewerben, anmelden
사령부 Kommandatur, Hauptquartier
기지 Kaserne
자유의 집 Freiheit Haus
본 회담장 Konferenzraum
군사 분계선 militärische Demarkationslinie
제3초소 전망대 das 3. Observatorium
돌아오지 않는 다리 Brücke ohne Wiederkehr
도라 전망대 Dora Sternenwarte

망원경 Teleskop
개성시 Gaeseong (Stadt)
송악산 Songaksan Berg
일반인 allgemeine Öffentlichkeit
출입 Eingang
금지되다 verboten werden
경순왕 König Gyeongsun
묘 Grab
무덤 Grab
벽화 Wandmalerei
유적 Reliquie, historische Stätte
자연환경 natürliche Umgebung
유지하다 beibehalten
생태적 ökologisch
가치 Wert

이산가족 ★★
Getrennte Familien

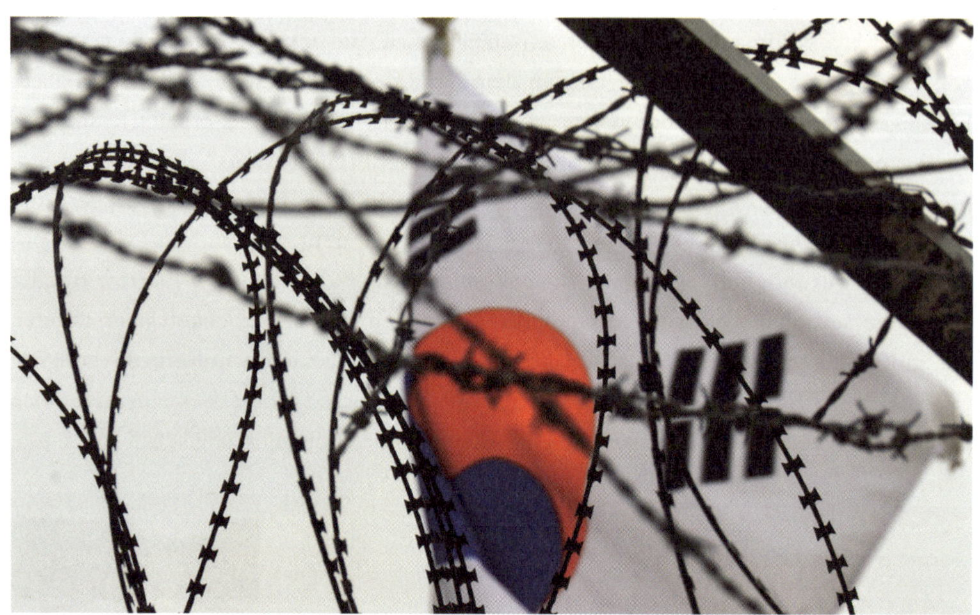

한국 전쟁(1950~1953)으로 많은 가족들이 남과 북으로 헤어지게 되었다. 남과 북으로 헤어져 사는 가족을 '이산가족'이라고 부른다. 대부분의 '이산가족'은 그 후 가족의 생사나 연락처도 모르고 있다. 지금까지도 서로 편지나 전화를 통해서 개인적으로 연락을 하는 것이 금지되어 있기 때문이다. 이러한 이산가족의 아픔을 덜어 주기 위해 1983년에 'KBS 특별 생방송 이산가족을 찾습니다'라는 방송을 했다. 그 결과 방송 2년 후인 1985년에 국가의 주선으로 소수의 이산가족들이 서울과 평양에서 처음 만났다. 이 방송의 기록물은 그 가치를 인정받아 2015년 유네스코 세계 기록 유산에 등재되었다. 그리고 2000년부터는 이산가족의 만남이 좀 더 규칙적으로 이루어졌다. 2005년부터 2007년까지는 헤어진 가족들이 화상으로 생사를 확인할 수 있었다. 그러나 이 행사는 남북 관계가 나빠지면 취소되는 경우도 있다. 이산가족의 반 이상이 80세가 넘은 노인들이라서 헤어진 가족을 다시 못 만날 수도 있다는 생각에 불안해한다. 명절 때 이산가족들은 휴전선 근처에서 북쪽을 바라보며 제사를 지내거나 통일을 기도한다.

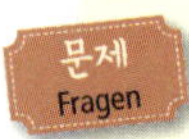

1 '이산가족'이 한국 전쟁 이후에 처음으로 만난 때는 언제입니까?
Wann trafen sich ‚die getrennten Familien' zum ersten Mal nach dem Koreakrieg?

2 2015년에 유네스코 세계 기록 유산으로 등재된 한국 방송 이름은 무엇입니까?
Wie heißt das koreanische Fernsehprogramm, das 2015 auf die Liste des UNESCO Weltdokumentenerbe aufgenommen wurde?

Aufgrund des Koreakrieges (1950-1953) wurden viele Familien zwischen dem Norden und Südkorea geteilt. Die Familien, die zwischen dem Norden und dem Süden getrennt sind, werden als „geteilte Familien" bezeichnet. Die meisten der geteilten Familien wissen nicht, ob ihre Familienmitglieder tot oder lebendig sind oder wie sie mit ihnen in Kontakt treten können, weil es ihnen noch verboten ist, individuellen Kontakt per Post oder Telefon aufzunehmen. Um den Schmerz der geteilten Familien zu erleichtern, ging 1983 das Sendung bei KBS Special Live Broadcast *Das Finden geteilter Familien* auf Sendung. Als Ergebnis wurden durch die Anordnung beider Staaten zwei Jahre nach der Sendung im Jahr 1985 eine Handvoll geteilte Familien in Seoul und in Pyeongyang wiedervereint. Die Aufzeichnungen dieser Sendung wurden für ihre Werte anerkannt und wurden im Jahr 2015 auf die Liste des UNESCO Weltdokumentenerbe aufgenommen. Seit 2000 ist die Wiedervereinigung von geteilten Familien regelmäßiger. Zwischen 2005 und 2007 war es möglich, dass die Familien bestätigten, ob ihre Familienmitglieder über Video lebten. Allerdings ist dieses Ereignis manchmal abgesagt worden, wenn die innerkoreanischen Beziehungen schlechter werden. Da die Hälfte oder mehr der geteilten Familien in ihren 80ern sind, sind die alten Leute aufgeregt, dass sie ihre Familien nicht wiedersehen können. An traditionellen Feiertagen führen geteilte Familien entweder eine Ahnengedenkzeremonie durch oder beten fur die Vereinigung Koreas in der Nahe der Demarkationslinie nach Norden.

이산가족 getrennte Familie
한국 전쟁 Koreakrieg
남 der Süden (Korea)
북 der Norden (Korea)
헤어지다 sich trennen von, geteilt werden
생사 Leben und Tod
연락처 Kontakt
서로 einander, gegenseitig
통해서 durch, via
개인적으로 individuel
금지되다 verboten werden
생방송 Live Sendung
국가 Staat

주선으로 durch die Vermittlung von
소수 ein paar, eine Handvoll von
세계 기록 유산 Weltdokumentenerbe
등재되다 gelistet, aufgelistet werden
규칙적으로 regelmäßig
화상 Video
확인하다 überprüfen, bestätigen
행사 Event, Veranstaltung
관계 Beziehungen
나빠지다 verschlechtern, schlecht werden

취소되다 abgesagt werden
반 이상 die Hälfte oder mehr
넘다 vorbei sein, übertreffen
노인 alte Menschen
불안해하다 beunruhigt sein/fühlen
명절 traditioneller Feiertag
휴전선 Demarkationslinie
바라보다 ansehen
제사를 지내다 Zeremonie zum Gedenken der Ahnen durchführen
통일 Vereinigung
기도하다 beten

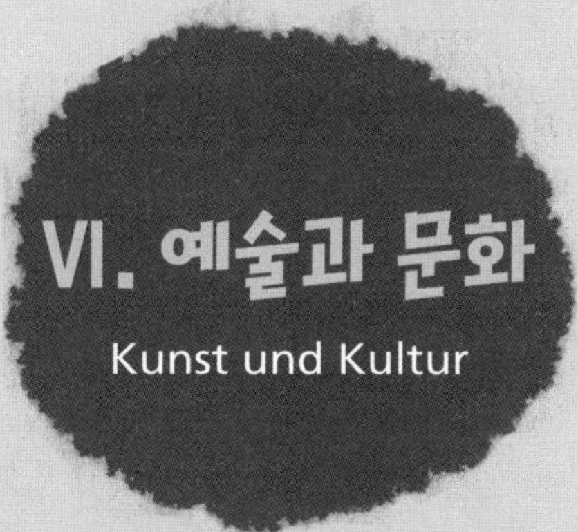

VI. 예술과 문화
Kunst und Kultur

한지 ★★
Hanji (Koreanisches Papier)

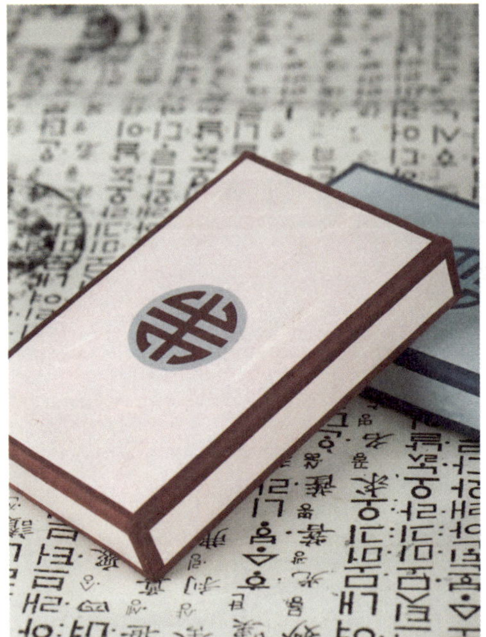
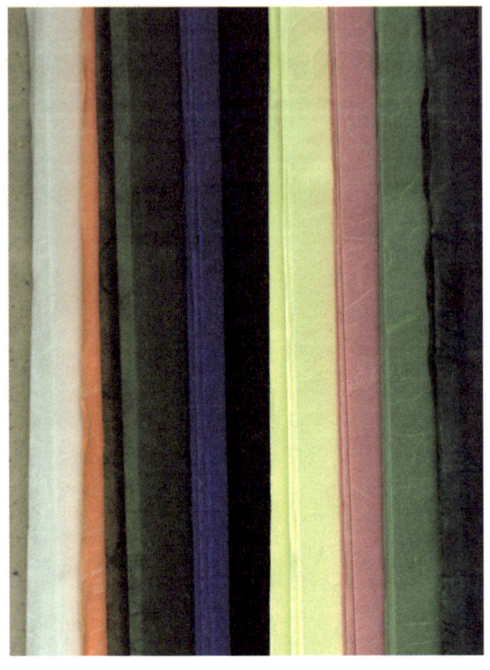

한지는 그 역사가 매우 오래되었다. 한국인들은 2세기에서 7세기 사이에 닥나무 껍질로 만든 종이를 사용하기 시작했다. 한지는 두껍고 질겨서 수명이 천 년 정도 된다. 그래서 옛 날에는 문과 창문에 한지를 사용했다. 지금도 서예나 동양화를 그릴 때뿐만 아니라 필통, 장식장, 등과 같은 생활용품을 만들 때도 사용한다. 자연 친화적인 한지로 만든 공예품은 전통 한지의 멋과 미를 보여 준다. 5월에는 전주에서, 9월에는 원주와 안동에서 한지 축제 가 열리는데 특히 재미있는 것은 한지 옷 패션쇼다. 실크나 면을 섞어 만든 한지 옷은 아름 답고 세탁도 가능해서 편리하다.

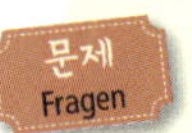

문제 Fragen

1 한지는 어떤 나무로 만듭니까?
Aus welcher Baumsorte wird *Hanji* gemacht?

2 한지로 유명한 도시는 어디입니까?
Welche Städte sind berühmt für *Hanji*?

Das traditionelle koreanische Papier *Hanji* hat eine sehr lange Geschichte. Koreaner begannen, zwischen dem 2. und 7. Jahrhundert Papier aus der inneren Rinde des Maulbeerbaums (*Dak*) zu machen. *Hanji* kann etwa tausend Jahre aufbewahrt werden, da es dick und langlebig ist. Deshalb wurde *Hanji* früher für Türen und Fenster benutzt. Noch immer wird *Hanji* nicht nur für Kalligraphie und koreanische orientalische Malerei verwendet, sondern auch für alltägliche Gegenstände wie Bleistiftmappen, verzierte Schränke und Lampen. Kunsthandwerk mit umweltfreundlichen *Hanji* zeigt den Stil und die Schönheit dieser traditionellen Papier. Hanji Festivals finden im Mai in Jeonju und im September in Wonju und Andong statt, und was besonders interessant ist, ist die Modenschau mit *Hanji*-Kleidung. Die aus *Hanji*, Seide oder Baumwolle gemischte Kleidung ist schön und einfach zu benutzen, weil sie waschbar ist.

한지 *Hanji* (koreanisches traditionelles Papier aus der Rinde des Maulbeerbaums)
역사 Geschichte
매우 sehr
오래되다 alt sein
세기 Jahrhundert
닥나무 Maulbeerbaum
껍질 Rinde, Schale
두껍다 dick sein
질기다 lang haltbar, zäh sein
수명 Leben
정도 ungefähr, rund
옛날 früher

서예 Kalligrafie
동양화 orientalische Malerei
그리다 malen
뿐만 아니라 nicht nur, sondern auch
필통 Bleistiftemappe
장식장 verzierter Schrank
등 Lampe
생활용품 Alltagsgegenstand
자연 친화적 umweltfreundlich, ökologisch
공예품 Handwerk, Kunsthandwerk
전통 Tradition
멋 Stil, Charme

미 Schönheit
보여 주다 zeigen
전주 Jeonju
원주 Wonju
안동 Andong
축제 Festival, Fest
열리다 gehalten, eröffnet werden
특히 insbesondere
패션쇼 Modenschau
실크 Seide
면 Baumwolle
섞다 mischen
세탁 waschen
가능하다 möglich sein

002

택견 ★★
Taekkyon

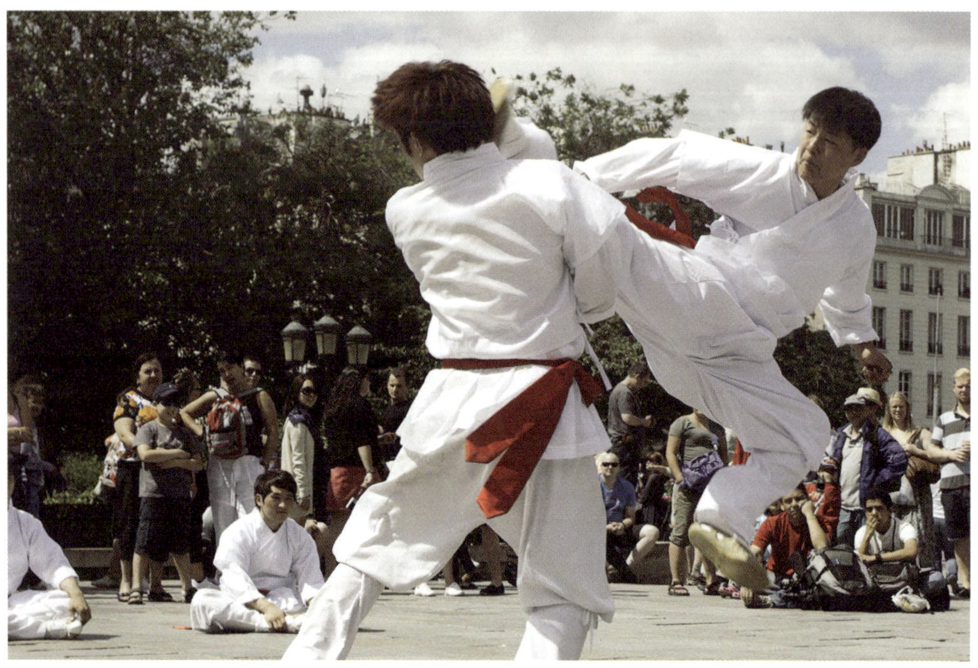

택견은 한국에서 아주 오래된 전통 무예다. 곡선으로 움직이면서 마치 춤추듯이 공격과 방어를 하는 무예다. 이 무예는 마음을 닦고, 예를 지키고, 강인한 몸을 기르는 것이 목표다. 택견은 다른 운동들과 달리 부드럽고 자연스럽고 율동적인 동작을 바탕으로 하기 때문에 남녀노소 모두 즐길 수 있다. 2천 년 전 고구려 고분 벽화에서도 그 형태를 볼 수 있다. 고려와 조선 시대에는 무과의 필수였을 뿐만 아니라 어린이들까지도 택견을 할 정도로 보편화되었다. 택견은 세계적으로 그 가치를 인정받아 무술 중에서 최초로 2011년에 유네스코 인류 무형 문화유산으로 기록되었다.

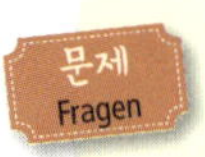

1 왜 남녀노소 모두 택견을 할 수 있습니까?
Warum können Männer und Frauen in allen Altersgruppen *Taekkyon* machen?

2 유네스코 인류 무형 문화유산에 기록된 최초의 무술은 무엇입니까?
Welche Kampfkunst wurde zuerst auf die UNESCO-Liste des Weltdokumentenerbes der Menschheit aufgenommen?

Taekkyon ist eine alte traditionelle Kampfkunstsportart in Korea. Es ist eine Kampfkunst, bei der man sich wie im Tanz in Kurven bewegt und dabei angreift und verteidigt. Das Ziel dieser Kampfkunst ist, den Geist zu disziplinieren, den richtigen Anstand zu bewahren und einen kräftigen Körper zu trainieren. Im Gegensatz zu anderen Kampfkünsten kann *Taekkyon* von Männern und Frauen aller Altersgruppen ausgeübt werden, weil es auf weichen, natürlichen und rhythmischen Bewegungen basiert. Die Formen findet man in den 2.000 Jahre alten Grabmalereien von Goguryeo. Während der Goryeo-Ära und der Joseon-Ära war *Taekkyon* für die militärische Prüfung obligatorisch, und außerdem war es so verallgemeinert, dass auch Kinder diese Kampfkunst durchführten. Der Wert von *Taekkyon* ist weltweit so anerkannt, dass es 2011 zum ersten Mal als Kampfkunst auf die UNESCO Liste des immateriellen Kulturerbes der Menschheit aufgenommen wurde.

택견 *Taekkyon*
오래되다 alt sein
전통 Tradition
무예 Kampfkunst
곡선 Kurve
V_R듯이 als ob V
공격 Angriff, angreifende Fähigkeit
방어 Verteidigung, verteidigende Fähigkeit
마음을 닦다 den Geist disziplinieren
예를 지키다 Anstand bewahren
강인하다 stark, ausdauernd sein
몸 Körper
기르다 trainieren
목표 Ziel, Zweck

다르다 verschieden, anders sein
부드럽다 weich sein
자연스럽다 natürlich sein
율동적이다 rhythmisch sein
동작 Bewegung
바탕으로 auf Grundlage von
때문에 weil
남녀노소 Männer und Frauen aller Altersgruppen
즐기다 genießen, sich vergnügen
고구려 Goguryeo
고분 altes Grab
벽화 Wandmalerei
형태 Form
고려 Goryeo-Ära
조선 시대 Joseon-Ära
무과 militärische Prüfung

필수 notwendig, obligatorisch
뿐만 아니라 außerdem, nicht nur
어린이 Kind, Kinder
V_R을/를 정도로 so wie V, so … dass V
보편화되다 generalisiert, verallgemeinert werdem
세계적으로 weltweit
가치 Wert
인정받다 erkannt werden
중에서 unter
최초로 zuerst, zum ersten Mal
인류 Menschlichkeit
무형 문화유산 immaterielles Kulturerbe
기록되다 gelistet werden, aufgenommen werden

003

인쇄술 ★★★
Drucktechnik

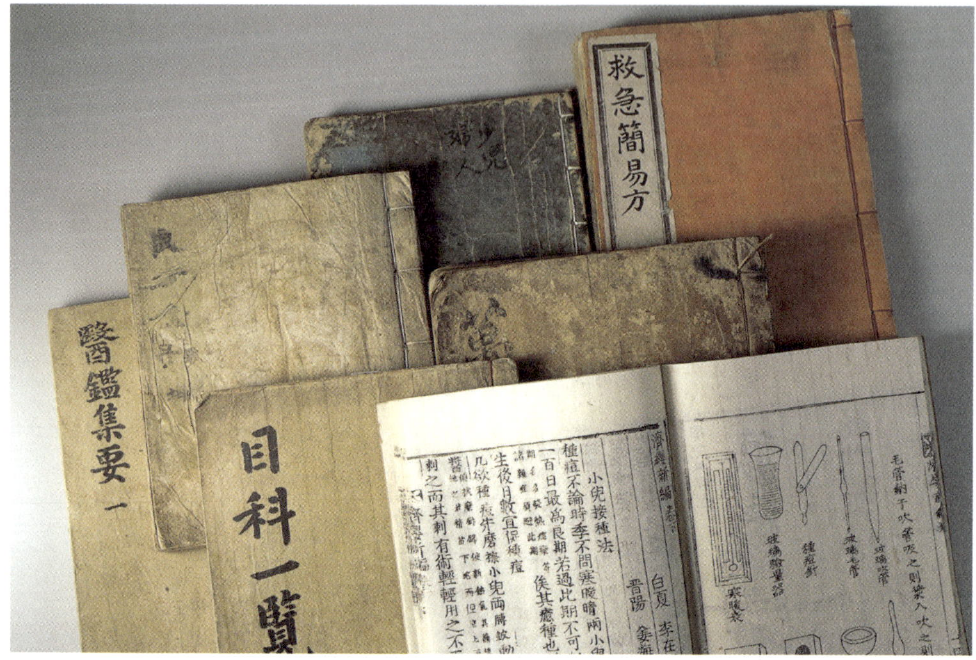

1966년 경주 불국사 석가탑에서 길이 약 620cm의 목판으로 찍은 두루마리를 발견했다. 이 것은 신라 시대 750년경에 인쇄된 《무구 정광 대다라니경》으로 세계에서 제일 오래된 목 판 인쇄물로 밝혀졌다. 751년 석가탑을 세울 때 탑 속에 넣어 보존한 것이다. 이렇게 인쇄 술의 선구자였던 한국은 고려 시대에 세계 최초로 금속 활자를 발명했다. 1234년에 금속 활자로 책을 인쇄했다고 기록에 적혀 있지만 이 책은 전해지지 않는다. 금속 활자로 인쇄 된 세계에서 가장 오래된 책은 《직지》이다. 《직지》는 백운 화상이 부처님의 가르침을 수 집한 책으로 1377년 청주 흥덕사에서 인쇄됐다. 19세기 말 한국에 온 프랑스 공사 콜랭 드 플랑시가 구입해서 현재는 프랑스 국립 도서관에 보관되어 있다. 구텐베르크의 성경보다 78년 먼저 인쇄된 《직지》는 2001년에 유네스코 세계 기록 유산에 등재됐다.

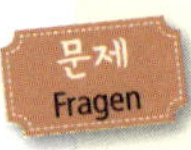

1 금속 활자로 인쇄된 세계에서 가장 오래된 책 은 무엇입니까?
Was ist das älteste Buch auf der Welt, das mit Metalllettern gedruckt wurde.

2 직지는 언제 인쇄됐습니까?
Wann wurde *Jikji* gedruckt?

1966 wurde in der Seokgatap Pagode (Sakyamuni Pagode) eine Rolle von ca. 620 cm Länge entdeckt. Es stellte sich heraus, dass es sich um eine Kopie des ältesten existierenden Holzschnittes vom *Mugujeonggwang Großes Dharani Sutra* handelt, die etwa 750 n. Chr. im Silla-Ära gedruckt wurde. Die Kopie wurde in der Pagode aufbewahrt, als Seokgatap 751 n. Chr. gebaut wurde. Als Pionier der Drucktechnologie erfand Korea Metallletter zum ersten Mal in der Welt während der Goryeo-Ära. Aufzeichnungen zufolge wurden Metallblöcke im Jahr 1234 verwendet, um ein Buch zu drucken. Aber dieses Buch konnte nicht gefunden werden. Das älteste vorhandene Buch, das mit Metalllettern gedruckt wurde, ist *Jikji*. Es ist ein Buch von Buddhas Lehren, das vom buddhistischen Mönch Baegun gesammelt wurde, und *Jikji* wurde im Heungdeoksa Tempel im Jahre 1377 gedruckt. Es wurde von Collin de Plancy, einem französischen Konsul gekauft, der Ende des 19. Jahrhunderts nach Korea kam. Das Buch wird derzeit in der französischen Nationalbibliothek bewahrt. *Jikji*, das 78 Jahre vor der Bibel, von Gutenberg gedruckt wurde, wurde im Jahr 2001 auf die Liste der UNESCO Weltdokumentenerbe gesetzt.

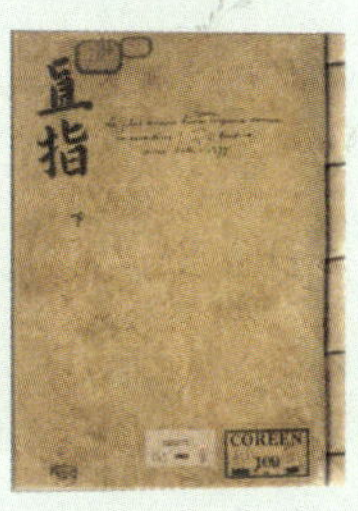

인쇄술 Drucktechnik
경주 Gyeongju
불국사 Bulguksa Tempel
석가탑 Seokgatap
길이 Länge
목판 Holzblock
두루마리 Schriftrolle
발견하다 entdecken, finden
신라 시대 Silla-Ära
경 ungefähr
인쇄되다 gedruckt werden
《무구 정광 대다라니경》
Mugujeonggwang Großes Dharani Sutra
세계 Welt
오래되다 alt sein
인쇄물 Druck

밝혀지다 sich herausstellen
세우다 bauen, errichten
보존하다 bewahren
선구자 Pionier
고려 시대 Goryeo-Ära
최초 zuerst, zum ersten Mal
금속 활자 Metallletter
발명하다 erfinden
기록 Aufnahme
적히다 geschrieben werden
전해지다 gefunden werden, übermittelt werden
《직지》 *Jikji*
백운 화상 Baegun Hwasang, buddhistischer Mönch Baekgun
부처 Buddha
가르침 Unterrichten

수집하다 sammeln
청주 Cheongju
흥덕사 Heungdeoksa Tempel
말 Ende, spät
공사 Konsul
콜랭 드 플랭시 Collin de Plancy
구입하다 kaufen, erwerben
국립 national
보관되다 aufbewahrt werden
구텐베르크 Gutenberg
성경 Bibel
먼저 zuerst, früher
세계 기록 유산 Weltdokumentenerbe
등재되다 aufgelistet werden

004

종묘 제례 ★★

Jongmyo Jerye (königliche Ahnengedenkzeremonie von Joseon)

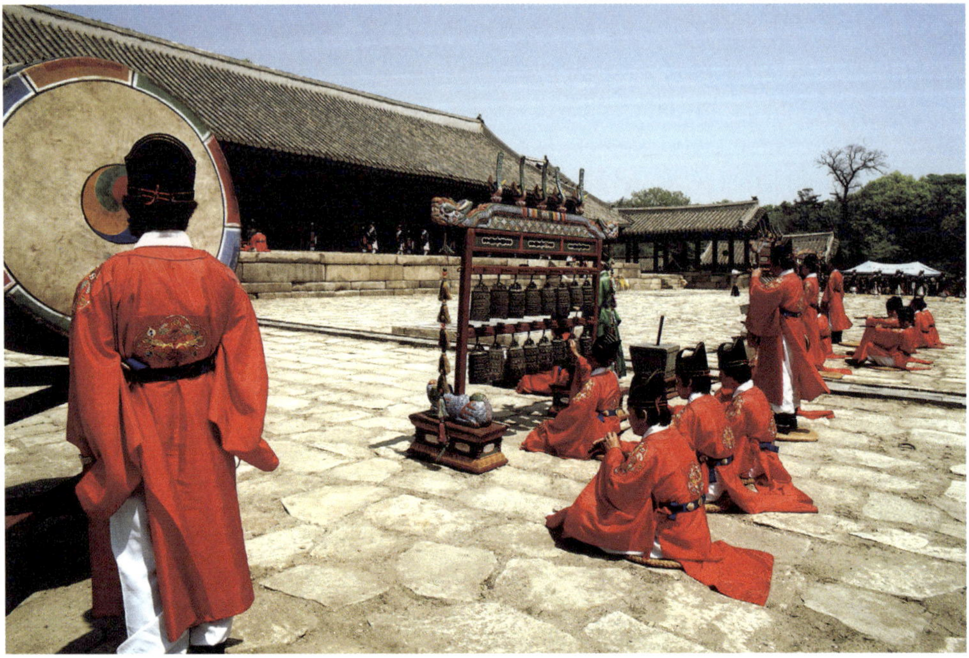

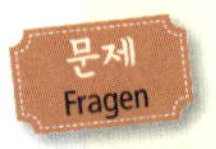

종묘 제례는 조선 왕실의 제사다. 왕과 왕비의 위패가 모셔져 있는 종묘에서 이 의식이 열린다. 이때 엄격한 유교 형식에 따라서 장엄하고 웅대한 궁중 음악이 연주된다. 여러 가지 전통 악기 연주와 더불어 노래와 춤이 어우러져 종묘 제례악을 이룬다. 600년이 넘는 시간 동안 연주되고 있기 때문에 역사적으로 매우 중요하다. 조선 시대에는 한 해에 여러 번의 제사를 지냈지만 1945년 광복 이후부터는 매년 5월, 10월의 첫 번째 일요일에 제례를 지낸다. 2001년 인류 무형 문화유산으로 등재되었고 지난 2015년 한·불 수교 130주년 기념행사로 해외 무대에서는 처음으로 파리 샤이오 궁에서 연주가 되었다.

문제
Fragen

1 조선 왕실의 제사를 뭐라고 부릅니까?
Wie wird die Ahnenzeremonie der königlichen Familie während der Joseon-Ära genannt?

2 종묘 제례 행사를 언제 종묘에서 볼 수 있습니까?
Wann kann man *Jongmyo Jerye* bei *Jongmyo* sehen?

Jongmyo Jerye ist das Andenken an die königliche Familie der Joseon-Ära. Die Zeremonie findet beim Jongmyo-Schrein statt, wo die Gedenktafeln der ehemaligen Könige und Königinnen versammelt sind. Bei dieser Gelegenheit wird majestätische und großartige Hofmusik nach strengem konfuzianischem Stil gespielt. Gemeinsam mit Aufführungen verschiedener traditioneller Musikinstrumente werden Lieder und Tänze aufgeführt, die *Jongmyo Jeryeak* oder königliche Ahnenmusik ausmachen. Da die Zeremonie seit über 600 Jahren aufgeführt wird, ist sie historisch sehr wichtig. Während der Joseon-Ära wurden die Ahnenriten mehrmals durchgeführt. Doch seit der koreanischen Befreiung von 1945 wird die Zeremonie jedes Jahr am ersten Sonntag im Mai und Oktober durchgeführt. Im Jahr 2001 wurde es als immaterielles Kulturerbe der Menschheit aufgelistet, und im Jahr 2015 wurde die Musik anlässlich des 130. Jahrestag der diplomatischen Beziehungen zwischen Korea und Frankreich auf einer ausländischen Bühne zum ersten Mal im Nationaltheater von Chaillot in Paris gespielt.

종묘 *Jongmyo* Schrein

제례 *Jerye*, Ahnenritus, Zeremonie für die Ahnen

조선 Joseon

왕실 königliche Familie

제사 Ahnenritus, Andenken

왕 König

왕비 Königin

위패 Gedenktafel

모셔져 있다 verehrt werden

의식 Ritus, Ritual, Zeremonie

열리다 gehalten werden

이때 bei dieser Gelegenheit

엄격하다 streng sein

유교 형식 konfuzianitische Art und Weise

N에 따라서 nach, laut, gemäß N

장엄하다 feierlich, herrlich, prächtig sein

웅대하다 großartig, prächtig, imposant sein

궁중 Hof

연주되다 aufgeführt, gespielt werden

여러 가지 viele verschiedene

전통 traditionell, Tradition

악기 Musikinstrument

N와/과 더불어 zusammen mit

N 어우러지다 in Harmonie sein

이루다 machen, bilden

넘다 über sein

역사적 historisch

매우 sehr

중요하다 wichtig sein

광복 Befreiung

이후 nach

매년 jedes Jahr, jährlich

첫 번째 erstmals, zum ersten Mal

인류 무형 문화유산 immaterielles Kulturerbe der Menschheit, Weltdokumentenerbe

등재되다 aufgelistet werden, aufgenommen werden

지난 letztens

한·불 수교 (Aufnahme der) diplomatische Beziehungen zwischen Korea und Frankreich

130주년 130. Jubiläum

기념행사 Gedenkveranstaltungt

해외 무대 ausländische Bühne

처음으로 zum ersten Mal

샤이오 궁 Nationaltheater von Chaillot

춘향전 ★★

Chunhyangjeon (Die Legende von Chunyhang)

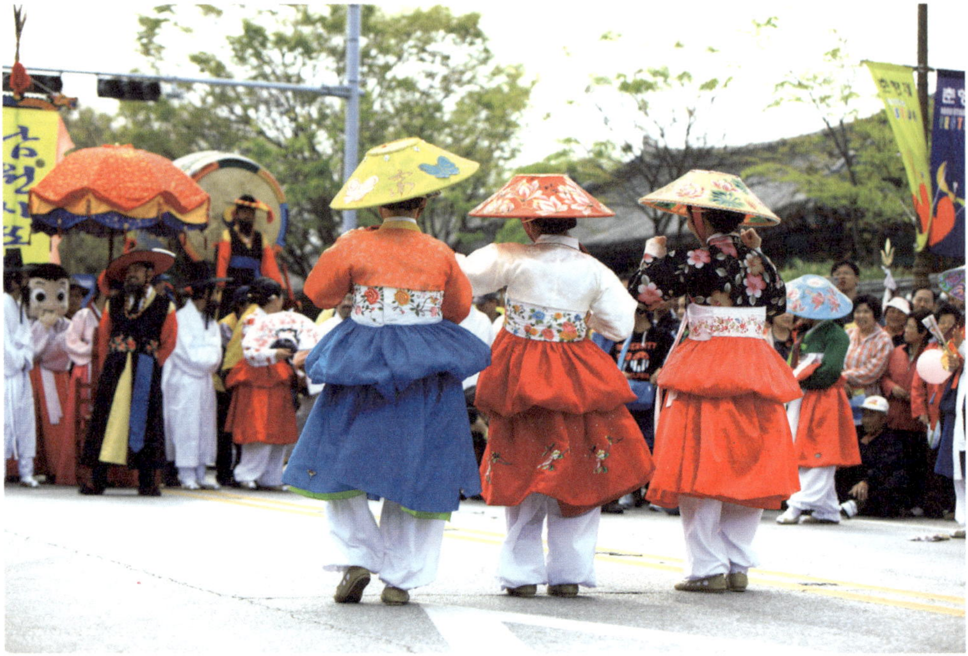

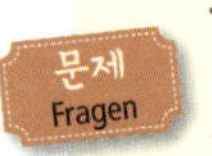

《춘향전》은 한국의 대표적인 고전 연애 소설이다. 판소리계 소설로 조선 시대(1392~1910)에 한글로 쓰였다. 전라도 남원 사또 아들 이몽룡은 광한루에서 기생의 딸 춘향을 보고 한눈에 반한다. 두 사람은 신분이 다르지만 사랑하는 사이가 된다. 그러나 이몽룡의 아버지가 임기를 마치고 서울로 떠나면서 이몽룡과 춘향은 이별을 하게 된다. 새로 온 변 사또는 매일 기생들을 불러 잔치를 하는데 춘향이는 사또의 요구를 거절하여 감옥에 갇힌다. 서울로 간 이몽룡은 암행어사가 돼서 다시 남원으로 내려온다. 그리고 변 사또를 벌하고, 춘향을 다시 만나 행복하게 산다. 《춘향전》에는 신분이 다른 두 사람의 사랑, 춘향의 변함없는 사랑, 이몽룡에게 벌 받는 변 사또의 결말 등이 잘 그려져 있다. 이 작품은 판소리, 오페라, 뮤지컬, 소설, 영화, 만화 등 다양한 형태로 소개되었다. 지금도 남원에서는 음력 5월 단옷날에 춘향제를 열고 미스 춘향을 뽑는다.

문제 / Fragen

1 조선 시대 대표적인 연애 소설은 무엇입니까?
Wie heißt die bekannteste Liebesgeschichte aus der Joseon-Ära?

2 춘향과 이몽룡이 만난 곳은 어디입니까?
Wo trafen sich Chunhyang und Yi Mong-nyong?

Chunhyangjeon ist die bekannteste klassische Liebesgeschichte Koreas. Es ist eine auf *Pansori* basierende Geschichte, die während der Joseon-Ära (1392-1910) in Hangeul geschrieben wurde. Yi Mong-nyong, Sohn des Namwon-Richters (*Satto*) in Jeolloa-Do verliebt sich auf den ersten Blick im Gwanghallu-Pavillon, als er Chunhyang sieht, die die Tochter einer *Gisaeng*, Unterhaltungskünstlerin, ist. Obwohl die beiden zu verschiedenen Statusgruppen gehören, lieben sie einander. Aber Yi Mong-nyong und Chunhyang sind gezwungen sich zu trennen, als die Dienstzeit von Mong-nyongs Vater endet und er nach Seoul versetzt wird. Der nach Namwon neu ernannte Richter Byeon feiert jeden Tag ein Fest und lädt Unterhaltungskünstlerinnen ein. Weil Chunhyang nicht auf die Forderungen des Richters eingeht, wird sie eingesperrt. In der Zwischenzeit wird Mong-nyong ein geheimer königlicher Inspektor in Seoul und kehrt nach Namwon zurück. Er bestraft Richter Byeon, trifft Chunhyang wieder und sie leben glücklich zusammen. In *Chunhyangjeon* wird die nicht endende Liebe zwischen zwei Menschen mit unterschiedlicher sozialen Stellung und das Ende von Richter Byeon, der von Yi Mong-nyong bestraft wird, gezeigt. Diese Geschichte wurde in verschiedenen Gattungen wie *Pansori*, Oper, Musical, Roman, Film und Comic etc. verarbeitet. Auch heute gibt es in Namwon noch das Chunhyang Festival, das an einem Tag im 5. Monat nach dem Mondkalender gefeiert wird und bei dem die „Miss Chunhyang" bei einem Schönheitswettbewerb gewählt wird.

《춘향전》 *Chunhyangjeon*
대표적 repräsentativ, typisch
고전 klassisch
연애 소설 Liebesroman
판소리계 *Pansori* basiert
조선 시대 Joseon-Ära
쓰이다 geschrieben werden
전라도 Jeolla-do
남원 Namwon
사또 Richter
아들 Sohn
이몽룡 Yi Mong-nyong
광한루 Gwanghallu Pavillion
기생 *Gisaeng*, Unterhaltungskünstlerin
딸 Tochter
한눈에 반하다 sich auf den ersten Blick verlieben

신분 Rang, Status
다르다 anders, verschieden sein
사이 Beziehung
임기 Dienstzeit
마치다 beenden, enden
이별하다 sich trennen, getrennt werden
새로 neu
변 사또 Richter Byeon
잔치 Fest, Party
요구 Forderung, Anfrage
거절하다 ablehnen
감옥에 갇히다 eingesperrt werden
암행어사 königlicher Geheiminspektor
벌하다 bestrafen
변함없다 unverändert sein
결말 Ende

그려지다 portraitiert werden
작품 Kunstwerk
판소리 *Pansori*
오페라 Oper
뮤지컬 Musical
소설 Erzählung, Roman
영화 Film
만화 Comic
다양하다 vielfältig sein
형태 Form
소개되다 vorgestellt werden
음력 Mondkalender
단옷날 *Dano*
춘향제 Chunhyang Festival
뽑다 wählen, auswählen

판소리 ★★
Pansori

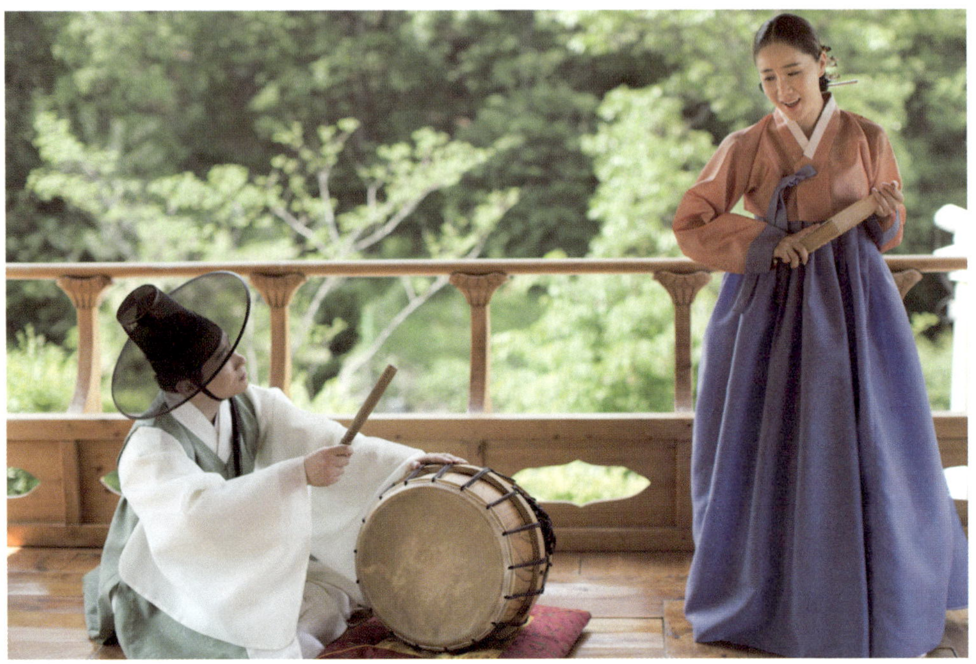

판소리는 고수의 북에 맞춰서 한 사람이 긴 이야기를 노래로 하는 공연 예술이다. 시장처럼 사람들이 많이 모이는 열린 장소에서 소리를 했기 때문에 판소리라고 불렀다. 18세기쯤에 시작되어 지금까지 불리는 작품은 〈춘향가〉, 〈심청가〉, 〈흥보가〉, 〈적벽가〉, 〈수궁가〉 다섯 편이다. 공연 시간은 두 시간에서 여덟 시간으로 작품마다 다르다. 소리꾼은 작품 속의 여러 인물들을 혼자서 노래로 연기한다. 거기에 고수의 북소리와 청중의 추임새가 합쳐져서 판소리가 완성된다. 판소리는 구비 문학, 음악, 연극의 종합 공연 예술이다. 해외에서도 임권택 감독의 영화 〈서편제〉(1993)와 〈춘향전〉(2000)을 통하여 판소리가 관심을 받기 시작했다. 2003년에는 유네스코 인류 무형 문화유산으로 등록되었다.

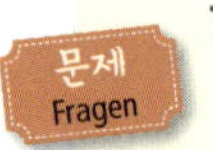

1 판소리는 무엇입니까?
Was ist *Pansori*?

2 지금까지 불리는 판소리 다섯 작품을 써 보세요.
Bitte schreiben Sie die Titel von 5 *Pansori* Geschichten, die heute noch aufgeführt werden.

Pansori ist eine darstellende Kunst, in der eine Person eine lange Geschichte mit Musik (*Sorikkun*) zu Rhythmen eines Schlagzeugers (*Gosu*) erzählt. Die Musik heißt *Pansori*, weil der Klang *Sori* auf einem offenen Platz wie einem Markt gesungen wurde, an dem sich viele Menschen sammeln. Es entstand etwa im 18. Jahrhundert, aber nur fünf Geschichten werden heute noch aufgeführt: *Chunhyangga, Simcheongga, Heungboga, Sugungga* und *Jeokbyeokga*. Die Dauer einer Aufführung unterscheidet sich entsprechend der Geschichte von 2 bis 8 Stunden. Der Sänger *Sorikkun* spielt singend ganz allein verschiedene Figuren in der Geschichte. Wenn die Trommelrhythmen des Trommlers *gosu* und die Gegenerwiderungen aus dem Publikum (*Chuimsae*) kombiniert werden, ist die Kunst von *Pansori* vollständig. Pansori erhielt die Aufmerksamkeit außerhalb Koreas durch die beiden Filme von Regisseur Im Kwon-taek *Sopyonje* (1993) und *Chunhyangjeon* (2000). Im Jahr 2003 wurde *Pansori* in die UNESCO-Liste der Meisterwerke für immaterielles Kulturerbe der Menschheit aufgenommen.

판소리 *Pansori*

고수 *Gosu* Schlagzeuger, Trommler

북 Fasstrommel

N에 맞추다 zu N

길다 lang sein

공연 Aufführung

예술 Kunst

모이다 sammeln

장소 Ort, Platz

소리를 하다 singen

V$_R$기 때문에 weil V

세기 Jahrhundert

시작되다 beginnen, entstehen

불리다 aufgeführt, gesungen werden

작품 Werk

〈춘향가〉 *Chunhyangga*

〈심청가〉 *Simcheongga*

〈흥보가〉 *Heungboga*

〈적벽가〉 *Jeokbyeokga*

〈수궁가〉 *Sugungga*

편 Stück

다르다 anders sein, sich unterscheiden

소리꾼 *Sorikkun, pansori* Sänger

속 in

여러 verschiedene

인물 Person, Figur

청중 Publikum

추임새 Erwiderung

합쳐지다 kombiniert werden

완성되다 vollendet werden

구비 문학 mündlich überlieferte Literatur

연극 Theater

종합 Zusammenfassung, Synthese

해외 im Ausland

임권택 Im Kwon-taek

감독 Regisseur

〈서편제〉 *Sopyonje*

〈춘향전〉 *Chunhyangjeon*

N을/를 통하여 durch N

관심을 받다 Aufmerksamkeit bekommen

인류 무형 문화유산 immaterielles Erbe der Menschheit

등록되다 aufgelistet werden

시조 ★★★
Sijo Dichtung

청산리 벽계수야 수이 감을 자랑 마라

일도창해하면 다시 오기 어려웨라

명월이 만공산하니 쉬어간들 엇더리

황진이 (1506-1544)

Klares, blaues Wasser, das durch die Schlucht fließt, rühmt sich nicht, leicht wegzufließen.

Sobald man den Ozean erreicht, wird es schwierig, zurückzukehren.

Da der helle Mond über dem leeren Berg scheint, warum nicht ruhen, bevor du gehst?

Sijo von Hwang Jin-i (1506-1544)

시조는 '당시의 노래 곡조'라는 뜻으로 조선 시대에 유행했다. 한글로 쓰인 시조는 어려운 한시에 비해서 한국인의 감정을 있는 그대로 잘 전달할 수 있었다. 시조는 정형시이기 때문에 정해진 리듬에 맞춰 노래를 불러야 한다. 기본형은 각 장의 음절 수가 초장은 3. 4. 3(4). 4 , 중장은 3. 4. 3(4). 4 , 종장은 3. 5. 4. 3으로 전체 약 45자이다. 형식이 짧고 비교적 간단해서 왕에서 기생까지 다양한 사람들이 시조를 짓고 불렀다. 주제는 시대에 따라 다르지만 보통 유교적인 윤리관, 자연에 대한 예찬, 남녀 간의 사랑 등을 다뤘다. 비, 바람, 산, 대나무 등의 자연을 통해서 인간이 지녀야 할 덕목을 보여 주었다. 지금도 정형시인 현대 시조가 자유시와 함께 공존한다.

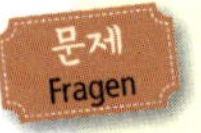

	1 시조는 무슨 뜻입니까?	**2** 시조는 어느 시대에 유행했습니까?
문제 Fragen	Was bedeutet *Sijo* ?	Zu welcher Zeit war *Sijo* in Mode?

Sijo bedeutet wörtlich die „Melodie (*Jo*) der Zeit (*Si*)" und war während der Joseon-Ära weit verbreitet. In *Hangeul* geschrieben konnten *Sijo*-Gedichte unverhüllte Emotionen des koreanischen Volkes verglichen mit der schwierigen koreanischen Poesie, die im klassischen Chinesisch (*Hansi*) geschrieben wurde, vermitteln. Da einem festen Vers folgt, muss es zu festen Rhythmen gesungen werden. In seiner Grundform ist die Anzahl der Silben in jeder Zeile: 3-4-3 (4) -4 in der ersten Zeile, 3-4-3 (4) -4 in der zweiten Zeile, und 3-5-4-3 in der dritten Zeile, also insgesamt ca. 45 Zeichen. Da die poetische Form kurz und relativ einfach ist, wurde *Sijo* von Menschen mit verschiedenen Hintergründen geschrieben, darunter Könige und *Gisaengs*, Unterhaltungskünstlerinnen. Die Themen unterschieden sich je nach Zeit, aber im Allgemeinen geht es um konfuzianische Ethik, Bewunderung für die Natur und Liebe zwischen Mann und Frau (romantische Liebe). Insbesondere zeigte *Sijo* die Tugenden, die die Menschen durch die Natur haben sollten, wie Regen, Wind, Berge und Bambus. Heute existiert der feste Vers des modernen *Sijo* zusammen mit den freien Versen.

시조 *Sijo*, Dichtung, traditionelle koreanische Dichtung
당시 zu dieser Zeit, damals
곡조 Melodie
쓰이다 geschrieben werden
한시 *Hansi*, koreanische Dichtung im klassischen Chinesisch geschrieben
N에 비해서 verglichen mit N
감정 Emotion, Gefühl
있는 그대로 so wie es ist, unverändert
전달하다 vermitteln, übermitteln
정형시 fester Vers, Lyrik mit einer festen Form
리듬 Rhythmus
N에 맞춰 zu N

기본형 Grundform
각 장 jede Zeile
음절 수 Silbenanzahl
초장 erste Zeile, Zeile 1
중장 zweite Zeile, Zeile 2
종장 dritte Zeile, Zeile 3
전체 insgesamt
자 Zeichen, Buchstabe
형식 Form, Format
비교적 verglichen
왕 König
기생 *Gisaeng*, Unterhaltungskünstlerin
짓다 machen, schreiben
부르다 singen
주제 Thema

시대 Periode, Zeit
유교적 konfuzianistisch
윤리관 ethischer Glaube, Ethik
자연 Natur
예찬 Bewunderung
남녀 간 zwischen Mann und Frau
다루다 behandeln, thematisieren
대나무 Bambus
지니다 haben
덕목 Tugend
현대 heutzutage, modern
자유시 freier Vers
공존하다 koexistieren, zusammen existieren

008

탈춤 ★★★
Talchum (Koreanischer Maskentanz)

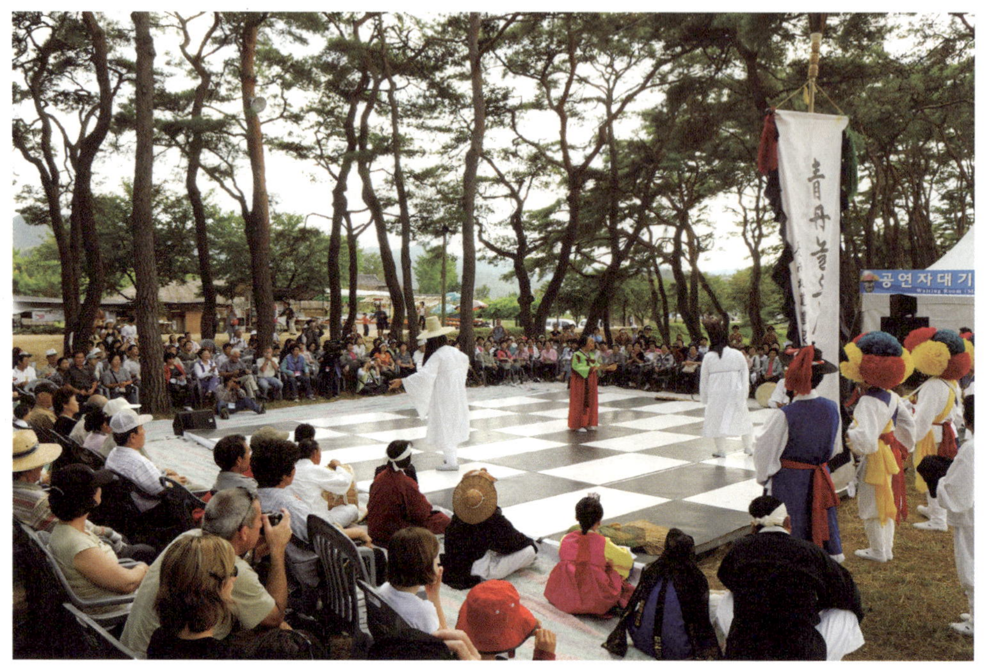

탈춤은 공연자와 관객들이 함께 즐기는 전통 가면극으로 서민들이 즐기던 놀이였다. 광대들이 양반, 무당, 첩, 승려로 분장하고 그들의 허위와 가식을 해학적으로 비판했다. 관객들은 그것을 보고 즐기며 카타르시스를 느꼈다. 탈춤은 이와 같은 해학과 비판적 성격 때문에 1980년대 민주화 운동에도 자주 등장했다. 다른 나라의 가면극과는 달리, 탈춤은 탁 트인 마당에서 진행되기 때문에 무대와 관객의 경계가 없다. 요즘도 서울 놀이 마당에 가면 누구나 쉽게 탈춤을 즐길 수 있다. 지방마다 고유한 탈춤놀이가 있는데, 특히 5월에 열리는 안동 지방의 하회탈춤축제가 유명하다. 탈춤을 보면 어려움 속에서도 웃음을 잃지 않았던 서민들의 해학을 읽을 수 있다.

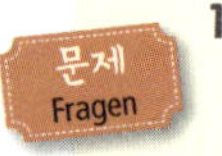

1 탈춤은 누가 즐기던 놀이입니까?
Wer mochte den traditionellen koreanischen Maskentanz *Talchum*?

2 안동 지방의 탈춤놀이 이름이 무엇입니까?
Wie heißt der Maskentanz, der in der Region bei Andong aufgeführt wird?

Talchum ist ein traditionelles Maskenspiel, in dem sowohl die Darsteller als auch das Publikum zusammen Spaß haben, und es ist eine Aufführung, die von den Bürgern genossen wird. Entertainer (*Gwangdae*) verkleiden sich als *Yangban*, Schamanen, Konkubinen und buddhistische Mönche, kritisieren humorvoll ihre Heuchelei und Vortäuschung mit. Das Publikum hat Spaß, die Aufführung des Maskentanzes zu beobachten und fühlt sich befreit. Wegen dieser satirischen Natur gab es Maskentänze oft während der Demokratiebewegung in den 1980er Jahren. Im Gegensatz zu den Maskentänzen anderer Länder findet der koreanische Maskentanz auf offenem Gelände statt, weshalb es keine Grenze zwischen der Bühne und dem Publikum gibt. Jeder kann heute *Talchum* leicht genießen, wenn man in Seoul Nori Madang besucht. Jede Region hat einen einzigartigen Maskentanz, und das Hahoe Maskentanz-Festival in der Region bei Andong, das im Mai gefeiert wird, ist besonders berühmt. Wenn man den koreanischen Maskentanz beobachtet, kann man den Humor der Bürger sehen, die niemals unter Schwierigkeiten aufhören zu lächeln.

탈춤 *Talchum* (Koreanischer Maskentanz)
공연자 Künstler, Darsteller
관객 Publikum
전통 Tradition
가면극 Maskenspiel
서민 normale Menschen, Bürger
놀이 Spiel
광대 *Gwangdae*, Clown, Entertainer
양반 *Yangban* Elite
무당 *Mudang*, Schamane
첩 Konkubine
승려 buddhistischer Mönch
분장하다 sich ver kleiden als, sich schminken

허위 Lüge, Heuchelei
가식 Vortäuschung
해학적 humorvoll
비판하다 kritisieren
카타르시스 befreiend
느끼다 fühlen
민주화 운동 Demokratiebewegung
등장하다 erscheinen, auftreten
N와/과 달리 anders als N
탁 트이다 offen sein, nicht eingeschränkt sein
마당 Garten, Hof
진행되다 passieren, fortfahren
무대 Bühne

경계 Grenze
놀이 마당 Spielplatz
누구나 jeder, alle
지방 Region
고유하다 einzigartig sein
열리다 gehalten, gefeiert werden
안동 지방 Andong Region
하회탈춤 *Hahoe* Maskentanz
축제 Festival
어려움 Schwierigkeit
웃음 Lachen, Lächeln
잃다 verlieren

009

풍속화와 민화 ★★★
Genremalerei und Volksmalerei

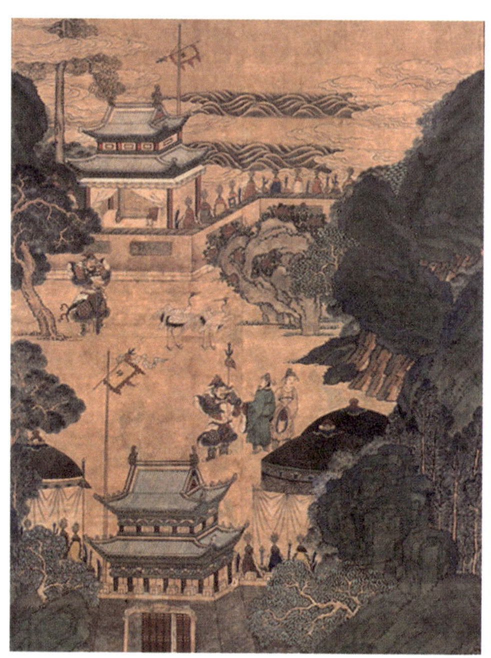 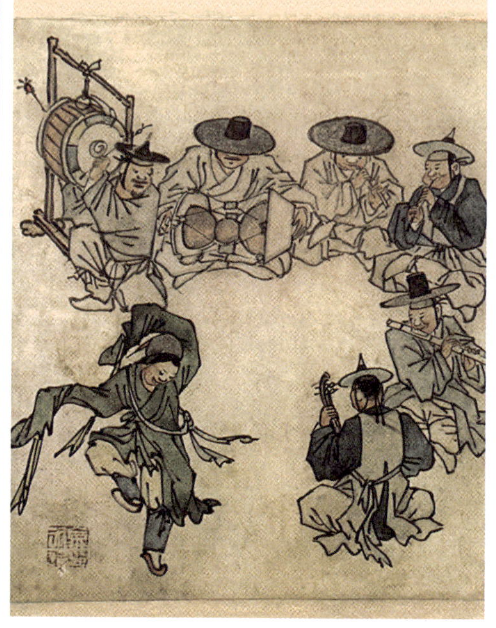

풍속화는 조선 시대 후반에 시작된 화풍으로 서민들의 일상생활 모습을 담은 그림이다. 고려 시대까지는 불화를 주로 그렸고 조선 시대 전기에는 이상향을 담은 산수화를 그렸다. 선비들이 즐겼던 산수화와는 달리 풍속화는 일상적인 소재 때문에 처음에는 크게 인정받지 못했다. 그러나 18세기 후반에 김홍도, 신윤복과 같은 화가들이 나오면서 풍속화의 절정기를 맞는다. 김홍도는 서민들의 일상생활을 표현한 〈씨름〉, 〈빨래터〉, 〈서당〉 등의 작품을 남겼다. 반면 신윤복은 한량과 기녀들의 연애를 소재로 한 〈미인도〉, 〈주막도〉, 〈연당의 여인〉 등의 작품을 남겼다. 조선 후기에는 풍속화뿐만 아니라 민화도 인기를 끌었다. 민화는 생활 공간을 장식하기 위한 실용적인 목적으로 병풍, 책거리, 문방구, 공예품에 그린 그림을 말한다. 부적이나 탱화에도 민화를 그려 넣었는데 이러한 그림에는 그 당시 사람들의 신앙이 담겨 있다. 소박하고 익살스러운 민화는 보는 사람들에게 웃음을 자아내는 한국의 문화 유산이다.

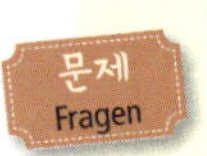

문제 Fragen

1 18세기 후반에 풍속화로 유명했던 화가는 누가 있습니까?

Welche Künstler waren im späten 18. Jahrhundert berühmt für Genremalerei?

2 생활 공간을 장식하기 위한 실용적인 목적으로 그린 그림은 무엇입니까?

Welche Malerei dient dem pragmatischen Zweck der Dekoration von Wohnräumen?

Die Genremalerei ist eine Kunst, die in der späten Joseon-Ära begann und die Aspekte des bürgerlichen Alltags darstellte. Die buddhistische Malerei gab es überwiegend bis zur Goryeo-Ära und die utopische Landschaftsmalerei wurde in der frühen Joseon-Ära gemalt. Anders als die Landschaftsmalerei, die von konfuzianischen Gelehrten geschätzt wurde, wurde die Genremalerei wegen ihrer alltäglichen Themen zunächst nicht anerkannt. Doch mit dem Erscheinen von Künstlern wie Kim Hong-do und Shin Yun-Bok im späten 18. Jahrhundert hatte die Genremalerei endlich ihre Blütezeit. Es gab Kim Hong-dos Werke, die das tägliche Leben der Bürger, einschließlich *Waschplatz*, *Ssireum* und *Seodang* zeigten. Auf der anderen Seite malte Shin Yun-bok das romantische Themen wie die Beziehung zwischen Männern, die in angesagten Kreisen verkehrten, und Unterhaltungskünstlerinnen wie *Porträt einer Schönheit*, *Malerei von einem Gasthaus* und *Frau beim Yeondang*. In der späten Joseon-Ära wurden nicht nur Genregemälde, sondern auch Volksmalereien populär. Die Volksmalerei bezieht sich auf Gemälde zur praktischen Dekoration von Wohnräumen wie Gemälde auf Paravents oder Gemälde auf Lernmaterialien und Büchern, Schreibwaren oder Kunsthandwerk. Die Volksmalerei war auch in Talismanen oder buddhistischen Hängegemälden enthalten, und der Glaube der Menschen der Zeit war in diesen Gemälden enthalten. Einfache und humorvolle Volksmalerei ist das kulturelle Erbe Koreas, das die Zuschauer zum Lächeln bringt.

풍속화 Genremalerei
민화 Volksmalerei
후반 spät
화풍 Stil in der Malerei
서민 normale Menschen, Bürger
일상생활 Alltag
모습 Gestalt, Figur, Form, Aspekt
담다 füllen, beinhalten, porträtieren
고려 시대 Goryeo-Ära
불화 buddhistische Malerei
그리다 zeichnen, malen
조선 시대 Joseon-Ära
전기 vorher, erste Halbjahr, erste Teil
이상향 Utopie
산수화 Landschaft
선비 konfuzianistischer Gelehrter, Seonbi
N와/과는 달리 anders als N
일상적 alltäglich, normal
소재 Material, Stoff
크게 groß, sehr

인정받다 anerkannt, geschätzt werden
김홍도 Kim Hong-do
신윤복 Shin Yun-bok
화가 Künstler, Maler
절정기를 맞다 seinen Höhepunkt, Schaffenskraft erreichen
〈씨름〉 Ssireum (koreanischer Ringkampf)
〈빨래터〉 Waschplatz
〈서당〉 Seodang
작품 Kunstwerk
남기다 hinterlassen
반면 auf der anderen Seite, im Gegenteil zu
한량 Person, die in angesagten Kreisen verkehrt
기녀 Unterhaltungskünstlerin, Gisaeng
연애 Liebesbeziehung, Beziehung
〈미인도〉 Porträt einer Schönheit
〈주막도〉 Malerei von einem Gasthaus

〈연당의 여인〉 Frau beim Yeondang
생활 공간 Lebensraum, Wohnraum
장식하다 dekorieren, schmücken
실용적 praktisch, pragmatisch
목적 Ziel, Zweck
병풍 spanische Wand, Paravent
책거리 Malerei des Studiums von Materialien und Büchern
문방구 Schreibware
공예품 Kunsthandwerk
부적 Talisman
탱화 Taenghwa, buddhistische Hängemalerei
당시 zu dieser Zeit, damals
신앙 Glaube
담기다 gefüllt sein, beinhalten
소박하다 einfach sein
익살스럽다 humorvoll, lustig sein
웃음을 자아내다 jdm. zum lachen, lächeln bringen
문화 유산 Kulturerbe

010

전통 악기 *
Traditionelle Musikinstrumente

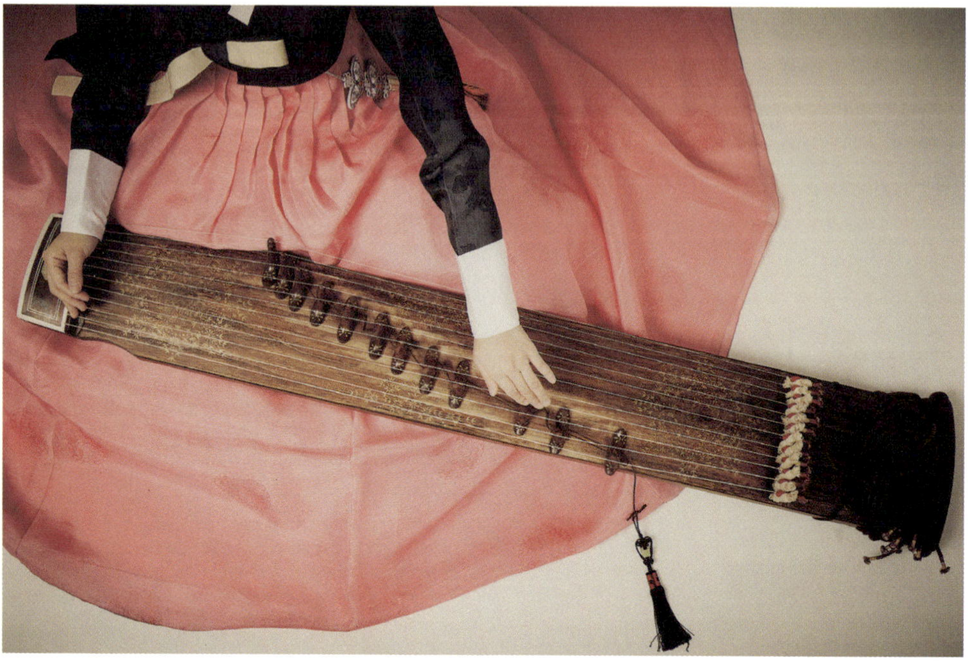

옛날부터 한국인들이 즐겼던 악기로 거문고와 가야금이 있다. 거문고는 6줄, 가야금은 12줄의 현악기인데, 가야금은 손으로 연주하지만 거문고는 작은 술대로 연주한다. 가야금은 소리가 가늘고 화려해서 여성적이고, 거문고는 굵고 깊어서 남성적이다. 서양의 피들(fiddle)과 비슷한 악기로 2줄로 된 해금도 있다. 전통 관악기로는 대금과 피리가 있다. 대금은 깊고 신비로운 음색을 가진 반면, 피리는 가늘고 경쾌한 소리를 낸다. 장고는 대표적인 타악기로 모래시계 모양이고 궁중 음악에서부터 민간의 농악, 굿, 탈춤에 다 사용된다.

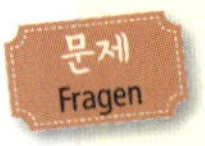

1 현악기로 줄이 6개인 한국 전통 악기는 무엇입니까?
Wie wird das 6 saitige traditionelle koreanische Musikinstrument genannt?

2 깊고 신비로운 음색을 가진 전통 관악기는 무엇입니까?
Was ist das traditionelle Blasinstrument, das einen tiefen und mystischen Ton hat?

Geomungo und *Gayageum* gehören zu den musikalischen Instrumenten, die von Koreanern seit jeher genossen werden. *Geomungo* ist ein 6 saitiges Instrument, und *Gayageum* ist ein 12 saitiges Instrument. Während *Gayageum* mit bloßen Händen gespielt wird, wird *Geomungo* mit einem Plektrum gespielt. Ersteres ist feminin, da es einen weichen und glamourösen Klang hat, wogegen letzteres männlich ist, da es einen tiefen Klang hat. Es gibt auch ein Instrument ähnlich der westlichen Geige, das 2 saitige *Haegeum*. Als traditionelle Blasinstrumente gibt es daegeum und *Piri*. Während *Daegeum* einen tiefen und mystischen Ton hat, hat *Piri* einen weichen und fröhlichen Klang. *Janggo* ist ein repräsentatives Schlaginstrument in einer runden Form und wird mit für Hofmusik und für Volksmusik verwendet. Es wird auch bei *Nong-ak*, schamanistische Rituale und Maskentänze, verwendet.

전통 Tradition, traditionell
악기 Musikinstrument
옛날 seit jeher
한국인 Koreaner
즐기다 genießen, schätzen
거문고 *Geomungo*
가야금 *Gayageum*
줄 Saite
현악기 Saiteninstrument
손 Hand
연주하다 aufführen, spielen
작은 klein
술대 Plättchen, Plektrum
소리 Geräusch, Ton
가늘다 weich, zart sein
화려하다 beeindruckend, glamourös sein

V$_R$아서/어서/여서 da V, weil V
여성적 feminin, weiblich
굵다 tief sein, niedrig sein
깊다 tief sein
남성적 maskulin, männlich
서양 westlich
피들 Geige
비슷하다 ähnlich sein
해금 *Haegeum*
관악기 Blasinstrument
대금 *Daegeum*, traditionelle koreanische Flöte
피리 *Piri*, traditionelle koreanische Flöte
신비로운 mysteriös, mystisch
음색 Timbre, Klangfarbe
가지다 haben

반면 auf der anderen Seite, während, im Gegensatz zu
경쾌한 fröhlich sein, leicht sein
내다 machen (einen Ton)
장고 *Janggo*, *Janggu*, runde Trommel
대표적 repräsentativ, typisch
타악기 Schlaginstrument
모래시계 Sanduhr
모양 Form
궁중 음악 Hofmusik
민간 Volk, von/unter Menschen
농악 *Nong-ak*, traditionelle koreanische Musik von Bauern
굿 *Gut*, schamanistisches Ritual
탈춤 koreanischer Maskentanz
다 zusammen
사용되다 verwendet werden

011

민속촌 ★★
Koreanisches Volkskundedorf

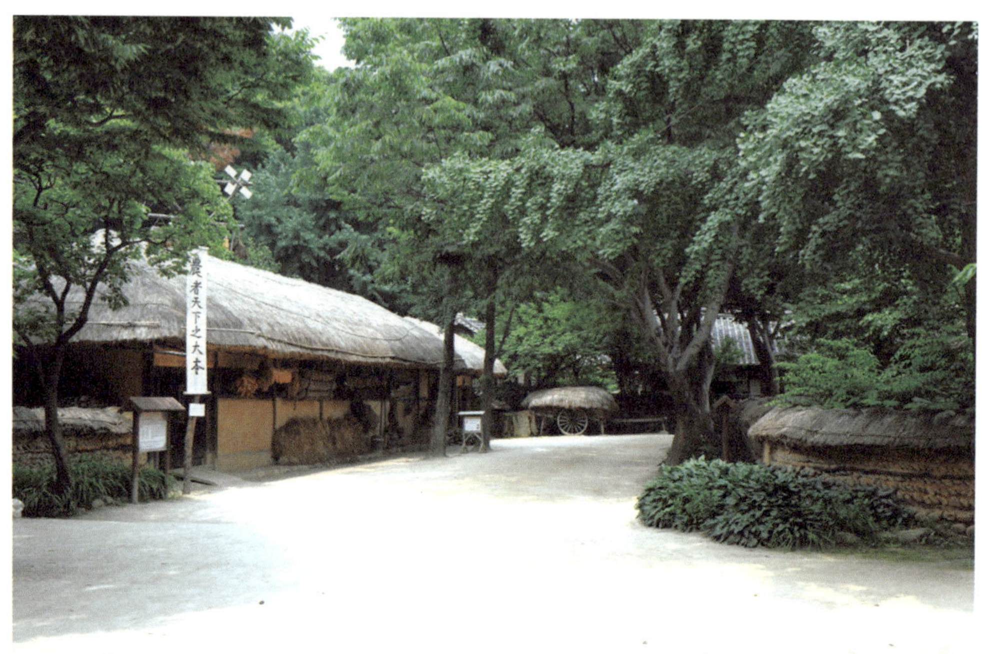

경기도 용인에 가면 민속촌이 있다. 민속촌은 한국 민속 문화를 소개하기 위해서 조선 시대 한옥을 복원해서 만든 전통 마을이다. 이곳에서 조상들의 생활 풍습을 직접 체험할 수 있다. 부채, 탈, 짚신이나 옹기를 만드는 공예품 아틀리에가 있고 그네뛰기, 윷놀이, 제기차기와 같은 민속놀이도 있다. 또한 줄타기와 탈춤과 같은 전통 공연도 볼 수 있고, 식당, 술집, 찻집에서 전통 음식도 맛볼 수 있다. 특히 놀이 마을에는 한국의 모든 귀신들이 모여 있는 '귀신전', 한여름에도 등이 오싹한 '전설의 고향', '4D 입체 영상관' 등이 있다. 온 가족이 아름다운 자연 속에서 전통문화를 재발견할 수 있는 전통문화 테마파크이다.

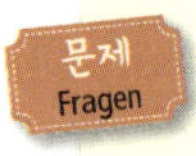

<table>
<tr><td>1</td><td>민속촌은 어디에 있습니까?
Wo ist das koreanische Volkskundedorf?</td><td>2</td><td>민속촌에서 즐길 수 있는 민속놀이는 무엇입니까?
Welche Volksspiele kann man im koreanischen Volkskundedorf spielen?</td></tr>
</table>

Das koreanische Volkskundedorf befindet sich in Yong-in, Gyeonggi-do. Das Volkskundedorf ist ein traditionelles Dorf, das durch die Wiederherstellung von Joseons *Hanok* zur Einführung der Volkskultur von Korea errichtet wurde. Hier kann man die täglichen Sitten und Gebräuche der Vorfahren aus erster Hand erleben. Es gibt Ateliers für Kunsthandwerk, wo man Fächer, traditionelle Masken oder Strohschuhe machen oder töpfern kann. Man kann auch Volksspiele wie Schaukeln, *Yunnori* und *Jegichagi* genießen. Man kann auch traditionelle Aufführungen wie Seiltänze und Maskentänze sehen und traditionelle Speisen in Restaurants probieren sowie Bars und Teehäuser sehen. Im Spieldorf gibt es eine Geisterzone, wo alle koreanischen traditionellen Geister vorhanden sind, so dass die legendäre Heimat des koreanischen Volkskundedorf auch an heißen Hochsommertagen einen frösteln lässt. Es gibt auch ein 4D Theater. Dieses Volkskundedorf ist ein Themenpark, in dem alle Familienmitglieder die traditionelle Kultur inmitten einer wunderschönen Natur wiederentdecken können.

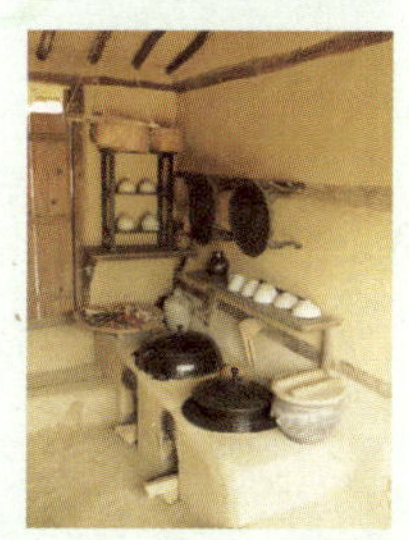

민속촌 koreanisches Volkskundedorf

경기도 Gyeonggi-do/Provinz

용인 Yong-in

민속 문화 Volkskultur

조선 시대 Joseon-Ära

복원하다 wiederherstellen; sich erholen

전통 마을 traditionelles Dorf

이곳 hier, dieser Ort

조상 Ahne, Vorfahr

생활 풍습 tägliche Sitten und Bräuche

직접 direkt, sofort

체험하다 erfahren

부채 Fächer

탈 traditionelle Maske

짚신 Strohschuhe

옹기 Töpferei

공예품 Kunsthandwerk

아틀리에 Atelier, Werkstatt

그네뛰기 Schaukeln

윷놀이 *Yunnori*, ein Spiel mit *Yut*, koreanisches traditionelles Brettspiel

제기차기 *Jegichagi*, ein Spiel bei dem jegi getreten werden

N와/과 같은 wie N

민속놀이 Volksspiel

또한 und, außerdem

줄타기 auf einem Seil laufen

탈춤 koreanischer Maskentanz

공연 Aufführung

특히 insbesondere

놀이 마을 Dorf zum Spielen

모든 alle

귀신 Geist

모여 있다 gesammelt sein, vorhanden sein

귀신전 Geisterzone

한여름 Hochsommer

등 Rücken

오싹하다 ein Schaudern fühlen, sich gruseln

전설의 고향 Heimat der Legenden

입체 dimensional

영상관 Theater

재발견하다 wiederentdecken

테마파크 Themenpark

012

벚꽃 놀이 *
Kirschblütenpicknick

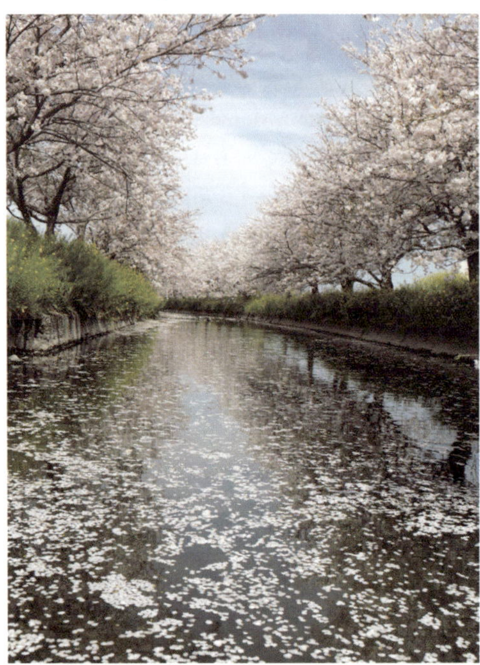
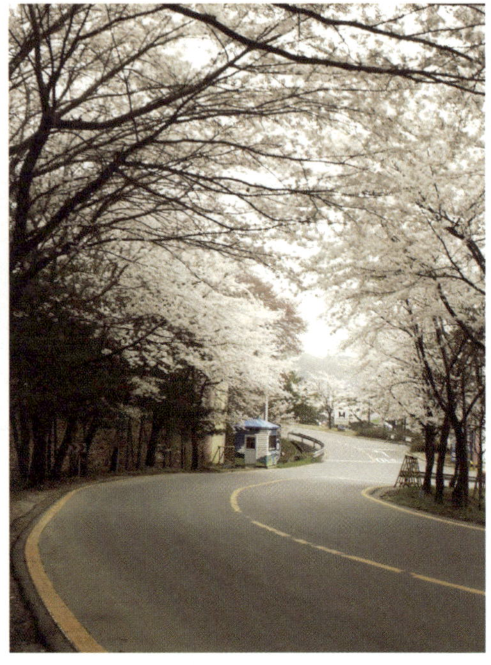

벚꽃은 보통 3월 말부터 4월 중순까지 핀다. 벚꽃이 피면 주로 친구, 연인, 가족과 함께 벚꽃 놀이를 간다. 전국에 벚꽃으로 유명한 곳들이 많다. 서울 여의도 윤중로에는 벚나무 약 1,400그루가 장관을 이룬다. 30만 그루의 벚나무를 자랑하는 진해 벚꽃축제는 매년 4월 1일부터 10일 동안 열리는데 한국에서 가장 큰 벚꽃축제다. 그 기간 동안에는 서울시와 진해시를 연결하는 임시 열차가 운행되고, 다양한 행사가 열린다. 경상도 화개장터 벚꽃축제에는 십 리 벚꽃 마라톤 대회, 민속놀이, 전통 혼례, 가수왕 선발 대회 등의 행사가 있다. 부산 〈경포대 벚꽃축제〉, 계룡산의 〈동학사 벚꽃축제〉도 볼 만하다. 한국에서 벚꽃이 가장 늦게 피는 전라북도 마이산은 수천 그루의 하얀 벚꽃들이 정말 아름답다.

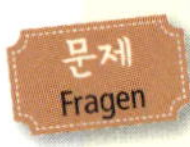

1 한국에서 가장 큰 벚꽃 축제 이름은 무엇입니까?
Wie heißt das größte Kirschblütenfest in Korea?

2 서울에서 유명한 벚꽃 거리는 무엇입니까?
Wo ist die berühmte Kirschblütenstraße in Seoul?

Die Kirschblüte blüht in der Regel von Ende März bis Mitte April. Wenn in Korea die Kirschblüten blühen, machen die Leute normalerweise ein Kirschblütenpicknick mit Freunden, Geliebten oder der Familie. Es gibt viele berühmte Orte für die Kirschblüte im ganzen Land. Auf der Yungjungno Straße auf der Insel Yeouido in Seoul bieten etwa 1.400 Kirschbäume einen herrlichen Anblick. Das Jinhae Kirschblütenfest mit 300.000 Kirschbäumen findet für 10 Tage ab dem 1. April jedes Jahr statt und es ist das größte Kirschblütenfest in Korea. Während dieser Zeit fahren nur vorübergehend Züge, um Seoul und Jinhae-si zu verbinden, und verschiedene Veranstaltungen werden gehalten. Das Hwagae Marktplatz Kirschblütenfest bietet Veranstaltungen wie den 10-ri Kirschblütenmarathon, Volksspiele, eine traditionelle Hochzeitszeremonie und einen Gesangswettbewerb. Sehenswert sind auch Busans Gyeongpodae-Kirschblütenfest und das „Gyeryongsan Mountain Donghaksa Cherry Blossom Festival" sehenswert. Am Maisan Berg in Jeollabuk-do, wo die jüngsten Kirschblüten in Korea blühen, sind Tausende von weißen Kirschblüten wirklich schön.

벚꽃 놀이 Kirschblütenpicknick

–말부터 von Ende…, von späten…

중순까지 bis Mitte…

피다 blühen

연인 Geliebte/r

가족 Familie

N와/과 함께 mit N

전국 das ganze Land, über das ganze Land

유명한 berühmt

곳 Ort, Platz

여의도 Yeouido Insel

윤중로 Yunjungno-Straße

벚나무 Kirschbaum

약 ungefähr

그루 Strauch, Baum, Einheit für eine Pflanze,

장관을 이루다 einen großartigen Anblick machen/bieten

자랑하다 angeben, prahlen, stolz sein über

축제 Fest, Festival

매년 jedes Jahr

동안 während

열리다 gehalten werden, eröffnen

가장 am meisten

큰 groß

기간 Zeitraum, Periode

진해시 Jinhae-si

임시 vorübergehend

열차 Zug

운행되다 im Einsatz sein, verkehren

다양한 vielfältig, divers

행사 Veranstaltung

경상도 Gyeongsang-do/Provinz

화개장터 Hwagae Marktplatz

십 리 10-ri (4 km)

마라톤 Marathon

대회 Wettkampf, Wettbewerb

민속놀이 Volksspiel

전통 Tradition

혼례 Trauung, Heirat

가수왕 Topsänger

등 …und viele mehr, so wie…

부산 Busan

경포대 Gyeongpodae Pavillon

계룡산 Gyeryongsan Berg

동학사 Donghaksa (Tempel)

V_R을/ㄹ 만하다 es wert sein zu V

늦게 spät

전라북도 Jeollabuk-do/Provinz

마이산 Maisan Berg

수천 Tausende von

하얀 weiß

아름답다 schön sein

013

부산 국제 영화제 ★★
Busan International Film Festival (BIFF)

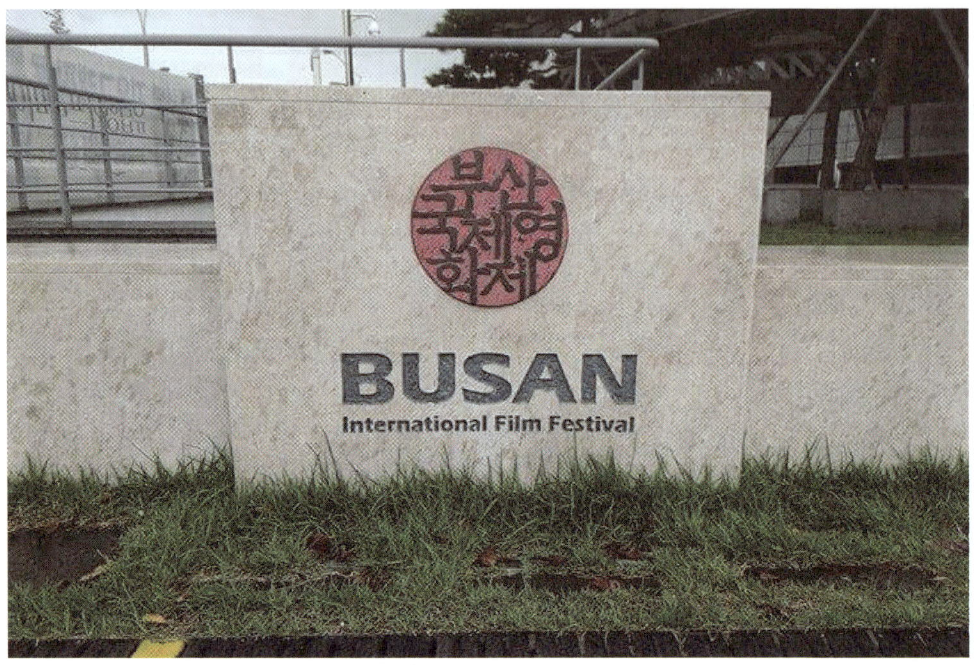

〈부산 국제 영화제〉는 1996년에 시작된 한국 최초의 국제 영화제이다. 도쿄와 홍콩 영화제와 함께 아시아에서 가장 큰 영화제이다. 매년 10월에 해운대 '영화의 전당'과 센텀시티, 남포동 극장가에서 개최되는데 2016년에는 21회를 맞았다. 부산 국제 영화제에서는 세계 유명 감독의 신작을 빠르게 감상할 수 있고 아시아 영화감독들의 다양한 화제작도 볼 수 있다. 또한 '아시아 영화의 창', '아시아 필름 마켓', '뉴커런츠' 등 아시아의 우수한 작품을 소개하는 여러 행사가 있다. 특히 감독, 배우, 관객이 모두 함께 영화를 보고 대화할 수 있는 프로그램인 '관객과의 대화(GV)' 등도 있다. 이처럼 부산 국제 영화제는 아시아 영화인들의 네트워크를 마련하는 데 중요한 역할을 하는 영화인들의 축제다.

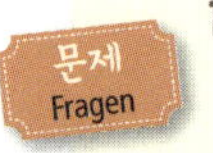

1 한국 최초의 국제 영화제는 무엇입니까?
Was war Koreas erstes internationale Filmfestival?

2 〈부산 국제 영화제〉는 언제 열립니까?
Wann findet das Busan International Film Festival statt?

Das Busan International Film Festival (BIFF) war das erste internationale Filmfestival in Korea, das 1996 begann. Es ist zusammen mit dem Tokyo International Film Festival und dem Hong Kong International Film Festival eines der größten Filmfestivals in Asien. Jedes Jahr im Oktober findet das BIFF im Busan Cinema Center in Haeundae und im Viertel für Kinos und Theater in Centum City und Nampo-dong statt. Es hat sein 21-jähriges Jubiläum im Jahr 2016 gefeiert. Beim BIFF kann man neue Filme von berühmten Regisseuren aus aller Welt sehen und viele heiß diskutierte Filme von asiatischen Regisseuren sehen. Unter den verschiedenen Veranstaltungen des BIFF gibt es ein Programm für asiatisches Kino, den asiatischen Filmmarkt und ein Programm für neue Strömungen, die das Rückgrat des BIFF bilden, das der Welt hervorragende asiatische Filme vorstellen soll. Es gibt auch ein Programm wie Gastbesuche (Guest Visits, GV), in dem Regisseure, Schauspieler und das Publikum den Film gemeinsam anschauen und sich darüber austauschen können. So ist BIFF ein Fest der Cineasten, das eine wichtige Rolle bei der Vorbereitung eines Netzwerks unter asiatischen Filmemachern spielt.

부산 Busan
국제 international
영화제 Filmfestival
시작되다 beginnen, anfangen
최초 erstmals, zum ersten Mal
도쿄 Tokio
홍콩 Hong Kong
함께 zusammen mit
가장 am meisten
매년 jedes Jahr
해운대 Haeundae
전당 Zentrum, Halle
남포동 Nampo-dong

극장가 Theaterviertel
개최되다 stattfinden, ausgerichtet werden
맞다 feiern, sehen
세계 Welt
유명 berühmt
감독 Regisseur
신작 neuer Film/neue Arbeit
아시아 Asien
화제작 heiß diskutierte Arbeit, viel besprochene Arbeit
또한 des Weiteren, außerdem
필름 마켓 Filmmarkt

행사 Veranstaltung, Event
배우 Schauspieler
관객 Publikum
대화하다 sprechen mit, sich austauschen mit
프로그램 Programm
N와/과 같은 wie N
영화인 Cineast
네트워크 Netzwerk
마련하다 anbieten, vorbereiten
중요하다 wichtig sein
역할 Rolle

014

전주와 전주 축제들 *
Jeonju und seine Festivals

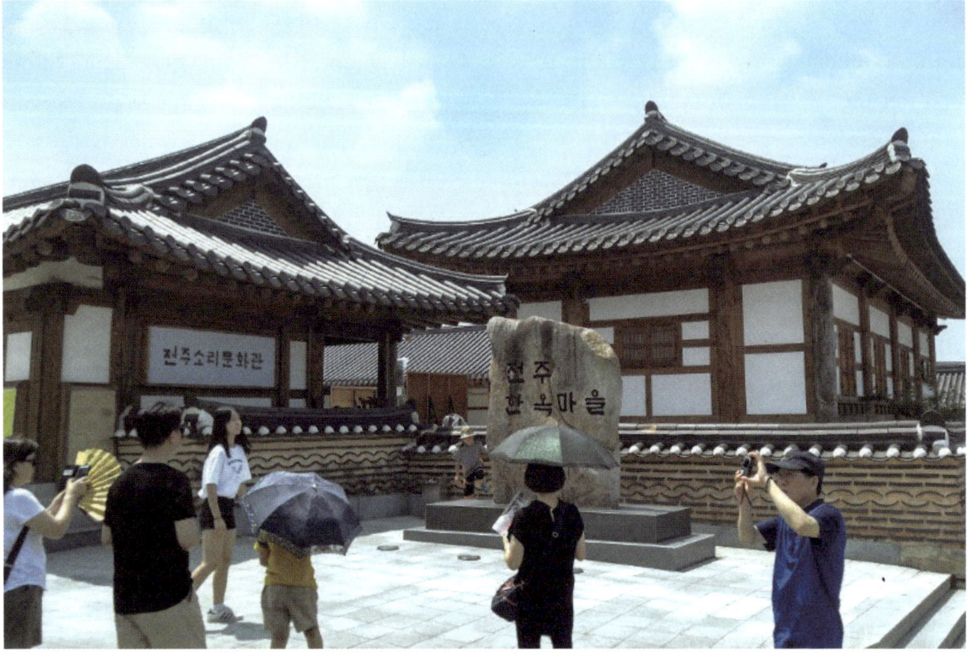

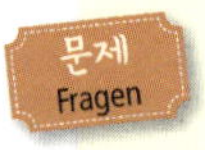

전주는 한식, 한옥, 한지로 잘 알려진 전통문화 도시다. 그래서 다양한 전통문화를 체험할 수 있고 축제에도 참가할 수 있다. 전통 음식으로 한정식, 콩나물국밥, 전주 막걸리, 전주비빔밥이 유명한데, 특히 전주비빔밥은 세계적으로 알려져 있다. 전주에서 한정식을 먹으면 약 30개 반찬이 한 상에 차려지기 때문에 산, 바다, 강에서 나는 모든 음식을 맛볼 수 있다. 한옥 마을에서 전통 집을 체험할 수 있는 한옥 스테이가 요즘 관광객들에게 인기가 있다. 또 다양한 축제에 참가할 수 있다. 10월에는 〈전주비빔밥축제〉와 〈전주 세계 소리축제〉가 있다. 소리축제는 판소리를 중심으로 국악과 세계 음악을 함께 소개하는 국제 음악 예술제다. 5월에는 독립 예술 영화를 중심으로 하는 〈전주 국제 영화제〉도 있다.

1 전주에서 유명한 전통 음식은 무엇입니까?
Was sind berühmte traditionelle Gerichte in Jeonju?

2 판소리 축제로 유명한 전주 축제 이름은 무엇입니까?
Wie heißt das für *Pansori* berühmte Festival in Jeonju?

Jeonju ist eine Stadt der traditionellen Kultur, die für traditionelles koreanisches Essen, *Hanok* Gebäude und *Hanji* Papier bekannt ist. Deshalb kann man verschiedene traditionelle Kulturformen erleben und an Festivals teilnehmen. Unter den traditionellen Gerichten sind eine koreanische Mahlzeit, Eintopf mit Sojasprossen und Reis sowie Jeonju-*Makgeolli* beruhmt. Insbesondere ist Jeonju *Bibimbap* weltweit bekannt. Wenn man eine koreanische Mahlzeit (ein Menü) in Jeonju isst, werden etwa 30 Beilagen (*Banchan*) auf einem Tisch aufgetragen. So kann man alle Speisen aus den Bergen, Flüssen und dem Meer probieren. Heutzutage ist bei Touristen ein Aufenthalt in einem *Hanok* Dorf beliebt, da er ihnen erlaubt, das Leben in einem traditionellekoreanischen Gebäude zu erfahren. Darüber hinaus ist es möglich, an verschiedenen Festivals teilzunehmen. Im Oktober gibt es das „Jeonju Bibimbap Festival" und das „Jeonju Welt Sori Festival". Letzteres ist ein internationales Musikfestival, das traditionelle koreanische Musik *Gugak* vorstellt und sich zusammen mit Weltmusik auf *Pansori* konzentriert. Im Mai findet das Jeonju International Film Festival statt, das sich auf unabhängiges Arthouse Kino spezialisiert hat.

전주 Jeonju	유명하다 berühmt sein	세계 Welt
축제 Festival	비빔밥 *Bibimbap*	소리 Ton, Laut
한식 traditionelles koreanisches Essen	세계적으로 global	판소리 *Pansori*
한옥 *Hanok*, traditionelles koreanisches Haus	알려져 있다 bekannt sein	을/를 중심으로 konzentrieren auf N
한지 *Hanji*, traditionelles Papier	약 ungefähr	국악 *Gugak*, koreanische traditionelle Musik
N로 알려진 bekannt als N	반찬 *Banchan*, Beilage	세계 음악 Weltmusik
전통 traditionell	한 상 ein Tisch	함께 zusammen mit
문화 Kultur	차려지다 aufgetragen werden	소개하다 vorstellen
도시 Stadt	N에서 나다 kommen aus N, bei N hergestellt werden	국제 음악 예술제 internationales Musik und Kunstfestival
그래서 deshalb	모든 alle	독립 unabhängig
다양한 verschiedene, vielfältig	맛보다 probieren	예술 Kunst, Art House
한정식 koreanische Mahlzeit/ koreanisches Menü	V_R을/ㄹ 수 있다 können V	국제 영화제 internationales Filmfestival
콩나물국밥 Eintopf mit Sojasprossen und Reis	마을 Dorf	
막걸리 *Makgeolli*	한옥 스테이 *Hanok* Aufenthalt	
	관광객 Tourist	
	인기가 있다 populär sein, beliebt sein	

015

세종문화회관, 국립 극장, 예술의 전당 ★★

Das Sejong Kulturzentrum, das Nationaltheater von Korea, Seoul Arts Center

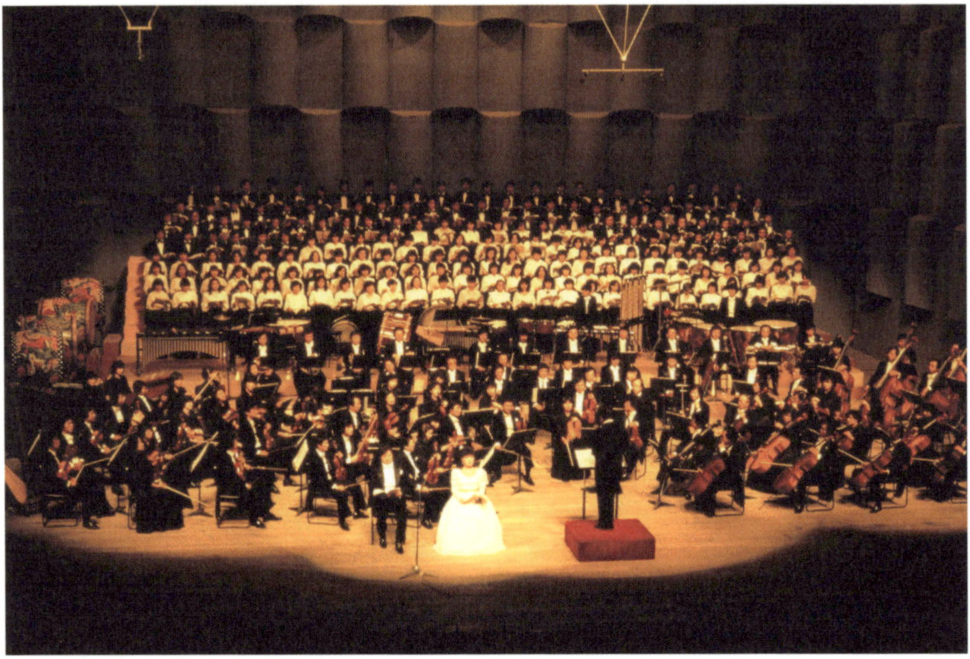

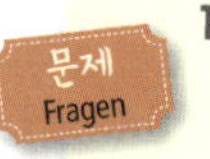

세종문화회관, 국립 극장, 예술의 전당은 서울의 대표적인 공연장이다. 100여년 전에 지어진 세종문화회관은 서울의 중심인 광화문 광장에 있다. 총 3층의 공연장이 있는 대극장에는 3,022개의 객석이 있는데 세 공연장 중 규모가 가장 크다. 이외에도 미술관에서 미술 전시를 관람할 수 있고, 컨벤션 센터, 콘퍼런스홀, 삼청각 등 부대시설도 이용할 수 있다. 남산에 위치한 국립 극장은 주로 전통 연극이나 국악 공연을 소개한다. 관객들은 공연을 본 다음에 남산 산책로를 따라 걸으면서 공연의 감동을 나누기도 한다. 강남 서초동에 있는 예술의 전당은 한국 최대 종합 예술 센터이다. 2,300석의 오페라 하우스에서는 오페라, 발레, 뮤지컬 등이 공연된다. 또한 미술관과 서예관에서는 다양한 국내외 작품 전시회가 열린다. 야외에는 음악 분수대, 식당, 카페 등이 있어서 꼭 공연을 보지 않아도 유쾌한 시간을 보낼 수 있다.

1 세종문화회관은 어디에 있습니까?
Wo ist das Sejong Kulturzentrum?

2 한국 최대 종합 예술 센터는 무엇입니까?
Was ist das größte Zentrum für kombinierte Kunst und Kulturhaus in Korea?

Das Sejong Kulturzentrum für darstellende Künste, das Nationaltheater von Korea und das Seoul Arts Center sind Seouls repräsentative Theater-, Opern- und Kulturhäuser. Vor fast 100 Jahren erbaut, befindet sich das Sejong Kulturzentrum am Gwanghwamun Platz im Zentrum von Seoul. Sein großer dreistöckiger Theatersaal hat 3.022 Sitzplätze, die das Sejong Kulturzentrum zum größten der drei Theater macht. Im Sejong Kulturzentrum kann man Kunstausstellungen in der Kunstgalerie sehen und andere Einrichtungen nutzen, darunter das Kongresszentrum, den Konferenzsaal und Samcheonggak. Am Namsan Berg gelegen, präsentiert das Nationaltheater von Korea vor allem traditionelle Theaterstücke und *Gugak* traditionelle Musikaufführungen. Nach dem Sehen einer Aufführung kann sich das Publikum austauschen, was es dabei gefühlt hat, während es durch die Wege entlang des Namsan geht. Das Seoul Arts Center in Seocho-dong, Gangnam ist das größte kombinierte Kunstzentrum in Korea. In seinem 2.300 Sitze umfassenden Opernhaus werden Opern, Ballett- und Musicalaufführungen dargeboten. In seinem Kunstmuseum und Kalligrafiemuseum werden Ausstellungen mit verschiedenen nationalen und internationalen Werken angeboten. Es gibt dort einen Musikbrunnen sowie Restaurants und Cafés im Freien, so dass man auch eine angenehme Zeit hat, ohne eine Aufführung zu sehen.

세종문화회관 Sejong Kulturzentrum
국립 극장 Nationaltheater von Korea
예술의 전당 Seoul Arts Center
대표적인 repräsentativ, bekannt
공연장 Theater
–여 ungefähr, rund
지어지다 gebaut werden
중심 Zentrum, Mitte
광화문 Gwanghwamun
광장 Platz
총 insgesamt, gesamt
석 Sitzplatz
규모 Größe
가장 am meisten
남산 Namsan Berg
위치하다 gelegen sein

주로 hauptsächlich, überwiegend
전통 Tradition, traditionell
연극 Theaterstück
국악 *Gugak*, koreanische traditionelle Musik
관객 Zuhörer, Publikum
공연 Aufführung
산책로 Wander-, Spazierweg
따라 entlang
걷다 spazieren
V_R(으)면서 während V
감동 bewegt sein, berührt sein
나누다 teilen
V_R기도 하다 können V, manchmal V
강남 Gangnam
서초동 Seocho-dong
최대 größtest
종합 zusammengesetzt, synthetisch

예술 센터 Kunstzentrum
오페라 하우스 Oper
발레 Ballet
뮤지컬 Musical
공연되다 aufgeführt werden
또한 des Weiteren, außerdem
미술관 Kunstmuseum
서예관 Kalligrafiemuseum
다양하다 vielfältig sein
국내외 In- und Ausland
작품 Kunstwerk
전시회 Ausstellung
열리다 gehalten werden, eröffnen
야외 draußen
분수대 Springbrunnen
유쾌하다 fröhlich sein, heiter sein

016

한류 *
Hallyu (Die koreanische Welle)

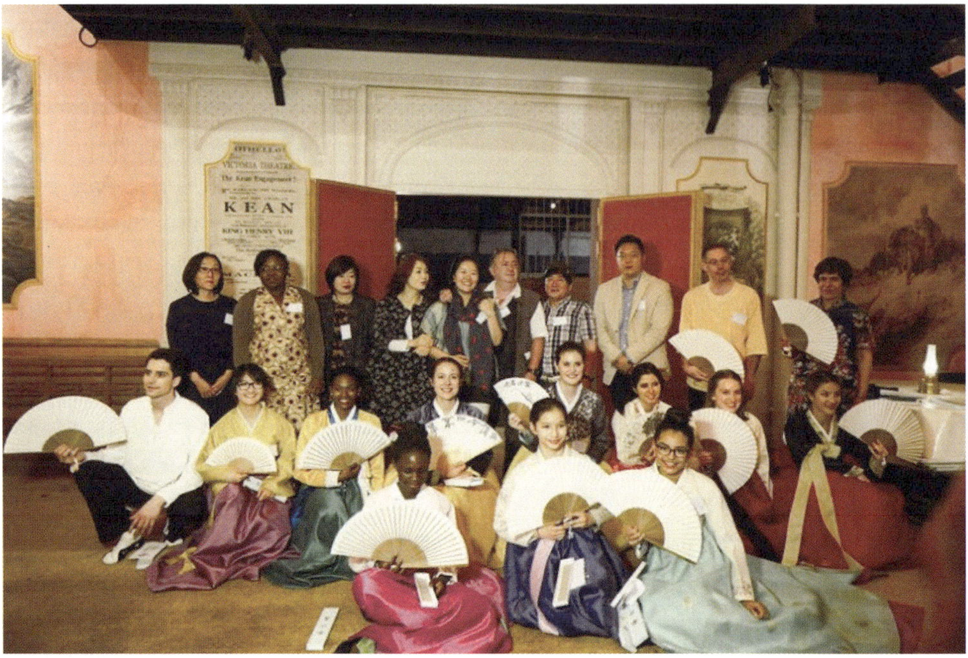

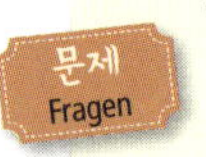

한류는 한국 대중문화가 해외에서 인기를 얻는 현상이다. 한국 드라마의 인기와 함께 1990년대 말부터 시작되었다. 한류의 영향이 이제 아시아를 넘어서 중동, 라틴 아메리카, 북아메리카, 그리고 유럽에까지 이르렀다. 소녀시대, 슈퍼주니어 등이 부른 K-pop 노래에 전 세계 젊은이들이 열광한다. 한국 영화 〈올드보이〉나 〈봄여름가을겨울 그리고 봄〉은 국제 영화제에서 예술성과 대중성을 인정받았다. 〈해피투게더〉, 〈1박 2일〉, 〈무한도전〉, 〈러닝맨〉, 〈냉장고를 부탁해〉와 같은 텔레비전 예능 프로그램도 SNS를 통해서 넓은 한류 매니아 층을 이루고 있다. 이외에도 한국어, 한국 전통 음악, 한국 요리, 애니메이션, 웹툰, 게임 등에 대한 관심도 점점 늘어나고 있다.

<table>
<tr><td>

문제
Fragen

</td><td>

1 해외에서 한국 대중문화가 인기를 얻는 현상을 무엇이라고 합니까?

Wie wird das Phänomen bezeichnet, bei dem die koreanische Popkultur außerhalb Koreas an Popularität gewinnt?

</td><td>

2 좋아하는 텔레비전 예능 프로그램을 써 보세요.

Bitte schreiben Sie die Titel der Fernsehunterhaltungsprogramme auf, die Sie mögen.

</td></tr>
</table>

Hallyu oder die koreanische Welle ist ein Phänomen der koreanischen Popkultur, die an Popularität im Ausland gewinnt. Es begann in den späten 1990er Jahren mit der Popularität der koreanischen Fernsehserien. Der Einfluss dieser koreanischen Welle ist über Asien hinausgegangen und hat den Nahen Osten, Lateinamerika, Nordamerika und Europa erreicht. Junge Leute auf der ganzen Welt sind begeistert von K-Pop-Songs, die von „Girls' Generation" oder „Super Junior" gesungen wurden. Koreanische Filme wie *Old Boy* und *Frühling, Sommer, Herbst, Winter … und Frühling* wurden für ihre Kunst und ihre populäre Anziehungskraft bei internationalen Filmfestivals anerkannt. Fernsehunterhaltungsprogramme einschließlich *Happy Together*, *2 Tage und 1 Nacht*, *Unendlich Herausforderung*, *Running Man* und *Bitte kümmere dich um meinen Kühlschrank* haben eine breite *Hallyu*-Fanbasis durch soziale Netzwerke gebildet. Darüber hinaus sind die Interessen an der koreanischen Sprache, traditionellen Musik, Essen, Trickfilme, Webtoons und Spiele allmählich auf dem Vormarsch.

한류 *Hallyu*, koreanische Welle
대중문화 Popkultur
해외 Ausland
인기 Popularität
얻다 gewinnen, erhalten
현상 Phänomen
드라마 Fernsehserie
1990년대 1990er
말 späte, Ende der
시작되다 anfangen, beginnen
이제 jetzt
아시아 Asien
N을/를 넘어서 über, jenseits N
중동 Mittlerer Osten
라틴 아메리카 Lateinamerika
북아메리카 Nordamerika
유럽 Europa
이르다 erreichen
소녀시대 Girls' Generation

슈퍼주니어 Super Junior
등 … und viele mehr, so wie, usw.
부르다 singen
전 세계 global, die ganze Welt
젊은이 junge Leute
열광하다 begeistert sein, sich begeistern
〈올드보이〉 *Old Boy*
〈봄여름가을겨울 그리고 봄〉 *Frühling, Sommer, Herbst, Winter … Und Frühling*
국제 international
영화제 Filmfestival
예술성 künstlerisch
대중성 populär
인정받다 anerkannt werden
〈해피투게더〉 *Happy Together*
〈1박 2일〉 *2 Tage und 1 Nacht*
〈무한도전 (무도)〉 *Unendliche Herausforderung*

〈런닝맨〉 *Running Man*
〈냉장고를 부탁해〉 *Bitte kümmere dich um meinen Kühlschrank*
N와/과 같은 wie N, so wie N
예능 Unterhaltung
프로그램 Programm, Show
넓은 weit
매니아 Fan, begeistert
층 Grundlage
이루고 있다 bestehen aus, bilden
이외에 darüber hinaus, außerdem, des weiteren
전통 음악 traditionelle Musik
웹툰 *Webtoon*, Web Comic
게임 Game, Spiel
N에 대한 bereffend, über N
관심 Interesse
점점 allmählich, langsam
늘어나다 zunehmen, wachsen

017

K-드라마 ★★
K-Drama

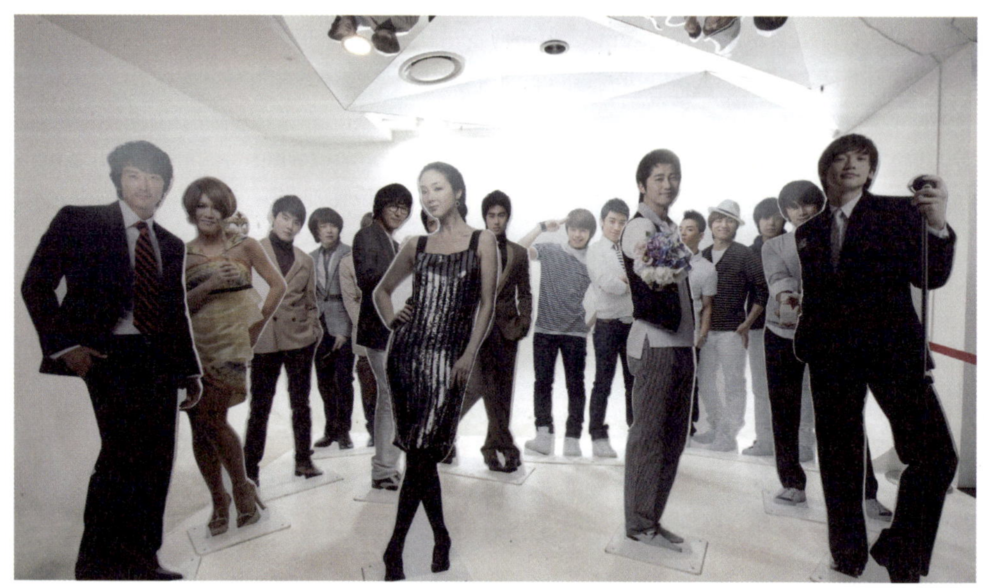

드라마는 텔레비전 연속극이다. 1990년대 말부터 K-Pop과 함께 K-드라마는 한국의 대중 문화를 세계에 알리는 '한류'에 중요한 역할을 하고 있다. K-드라마의 해외 인기는 2002년에 방송된 〈겨울연가〉부터이다. 이 드라마는 일본에서 크게 성공을 했다. 〈대장금〉도 아시아인들의 마음을 사로잡았다. 그 후 인터넷을 통해 한국 드라마를 보는 팬들이 세계적으로 늘어났고, SNS를 통해 그 영향력이 커졌다. K-드라마는 주로 〈풀하우스〉, 〈커피 프린스 1호점〉, 〈시크릿 가든〉, 〈별에서 온 그대〉, 〈태양의 후예〉 등 멜로드라마가 다양한 나라의 젊은 팬들에게 인기를 끌고 있다. 재벌가의 화려한 모습, 잘생기고 예쁜 인물들의 등장, 한국 드라마 특유의 스토리 전개 방식, 주로 행복하게 끝나는 결말 등이 시청자들에게 매력적으로 느껴지기 때문이다. 하지만 멜로 드라마만 인기가 있는 것은 아니다. 〈허준〉, 〈뿌리 깊은 나무〉와 같은 역사 드라마도 중동까지 알려졌다. 이처럼 드라마와 함께 울고 웃었던 시청자들은 촬영지를 찾아 한국을 방문하기도 한다. 〈겨울연가〉의 남이섬, 〈대장금〉의 제주도, 〈커피 프린스〉의 홍대 카페와 부암동 산모퉁이 카페, 〈풀하우스〉의 인천 시도, 〈선덕여왕〉의 경주 무장산 등에 많은 팬들이 다녀간다.

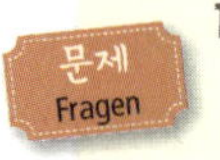

1 텔레비전 연속극을 뭐라고 부릅니까?
Wie nennt man koreanische Seifenopern im Fernsehen?

2 유명한 한국 드라마 제목을 세 개 써 보세요.
Bitte schreiben Sie die Titel der 3 berühmten koreanischen Fernsehserien auf.

Koreanisches Drama bedeutet im Fernsehen Seifenoper. Seit den späten 1990er Jahren hat K-Drama eine wichtige Rolle bei *Hallyu* gespielt, um die koreanische Popkultur der Welt zusammen mit K-Pop vorzustellen. K-Drama begann im Jahr 2002 mit der Wintersonate im Ausland. Dieses serie hatte in Japan einen großen Erfolg. *Daejanggeum* ist auch ein Pionier von *Hallyu* und hat das Herz vieler Asiaten gefesselt. Seitdem sind die Fans, die K-Dramen durch das Internet sehen, weltweit gestiegen, und der Einfluss ist durch soziale Netzwerke gewachsen. Unter den K-Dramen sind Melodramen wie *Full House, Der erste Shop von Kaffeeprinz, Secret Garden, Der Liebste, der von einem Stern kam* und *Nachkommen der Sonne* bei jungen Fans aus verschiedenen Ländern beliebt, Denn die glamourösen Aspekte der reichen Familien, hübsche und schöne Menschen, die Geschichte einzigartig für K-Dramen und üblichen glücklichen Endungen erhalten werden, um von den Zuschauern attraktiv zu sein. Allerdings sind nicht nur Melodramen beliebt. Historische Dramen wie *Heo Jun* und *Tief verwurzelter Baum* waren auch bis zum Nahen Osten bekannt. Die Zuschauer, die über diese Dramen weinen und lachten, kommen manchmal nach Korea, um ihre Drehorte zu besuchen. Viele Fans besuchen die Insel Namiseom in *Wintersonate* und die Insel Jejudo in *Daejanggeum*. Die Cafés in der Nähe der Nachbarschaft der Hongik Universität, am Fuß des Berges von Buam-Dong in *Der erste Shop von Kaffeeprinz*, Incheon Sido Insel in *Full House* und Gyeongju Mujangsan Berg in *Königin Seondeok*.

어휘와 표현 \ Wörter & Ausdrücke

드라마 Drama, Serie
연속극 Fernsehseifenoper
1990년대 die 1990er
말부터 von Ende…, von späten…
대중문화 Popkultur
세계 Welt
알리다 vorstellen, bekannt geben
한류 *Hallyu*, die koreanische Welle
중요하다 wichtig sein
역할 Teil, Rolle
〈겨울연가〉 *Wintersonate*
성공을 하다 Erfolg haben
아시아인 Asiate
마음을 사로잡다 faszinieren/das Herz gewinnen
〈대장금〉 *Daejanggeum*
통해 durch
팬 Fan
세계적 global, weltweit
늘어나다 zunehmen

영향력이 커지다 einflussreicher werden
〈풀하우스〉 *Full House*
〈커피 프린스 1호점〉 *Der erste Shop von Kaffeeprinz*
〈시크릿 가든〉 *Secret Garden*
〈별에서 온 그대〉 *Der Liebste, der von einem Stern kam*
〈태양의 후예〉 *Nachkommen der Sonne*
등 …und viele mehr, usw.
멜로드라마 Melodrama
젊다 jung sein
재벌가 reiche Familie
화려하다 glamourös, prächtig
잘생기다 gut aussehend, attraktiv
인물 Figur
특유의 einzigartig
전개 Entwicklung
결말 Ende
시청자 Fernsehzuschauer, Publikum, Zuschauer

매력적이다 attraktiv sein
〈허준〉 *Heo Jun*
〈뿌리 깊은 나무〉 *Tief verwurzelter Baum*
N와/과 같은 wie N, so wie N
역사 Geschichte
중동 Mitlere Osten
알려지다 bekannt sein
촬영지 Drehstandort
남이섬 Namiseom Insel
홍대 Hongik Universität Viertel (Hongdae)
부암동 Buam-dong
산모퉁이 Fuß des Berges
인천 Incheon
시도 Sido Insel
〈선덕여왕〉 *Königin Seondeok*
경주 Gyeongju
무장산 Mujangsan Berg
다녀가다 besuchen

K-팝 ★★
K-Pop

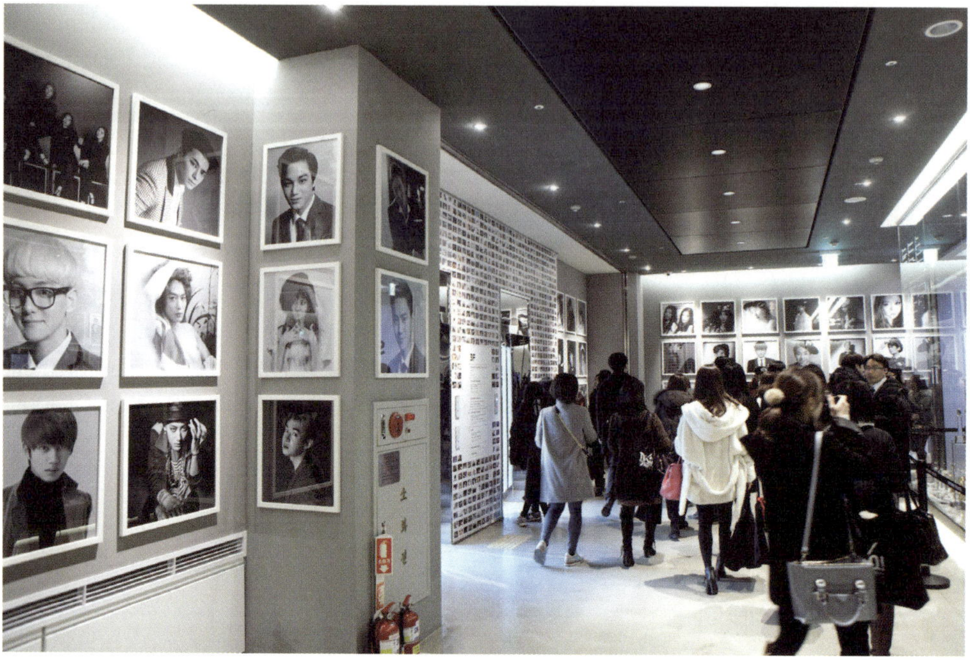

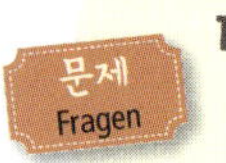

K-Pop은 한국에서 유행하는 대중 음악이다. 외국에서는 2000년대부터 아이돌 그룹의 음악들이 많이 알려지면서 한류의 열풍이 가속화되었다. 힙합, 댄스, R&B 등 영미권에서 유행하는 장르의 노래에 멋진 보이 밴드와 예쁜 걸 그룹들의 화려하고 강렬한 무대가 더해져 K-Pop만의 개성을 가지게 되었다. 즉 K-Pop은 뮤직 비디오나 무대 영상 등을 눈으로 보면서 즐길 수 있는 음악이라고 할 수 있다. 이러한 영상이 SNS를 통하여 전달되면서 전 세계에 많은 K-Pop 팬들이 생겼다. 특히 유명한 가수로는 슈퍼주니어, 원더걸스, 소녀시대, 샤이니, EXO, 방탄소년단 등이 있고, 2012년에 싸이가 〈강남 스타일〉로 세계적인 스타가 되었다.

문제
Fragen

1 유명한 가수 그룹 이름을 써 보세요.
Bitte schreiben Sie die Namen berühmter K-Pop Gruppen auf.

2 2012년 세계적 스타가 된 한국 가수와 노래 제목은 무엇입니까?
Was ist der Titel des Songs, der einen koreanischen Sänger 2012 zu einem Weltstar gemacht hat? Wer ist der Sänger?

K-Pop ist eine Form der Pop-Musik, die in Korea weit verbreitet ist. Außerhalb Koreas nahm das *Hallyu*-Fieber zu, als die Musik der Idol-Gruppen aus den 2000er Jahren bekannt wurde. K-Pop entwickelte mit seiner Kombination aus glamourosen und energiegeladenen Buhnenauftritten von coolen Boy-Bands und hubschen Mädchen-Gruppen und in Großbritannien und den Vereinigten Staaten beliebten Musikgenres wie Hip-Hop, Tanz und R&B einen ganz eigenen Stil. Das heißt, K-Pop ist eine Art Musik, die man beim Sehen von Musikvideos und Bildern von Buhnenauffuhrungen genießen kann. Als sich die Videos durch soziale Netzwerke verbreiteten, stieg die Anzahl der K-Pop-Fans. Singende und besonders berühmte Gruppen sind: Super Junior, Wonder Girls, Girls' Generation, SHINee, EXO und BTS. Im Jahr 2012 wurde der Sänger Psy ein globaler Star mit seinem Hit „Gangnam Style."

유행하다 in Mode sein, weit verbreitet sein

대중 populär, öffentlich

년대 in dem Jahrzent

아이돌 그룹 Idol-Gruppe

알려지다 bekannt sein

한류 *Hallyu*, koreanische Welle

열풍 Fieber

가속화되다 zunehmen

힙합 Hip Hop

멋지다 cool sein

보이 밴드 Boy-band

걸 그룹 Madchen-Gruppe

화려하다 glamourös sein, prächtig sein

강렬하다 heftig sein

무대 Bühne

N을/를 통하여 durch N

슈퍼주니어 Super Junior

원더걸스 Wonder Girls

소녀시대 Girls' Generation

샤이니 SHINee

엑소 EXO

방탄소년단 BTS (Bangtan Sonyeondan)

등 ...und viele mehr, etc.

싸이 Psy

〈강남스타일〉 „Gangnam Style"

스타 Star

부록

Anhang

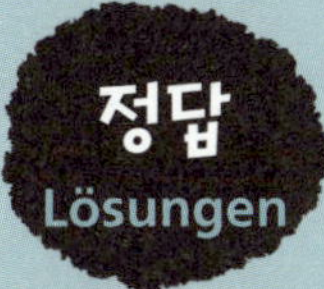

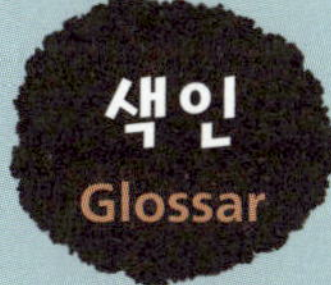

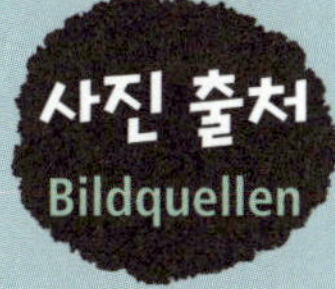

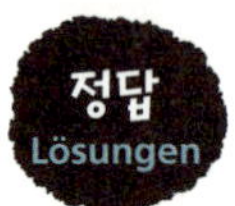

I. 상징물 \ Symbole

001 한글 *Hangeul*

1 백성을 가르치기 위한 바른 소리입니다.
Es bedeutet die richtigen Laute, um die Leute zu unterrichten.

2 백성들도 쉽게 사용할 수 있도록 만들었습니다.
Er entwickelte hangeul, so dass die Leute es einfach benutzen können.

002 태극기 *Taegeukgi*

1 태극기입니다.
Es ist *Taegeukgi*.

2 빨간색, 파란색, 하얀색, 까만색이 있습니다.
Es gibt die Farben rot, blau, weiß und schwarz.

003 애국가 *Aegukga*

1 애국가입니다.
Es ist *Aegukga*.

2 1948년부터입니다.
Seit 1948.

004 무궁화 *Mugunghwa*

1 무궁화입니다.
Es ist *Mugunghwa*.

2 영원히 피는 꽃입니다.
Es ist die Blume, die für ewig blüht.

005 아리랑 *Arirang*

1 아리랑입니다.
Es ist *Arirang*.

2 정선 아리랑, 진도 아리랑, 밀양 아리랑입니다.
Es sind Jeongseon Arirang, Jindo Arirang, und Milyang Arirang.

006 고려청자 Goryeo Seladon

1 푸른빛이 납니다.
Es hat einen grauen blau-grünen Farbton.

2 운학무늬매병입니다.
Es ist die Seladon Prunus Vase mit Wolkeninitarsien, Kranich Design.

007 김치 *Kimchi*

1 발효 식품입니다.
Es ist fermentiertes Essen.

2 김치찌개, 김치전, 김칫국 등이 있습니다.
Es gibt *Kimchi Jjigae*, *Kimchi Jeon* und *Kimchi Suppe*.

008 비빔밥 *Bibimbap*

1 비빔밥입니다.
Es ist *Bibimbap*.

2 전주입니다.
Es ist Jeonju.

009 태권도 *Taekwondo*

1 2000년 시드니 올림픽에서입니다.
Bei den Olympischen Spielen 2000.

2 하얀색 띠를 합니다.
Es ist der weiße Gurt.

010 첨단 과학 기술
Hochmoderne Wissenschaft und Technologie

1 한국입니다.
Es ist Südkorea.

2 삼성, 대우, 엘지가 있습니다.
Es sind Samsung, Daewoo und LG.

II. 의식주 \ Essen, Kleidung und Wohnen

001 한복 *Hanbok*

1 한복입니다.
Es ist *Hanbok*.

2 소매와 깃의 둥근 곡선입니다.
Es sind die Kurven der Ärmel und des Kragens.

002 불고기 *Bulgogi*

1 불고기입니다.
Es ist *Bulgogi*.

2 간장, 설탕, 참기름, 후추, 마늘, 파로 만듭니다.
Es ist aus Sojasoße, Zucker, Sesamöl, Pfeffer, Knoblauch und gehackten Frühlingszwiebeln gemacht.

003 인삼 Gingseng

1 홍삼입니다.
Es ist roter Ginseng.

2 삼계탕입니다.
Es ist *Samgyetang*.

004 한국의 술 Koreanischer Alkohol

1 소주와 막걸리입니다.
Es sind *Soju* und *Makgeolli*.

2 "건배!", "위하여!" 등이 있습니다.
Es gibt so Ausdrücke wie „*Geonbae!*" oder „*Uihayeo!*"

005 젓갈/젓
Jeotgal/Jeot (Salzig fermentierte Meeresfrüchte)

1 젓갈입니다.
Es ist *Jeotgal*.

2 충청북도 강경에 있습니다.
Es ist in Ganggyeong, Chungcheongbuk-do.

006 김장
Gimjang (Saisonale Zubereitung von *Kimchi*)

1 십일 월 말이나 십이 월 초에 합니다.
Es wird Ende November oder Anfang Dezember gemacht.

2 야채가 귀한 겨울 동안 먹으려고 합니다.
Wir machen es (*Kimchi*), um es im Winter, wenn es wenig Gemüse gibt, zu essen.

007 장독대 *Jangdokdae* (Speicherplattform)

1 간장, 된장, 고추장입니다.
Es gibt *Ganjang* (koreanische Sojasoße), *Doenjang* (fermentierte Sojabohnenpaste) und *Gochujang* (rote Chilipaste).

2 장독대입니다.
Es ist *Jangdokdae*.

008 다례 Teezeremonie

1 '다례'는 신라 시대와 고려 시대에 발달했습니다.
Die Teezeremonie entwickelte sich während der Silla- und Goryeo-Ära.

2 왜냐하면 몸과 마음을 수련하기 때문입니다.
Weil es den Körper und den Geist trainiert.

009 한옥 *Hanok*

1 한옥이라고 합니다.
Es wird *Hanok* bezeichnet.

2 북촌입니다.
Es ist Bukchon.

010 온돌 *Ondol*

1 온돌입니다.
Es ist *Ondol*.

2 '따뜻한 돌'입니다.
Es bedeutet ‚warmer Stein.'

011 마당 *Madang* (Hof)

1 마당입니다.
Es ist *Madang*.

2 돗자리와 평상 위입니다.
Auf einer Matte oder einer niedrigen Holzbank.

012 전통 정원의 아름다움
Die Schönheit traditioneller Gärte

1 자연을 존중해서 만듭니다.
Es ist gemacht, um die Natur zu schätzen und zu bewahren.

2 창덕궁 후원입니다.
Es ist der Huwon Garden beim Changdeokgung Palast.

Ⅲ. 지리와 관광 \ Geografie und Tourismus

001 한반도 Die koreanische Halbinsel

1 70퍼센트가 산입니다.
70 Prozent des Landes bestehen aus Berge.

2 제주도입니다.
Es ist die Insel Jejudo.

002 극동 아시아 속의 한국 Korea in Ostasien

1 동해입니다.
Es ist das Ostmeer.

2 휴전선입니다.
Es ist die Demarkationslinie.

003 계절과 날씨 Jahreszeiten und Wetter

1 봄, 여름, 가을, 겨울 사계절이 있습니다.
Es gibt vier Jahreszeiten, Frühling, Sommer, Herbst und Winter.

2 덥고 습합니다.
Es ist heiß und feucht.

004 한강 Der Fluss Hangang

1 강북과 강남으로 나눕니다.
Er teilt Seoul in Gangbuk („nördlich des Flusses") und Gangnam („südlich des Flusses").

2 2,559m입니다.
Er ist 2.559 m lang.

005 서울의 고궁 Alte Paläste in Seoul

1 경복궁, 창덕궁, 창경궁, 덕수궁입니다.
Es sind Gyeongbokgung Palast, Changdeokgung Palast, Changgyeonggung Palast und Deoksugung Palast.

2 창덕궁입니다.
Es ist Changdeokgung Palast.

006 서울 남산 Der Berg Namsan, Seoul

1 N서울타워입니다.
Es ist *N Seoul Tower*.

2 남산골 한옥 마을입니다.
Es ist das Namsangol *Hanok* Dorf.

 남대문과 남대문시장
Namdaemun Tor und Namdaemun Markt

1 숭례문입니다.
Es ist Sungnyemun Tor.

2 명동과 가깝습니다.
Es ist in der Nähe von Myeongdong.

 동대문과 근처 시장들
Dongdaemun und nahe gelegenen Märkte

1 서울의 동쪽에 위치합니다.
Es ist im Osten von Seoul.

2 경동시장입니다.
Es ist der Gyeongdong Markt.

 인사동 Insadong

1 인사동입니다.
Es ist Insadong.

2 실타래 엿, 붕어빵, 떡꼬치, 호떡, 계란빵입니다.
Wir können Honigfäden-Sußigkeit, *Bungeoppang Tteok kkochi*, süße Spieße aus Reiskuchen, *Hotteok*, koreanische süße Pfannkuchen und Gebäck aus Ei probieren.

 북촌 한옥 마을 Das Bukchon Hanok Dorf

1 북촌입니다.
Es ist in Bukchon.

2 불교 미술 박물관, 동양 문화 박물관, 세계 장신구 박물관 등이 있습니다.
Es gibt das buddhistische Kunstmuseum, das asiatische Kulturmuseum und das Welt Schmuckmuseum.

 홍대 앞 거리
Straßen um Hongdae (Hongik Universität)

1 홍익대학교 앞 거리입니다.
Es begann in den Straßen in der Nähe bei der Hongik Universität.

2 매주 토요일 오후에 열립니다.
Es ist jeden Samstagnachmittag offen.

 강남 Gangnam

1 서울 한강 남쪽에 있습니다.
Es ist im Süden Seouls Fluss Hangang.

2 압구정동 로데오거리입니다.
Es ist die Rodeo Straße in Apgujeong-dong.

 서울 지하철 Das U-Bahnsystem der Stadt Seoul

1 1974년입니다.
Im Jahre 1974.

2 9호선까지 있습니다.
Es gibt 9 Linien.

 제주도와 한라산
Die Insel Jejudo und der Berg Hallasan

1 한라산입니다.
Es ist der Hallasan Berg.

2 한라산, 성산일출봉, 용암 동굴입니다.
Es gibt den Hallasan Berg, Seongsan Ilchulbong und die Lavahöhlen.

 경주와 경주 남산
Gyeongju und der Berg Namsan in Gyeongju

1 경주입니다.
Es ist Gyeongju.

2 절터, 불상, 불탑, 석등이 산이 여기저기에 많이 남아 있기 때문입니다.
Weil buddhistische Tempel, Buddhastatuen, Pagoden und Steinlampen überall im Berg sind.

 하회마을 Das *Hahoe*-Volkskundedorf

1 풍산 류씨 가문이 600년 동안 모여 살고 있는 씨족 마을입니다.
Es ist ein Familiendorf, wo sich die Familie Ryu von Pungsan versammelte und für 600 Jahre zusammen lebte.

2 하회 별신굿 탈춤입니다.
Es ist Hahoe Byeolsingut Maskentanz.

 부여와 백제 유적
Buyeo und historische Stätten von Baekje

1 부여였습니다.
Es war Buyeo.

2 왕궁터, 왕릉, 부소산성, 궁남지, 낙화암 등이 있습니다.
Es gibt den königlichen Palast, königliche Gräber, die Busosanseong Festung, den Gungnamji Teich, Nakhwaam Felsen etc.

 부산과 자갈치시장
Busan und der Jagalchi Markt

1 부산 자갈치시장입니다.
Es ist der Jagalchi Markt in Busan.

2 밀면, 곰장어와 어묵입니다.
Es sind Weizennudeln, Seeaal und Fischkuchen.

019 동해안과 설악산 국립 공원
Donghae Küste und Seoraksan Nationalpark

1 속초 해수욕장, 경포대 해수욕장입니다.
Es gibt den Sokcho Strand und den Gyeongpodae Strand.

2 설악산은 강원도에 있습니다.
Der Seoraksan Berg ist in Gangwon-do.

020 다도해와 해상 국립 공원
Dadohae und Haesang (Meeresarchipel) Nationalpark

1 섬이 많은 바다라는 뜻입니다.
Es bedeutet Meer mit vielen Inseln.

2 동피랑 벽화 마을, 충무 김밥, 나전칠기가 유명합니다.
Es ist berühmt für Dongpirang Wandgemäldedorf, *Chungmu Gimbap* und *Najeon Chilgi* Lackware.

021 보성 차밭 **Boseong Teeplantage**

1 보성 다향제입니다.
Es ist Boseong Dahyangje (Grüntee Festival).

2 녹차 비빔밥, 녹차 아이스크림, 녹차 국수입니다
Es sind *Bibimbap*, Eis und Nudeln aus Grüntee.

IV. 사회와 일상생활 \ Gesellschaft & Alltag

001 한국어 **Die koreanische Sprache**

1 한류의 영향으로 늘고 있습니다.
Es nimmt aufgrund des Einflusses von *Hallyu* (der koreanischen Welle zu).

2 문장 끝에 있습니다.
Es steht am Satzende.

002 인구 **Bevölkerung**

1 오천만 명입니다.
Es sind 50 Millionen Einwohner.

2 중국인과 동남아시아인들입니다.
Sie sind aus China, Südostasien und den USA.

003 성과 이름 **Familiennamen und Vornamen**

1 세 글자로 되어 있습니다.
Es gibt drei Zeichen.

2 김입니다.
Es ist Kim.

004 호칭 **Titel und Anredeformen**

1 언니 또는 누나라고 부릅니다.
Man nennt sie *Eonni* oder *Nuna*.

2 할머니 또는 할아버지라고 부릅니다.
Man nennt die Person Großmutter oder Großvater.

005 숫자 **Zahlen**

1 열한 시 삼십 분입니다.
Yeolhan-si samsip-bun.

2 공일공에 이이구공에 삼삼육팔입니다.
Gong-il-gong-eh i-i-gu-gong-eh sam-sam-yuk-pal.

006 나이 **Alter**

1 한국 나이와 만 나이가 있습니다.
Es gibt das koreanische Alter und das Alter nach dem Tag, an dem man geboren ist.

2 무슨 띠예요?
Man fragt: „Welches Tierkreiszeichen bist du?"

007 결혼식 **Hochzeitszeremonie**

1 봄과 가을입니다.
Frühling und Herbst sind die Jahreszeiten für Hochzeiten.

2 폐백이라고 합니다.
Es heißt *Pyebaek*.

008 교육 제도 **Bildungssystem**

1 15세까지입니다.
Bis 15 Jahre.

2 4년입니다.
Es sind 4 Jahre.

009 대학 입학 시험 **Hochschulzugangsprüfung**

1 수능 (수학 능력) 시험입니다.
Es ist das Abitur (Zugangsprüfung).

2 엿입니다.
Es ist *Yeot*.

010 병역 의무 **Die Wehrpflicht**

1 18세부터입니다.
Ab 18 Jahren.

2 21개월입니다.
Es sind 21 Monate.

011 설날 *Seollal* **(Neujahr)**

1 세배입니다.
Es ist *Sebae*.

2 떡국입니다.
Man isst *Tteokguk*.

012 추석 *Chuseok*

1 음력 8월 15일입니다.
Es ist am 15. August nach dem Mondkalender.

2 송편입니다.
Es sind *Songpyeon*.

013 한의학 Traditionelle koreanische Medizin

1 침, 뜸, 부항, 한약이 있습니다.
Es gibt Akupunktur, Moxibustion, Schröpfen und
pflanzliche Medizin.

2 동의보감입니다. 저자는 허준입니다.
Es ist *Donguibogam*. Der Autor ist Heo Jun.

014 노래방 *Noraebang* (Karaoke)

1 노래방이라고 부릅니다.
Es wird *Noraebang* (Raum für Karaoke) genannt.

2 보통 시간당 지불합니다.
Normalerweise wird pro Stunde bezahlt.

015 찜질방 *Jjimjilbang* (Koreanisches Badehaus mit Sauna)

1 찜질방입니다.
Es ist *Jjimjilbang*.

2 찜질방에서 잠을 잘 수도 있기 때문입니다.
Es wird oft genutzt, weil man dort schlafen kann.

016 단풍놀이 Herbstpicknick

1 단풍놀이라고 부릅니다.
Es wird Herbstpicknick genannt.

2 설악산과 내장산입니다.
Es sind der Berg Seoraksan und der Berg
Naejangsan.

017 등산 Wandern

1 등산입니다.
Es ist Wandern.

2 북한산 성벽길과 둘레길입니다.
Es sind die Wanderwege bei der Festung am
Bukhansan Berg und der Dulle-gil.

018 집들이 Elnweihungsparty

1 세제, 비누, 두루마리 휴지 등을 선물합니다.
Geschenke sind Waschpulver, Seife oder
Toilettenpapier.

2 팥 시루떡을 돌립니다.
Man gibt den Nachbarn gedämpfte Reiskuchen
mit roten Bohnen.

019 비상 시 긴급 전화 Telefonnummern für Notfälle

1 119입니다.
Es ist 119.

2 112입니다.
Es ist 112.

V. 역사와 종교 \ Geschichte und Religion

001 단군 신화 Der Dangun Mythos

1 단군입니다.
Es ist Dangun.

2 개천절이라고 부릅니다.
Er heißt *Gaecheonjeol*.

002 원효대사 Der Große Meister Wonhyo

1 원효대사입니다.
Es ist der große Meister Wonhyo.

2 〈해골물 일화〉입니다.
Es ist die „Geschichte des Wassers in einem
Schädel".

003 세종대왕 König Sejong der Große

1 세종대왕입니다.
Es ist König Sejong der Große.

2 만 원짜리 지폐에 세종대왕의 초상화가 있습니다.
Der 10.000 Won Geldschein hat ein Portrait von
König Sejong dem Großen.

**004 이순신 장군과 거북선
Admiral Yi Sun-sin und *Geobukseon***

1 이순신 장군입니다.
Es ist Admiral Yi Sun-sin.

2 거북선입니다.
Es ist *Geobukseon* (das „Schildkrötenschiff").

005 신사임당 Shin Saimdang

1 16세기 화가, 작가, 시인입니다.
Sie war eine Malerin, Schriftstellerin und Dichterin
im 16. Jahrhundert.

2 강원도 강릉 오죽헌입니다.
Es ist das Haus Ojukheon in Gangneung,
Gangwon-do.

006 이황 Yi Hwang

1 이황입니다.
Es ist Yi Hwang.

2 도산 서원입니다.
Es ist *Dosanseowon*.

007 한국의 종교 Koreas Religionen

1 무교입니다.
Es ist Shamanismus.

2 삼국 시대에 들어왔습니다.
Er wurde zur Zeit der drei Königreiche eingeführt.

008 고인돌 Dolmen

1 기원전 10세기에서 기원전 2세기 사이에 만들어 졌
습니다.
Sie wurden zwischen dem 10. und 2. Jahrhundert v.
Chr. gemacht.

2 전라도 고창, 화순과 강화도입니다.
Sie wurden in Gochang und Hwasun, Jeolla-do
und der Insel Gwanghwado entdeckt.

009 무속 신앙 Shamanismus

1 무당이라고 부릅니다.
Die Person heißt ‚Mudang‘ (Schamane).

2 굿입니다.
Es ist *Gut*.

010 점과 사주 Wahrsagerei und *Saju*

1 태어난 해, 달, 날, 시간을 말합니다.
Man sagt das Jahr, den Monat, Tag und die Zeit
der Geburt.

2 미아리에 있습니다.
Es ist in Miari.

011 선 *Seon*

1 선입니다.
Es ist *Seon*.

2 조계사입니다.
Es ist der Jogyesa Tempel.

012 절 Buddhistische Tempel

1 절이라고 부릅니다.
Es heißt *Jeol* (buddhististischer Tempel).

2 해인사와 통도사와 송광사입니다.
Es sind Haeinsa, Tongdosa und Songgwangsa.

013 불국사와 석굴암
Bulguksa Tempel und Seokguram Grotte

1 신라 시대에 지어졌습니다.
Er wurde während des Silla Königreichs gebaut.

2 석굴암입니다.
Es ist die Seokguram Grotte.

014 팔만대장경
Tripitaka Koreana (*Palman Daejanggyeong*)

1 불교의 신앙으로 나라를 구하기 위해 만들었습니다.
Man hat es gemacht, um das Land mit
buddhistischem Glauben zu schützen.

2 해인사 장경각에 보존돼 있습니다.
Sie wird in *Janggyeonggak*, Haeinsa Tempel
aufbewahrt.

015 템플 스테이 Temple Stay

1 절에서 머물면서 불교문화를 체험하는 것입니다.
Man bleibt in einem buddhistischen Tempel und
lernt die buddhistische Kultur kennen.

2 예불, 선, 108배, 한국 다례를 체험할 수 있습니다.
Man kann buddhistischen Gebeten, Meditation
108 Verbeugungen und einer koreanischen
Teezeremonie beiwohnen.

016 서원
Seowon (Konfuzianistische Akademie)

1 옥산 서원과 도산 서원입니다
Es sind die konfuzianistischen Akademien
Oksanseowon und *Dosanseowon*.

2 안동에 있습니다.
Es ist in Andong.

017 장례식, 제사, 차례
Beerdigung, *Jesa* und *Charye* Rituale

1 불교식 화장과 유교식 매장입니다.
Es ist eine buddhistische Verbrennung und
konfuzianistische Beerdigung.

2 산에 있습니다.
Sie sind in den Bergen.

018 천주교와 개신교
Römischer Katholizismus und Protestantismus

1 18세기 말에 들어왔습니다.
Er kam Ende des 18. Jahrhundert.

2 명동 대성당입니다.
Es ist die Myeongdong Kathedrale.

019 판문점 Panmunjeom

1 판문점입니다.
Es wurde in Panmunjeom abgeschlossen.

2 경기도 파주시에 있습니다.
Es ist in Paju-si, Gyeonggi-do.

020 이산가족 Getrennte Familien

1 1985년에 처음으로 만납니다.
Sie trafen sich 1985 zum ersten Mal wieder.

2 KBS 이산 가족 찾기입니다.
Es ist die KBS Sendung „Getrennte Familien finden".

001 한지 *Hanji* (Koreanisches Papier)

1 닥나무입니다.
Papier des Maulbeerbaums wird benutzt.

2 전주, 원주, 안동입니다.
Es sind Jeonju, Wonju und Andong.

002 택견 *Taekkyon*

1 부드럽고 자연스럽고 율동적인 동작으로 하기 때문입니다.
Weil es in weichen, natürlichen und rhythmischen Bewegungen ausgeübt wird.

2 택견입니다,
Es ist *Taekkyon*.

003 인쇄술 Drucktechnik

1 《직지》입니다.
Es ist *Jikji*.

2 1377년에 인쇄됐습니다.
Es wurde 1377 gedruckt.

004 종묘 제례
Jongmyo Jerye (Königliche Ahnengedenkzeremonie von Joseon)

1 종묘 제례입니다.
Es heißt *Jongmyo Jerye*.

2 5월과 10월 첫 번째 일요일에 볼 수 있습니다.
Man kann es am ersten Sonntag im Mai und Oktober sehen.

005 춘향전
Chunhyangjeon (Die Legende von Chunyhyang)

1 춘향전입니다.
Es ist *Chunhyangjeon*.

2 전라도 남원 광한루입니다.
Es ist der Gwanghallu Pavillon in Namwon, Jeolla-do.

006 판소리 *Pansori*

1 한 사람이 고수의 반주에 맞춰 긴 이야기를 노래로 하는 공연 예술입니다.
Es ist eine darstellende Kunst, bei der eine Person eine lange Geschichte mit Gesang zu dem Rhythmus eines Trommlers erzählt.

2 춘향가, 심청가, 흥보가, 적벽가, 수궁가입니다.
Es sind *Chunhyangga*, *Simcheongga*, *Heungboga*, *Sugungga* und *Jeokbyeokga*.

007 시조 *Sijo* Dichtung

1 '당시의 노래 곡조'라는 뜻입니다.
Es bedeutet ‚Die Melodie der Zeiten.'

2 조선 시대에 유행했습니다.
Sie war in der Joseon Zeit populär.

008 탈춤 *Talchum* (Koreanischer Maskentanz)

1 서민들이 즐기던 놀이입니다.
Es ist ein Spiel, das normale Bürger mögen.

2 하회탈춤입니다.
Es ist der Hahoe Maskentanz.

009 풍속화와 민화 Genremalerei und Volksmalerei

1 신윤복, 김홍도입니다.
Es sind Shin Yun-bok und Kim Hong-do.

2 민화입니다.
Es ist Volksmalerei.

010 전통 악기 Traditionelle Musikinstrumente

1 거문고입니다.
Es ist *Geomungo*.

2 대금입니다.
Es ist *Daegeum*.

011 민속촌 Koreanisches Volkskundedorf

1 경기도 용인입니다.
Es ist in Yongin, Gyeonggi-do.

2 그네뛰기, 윷놀이, 제기차기입니다.
Es ist Schaukeln, *Yunnori* und *Jegichagi*.

012 벚꽃놀이 Kirschblütenpicklnick

1 진해 벚꽃축제입니다.
Es ist das Jinhae Kirschblüten Festival.

2 여의도 윤중로입니다.
Es ist Yunjungno in Yeouido.

013 부산 국제 영화제
Busan International Film Festival(BIFF)

1 〈부산 국제 영화제〉입니다.
Es ist das Busan International Film Festival.

2 10월입니다.
Es ist im Oktober.

014 전주와 전주 축제들 Jeonju und seine Festivals

1 전주비빔밥, 한정식, 콩나물밥, 전주 막걸리입니다.
Es sind Jeonju *Bibimbap*, *Hanjeongsik*, Eintopf mit
Sojasprossen mit Reis und Jeonju *Makgeolli*.

2 '전주 세계 소리 축제'입니다.
Es ist das Jeonju Welt Sori Festival.

015 세종문화회관, 국립 극장, 예술의 전당
**Sejong Kulturzentrum, National Theater von Korea
und Seoul Arts Center**

1 광화문에 있습니다.
Es ist beim Gwanghwamun.

2 예술의 전당입니다.
Es ist das Seoul Arts Center.

016 한류 *Hallyu* (Die koreanische Welle)

1 한류입니다.
Es wird *Hallyu* (die koreanische Welle) genannt.

2 〈해피투게더〉, 〈1박 2일〉, 〈무한도전〉 등이 있습니다.
Es gibt *Happy Together*, *2 Tage und 1 Nacht*,
Unendlich Herausforderung etc.

017 K-드라마 K-Drama

1 드라마입니다.
Es wird „Drama" genannt.

2 〈대장금〉, 〈별에서 온 그대〉, 〈태양의 후예〉.
*Daejanggeum, Meine Liebe von Ein weiterer Stern,
Nachkommen der Sonne.*

018 K-팝 K-Pop

1 샤이니, EXO, 방탄 소년단입니다.
Es sind SHINee, EXO und BTS.

2 싸이의 〈강남 스타일〉입니다.
Es ist Psys Gangnam Style.

ㄷ

ㅂ

ㅅ

ㅊ

ㅋ

ㅌ

ㅍ

기타

표현

작품 및 축제명

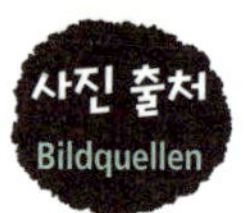

사진 출처 Bildquellen

I. 상징물 Symbole

001 한글 *Hangeul*_14p
한국관광공사(Korea Tourism Organization)

003 애국가 *Aegukga*_18p
문화재청(Cultural Heritage Administration)

005 아리랑 *Arirang*_22p
Tcho Hye-young

006 고려청자 Goryeo Seladon_24p
한국관광공사(Korea Tourism Organization)

007 김치 *Kimchi*_26p
한국관광공사(Korea Tourism Organization)

008 비빔밥 *Bibimbap*_28p
한국관광공사(Korea Tourism Organization)

II. 의식주 Essen, Kleidung und Wohnen

002 불고기 *Bulgogi*_38p
한국관광공사(Korea Tourism Organization)

004 한국의 술 Koreanischer Alkohol_42p
한국관광공사(Korea Tourism Organization)

007 장독대 *Jangdokdae* (Speicherplattform)_48p
한국관광공사(Korea Tourism Organization)

009 한옥 *Hanok*_52p
한국관광공사(Korea Tourism Organization)

011 마당 *Madang* (Hof)_56p
Tcho Hye-young

012 전통 정원의 아름다움 Die Schönheit der traditionellen Gärten_58p
Lucile Savournin

III. 지리와 관광 Geografie and Tourismus

001 한반도 Die koreanische Halbinsel_62p
한국관광공사(Korea Tourism Organization)

003 계절과 날씨 Jahreszeiten und Wetter_66p
한국관광공사(Korea Tourism Organization)

004 한강 Der Fluss Hangang_68p
Lucile Savournin

006 서울 남산 Der Berg Namsan, Seoul_72p
Tcho Hye-young

007 남대문과 남대문시장 Namdaemun Tor und Namdaemun Markt_74p
한국관광공사(Korea Tourism Organization)

008 동대문과 근처 시장들 Dongdaemun und nahe gelegene Märkte_76p
한국관광공사(Korea Tourism Organization)

009 인사동 Insadong_78p
KHS

010 북촌 한옥 마을 Das Buckchon Hanok Dorf_80p
KLD

011 홍대 앞 거리 Die Straßen bei Hongdae (Hongik Universität)_82~83p
Han Ji-hee, Kim Sook-hee

013 서울 지하철 Das U-Bahnsystem der Stadt Seoul_87p
Cho Yong-hee

014 제주도와 한라산 die Insel Jejudo und der Berg Hallasan_88p
한국관광공사(Korea Tourism Organization)

016 하회마을 Das *Hahoe*-Volkskundedorf_92p
한국관광공사(Korea Tourism Organization)

018 부산과 자갈치시장 Busan und der Jagalchi Markt_96~97p
한국관광공사(Korea Tourism Organization), Tcho Hye-young

019 동해안과 설악산 국립 공원 Donghae Küste und Seoraksan Nationalpark_98~99p
Tcho Hye-young

020 다도해와 해상 국립 공원 Dadohae und Haesang (Meeresarchipel) Nationalpark_100~101p
Tcho Hye-young

021 보성 차밭 Boseong Teeplantage_102p
Tcho Hye-young

IV. 사회와 일상생활 Gesellschaft und Alltag

010 병역 의무 Wehrpflicht_125p
Cho Yong-hee

011 설날 *Seollal* (Neujahr)_126p
한국관광공사(Korea Tourism Organization)

014 노래방 *Noraebang* (Karaoke)_132p
한국관광공사(Korea Tourism Organization)

015 찜질방 *Jjimjilbang* (Koreanisches Badehaus mit Sauna)_135p
Han Ji-hee

V. 역사와 종교 Geschichte und Religion

001 단군 신화 Der Dangun Mythos_146p
문화재청(Cultural Heritage Administration)

002 원효대사 Der Große Meister Wonhyo_148p
Tcho Hye-young

003 세종대왕 König Sejong der Große_151p
Cho Yong-hee, Kim Sook-hee

004 이순신 장군과 거북선 Admiral Yi Sun-sin und Geobukseon_153p
한국관광공사(Korea Tourism Organization)

005 신사임당 Shin Saimdang_154p
한국관광공사(Korea Tourism Organization)

006 이황 Yi Hwang_156p
Tcho Hye-young

011 선 *Seon*_166~167p
Tcho Hye-young

VI. 예술과 문화 Kunst und Kultur

참고 문헌 및 사이트 Literatur und Seitenangaben

• **외국인을 위한 한국어 문법 1 & 2** (국립국어원, 커뮤니케이션
북스, 2005)

• *Histoire de la littérature coréenne des origines à 1919*
(Cho Dong-il & Daniel Bouchez, Fayard, 2001)

• *Histoire de la Corée* (André Fabre, L'Asiathèque
Langues du monde, 2001)

• *La Corée du Chosŏn* (Francis Macouin, Les Belles
Lettres, 2009)

• **한국 민속 대백과 사전**
http://folkency.nfm.go.kr/main/main.jsp

• **네이버 국어 사전**
http://krdic.naver.com/

• **국립국어원 표준 국어대사전**
http://stdweb2.korean.go.kr/main.jsp

• **누리 세종학당**
http://www.sejonghakdang.org/opencourse/grammar/
grammar/list.do